Bernd Hainmüller

Tod am Schauinsland

Das »Engländerunglück« am 17. April 1936 und seine Folgen

– Eine historische Dokumentation –

ROMBACH WISSENSCHAFTEN • ALLTAG UND PROVINZ

herausgegeben von Arbeitskreis Regionalgeschichte Freiburg e. V.

Band 17

Bernd Hainmüller

Tod am Schauinsland
Das »Engländerunglück« am 17. April 1936 und seine Folgen

– Eine historische Dokumentation –

rombach verlag

Auf dem Umschlag:
Engländerdenkmal, Wendelin Rees, Hofsgrund
Eaton Gedenkstein, Kenneth Aitken

Umschlag: Bärbel Engler, Rombach Verlag GmbH & Co. KG, Freiburg i.Br.
Satz: rombach digitale manufaktur, Freiburg im Breisgau
Herstellung: Rombach Druck- und Verlagshaus GmbH & Co. KG, Freiburg i.Br.
ISBN 978-3-7930-9973-4

Inhalt

Vorwort 11

Geleitwort des Freiburger Theaters 14

Danksagung 16

Kapitel 1: Ein Wintereinbruch und seine Folgen 19

Kapitel 2: Eine Wanderung in den Tod für fünf Schüler 46

Kapitel 3: Die Verschleierung des Unglücks durch den Lehrer 79

Kapitel 4: Die politische Ausbeutung des Unglücks 105

Kapitel 5: Die Londoner Schulbehörde sah keine Versäumnisse des Lehrers 125

Kapitel 6: Jack Eaton – Ein Vater auf der Suche nach der Wahrheit 134

Kapitel 7: Der Lehrer setzt seine Schulkarriere fort 151

Kapitel 8: »Spyclists«– Die Hitlerjugend erhält mit der »Rettung« der englischen Schüler Eintritt in englische Privatschulen und Pfadfinder-Gruppen. 157

Kapitel 9: Drei Formen von »Erinnerungskultur« am selben Berghang. 170

9. 1. Die »Elternplakette« am Kircheneingang von St. Laurentius in Hofsgrund 171

9. 2. Der Eaton-Gedenkstein. 175

9. 3. Das Nazi-Denkmal am Schauinsland – ein Fake der besonderen Art. 181

Kapitel 10: Schlussbemerkungen 193

Anhänge 202

Anhang 1: Brief des englischen Generalkonsuls Smallbones in Frankfurt an das Foreign Office, London vom 27. April 1936 202

Anhang 2: Brief des Oberstaatsanwalts Eugen Weiss an das Reichsjustizministerium in Berlin, an das Britische Generalkonsulat Frankfurt, weiterzuleiten an den School Travel Service (Mr. Groves) und das Foreign Office, London. ... 205

Anhang 3: Jack Eaton: »Die Wahrheit – Tragödie im Schwarzwald April 1936« 225

Anhang 4: Tagebuch von Kenneth Osborne – ein überlebender Schüler berichtet. . 237

Quellen 241

Literatur 242

Berichterstattung über das »Engländerunglück«: 244

Bildnachweise 246

Zum Autor 249

Für Hiltrud

»Alles, was im Winter versteckt ist und
unter dem Schnee liegt,
wird im Sommer aufgedeckt sein
und offen daliegen.
*Gesagt für die Lüge, die nicht verborgen
bleiben kann.*«

Leonardo da Vinci,
Die Aphorismen,
Aus dem Manuskript I, BR 314

Vorwort

Der nachfolgende Brief einer Hofsgrunder Bürgerin, Mariele Loy, sagt alles, was ich mit diesem Buch und meiner jahrelangen Recherche bezwecke: Anregung zu geben, über verantwortliches und unverantwortliches Handeln, insbesondere in pädagogischen Angelegenheiten, nachzudenken.

> Immer wieder lese ich ein paar Seiten und muss sie verarbeiten. Versuche das Unfassbare zu begreifen. Heute habe ich mich entschlossen, diesen Weg aus der Sicht der Schüler zu gehen, mich in ihre Situation hineinzudenken, auch in die des Lehrers. Ich wanderte von der Bergstation den ›einfachen‹ Weg abwärts zum Kohlerhau (3 km). Zwischen immer wieder steilen Abstiegen, zum Teil in Serpentinen, gab es aber auch erholsame, fast ebene Passagen. Wieviel einfacher wäre dieser Aufstieg gewesen! (…) Der letzte Kilometer wollte nicht enden und da ich ohne Pause in gleichem Rhythmus durchgegangen bin, empfand ich dieses letzte Steilstück besonders heftig. Nach 70 Minuten oben angekommen wurde ich mit einer traumhaften Alpensicht entschädigt, allerdings pfiff auch ein heftiger Wind und ich war froh über mein Stirnband und die Kapuze des Anoraks. (...) Und die Schüler? Am Kohlerhau schon sechs Stunden unterwegs, sicher bis auf die Haut durchnässt und kalt. Aufwärts mit ungeeignetem Schuhwerk durch Schnee, der mit jedem Meter mehr wurde. Schritt für Schritt, Schritt für Schritt – stolpern – weiter, immer weiter, Schritt für Schritt – einsinken in Vertiefungen – weiter, weiter, weiter, – ausrutschen auf glattem Stein – weiter, weiter, vorwärts – nicht mehr denken, nur noch funktionieren, gehen, gehen, Schritt für Schritt – eine nicht enden wollende Tortur (Mordstour) – dazu mit der Höhe auch Zunahme des heftigen Windes und wie Nadelstiche der Schnee im Gesicht. Mit dem Erreichen der Kammhöhe eintauchen in den nun wütenden Schneesturm und keine Orientierung mehr. Für mich hat jeder Schüler, der diesen Aufstieg geschafft hat, Unvorstellbares geleistet!

Seit der Veröffentlichung des Buches im Jahre 2021 hat sich einiges getan, was der Erinnerungsarbeit zum »Engländerunglück« 1936 dienlich ist: Die Ortsverwaltung von Hofsgrund hat neue Hinweistafeln an den Denkmalen anbringen lassen, die das wirkliche Geschehen wiedergeben; Presse und Fernsehen haben ausführlich berichtet, vor allem nachdem das Buch 2021 den 2. Preis des Landespreises für Heimatforschung in Baden-Württemberg gewonnen hatte; aus dem Einsatz des Preisgeldes dafür und großzügiger Spenden von Freunden resultierte dann die englische Übersetzung des Buches durch Peter Barker aus Cornwall und der Druck des englischen Buches durch Wendelin Rees in Hofsgrund (wobei aus Verständlichkeitsgründen der Titel in »Lost in the Black Forest« geändert wurde); aus Anlass des Freiburger Stadtjubiläums »900 Jahre Freiburg« wurde am 19. Juni 2021 am Freiburger Theater das Stück »Schauinsland – The Misfortune of the English« welturaufgeführt, geschrieben von der britischen Autorin Pamela Carter; das in Freiburg sehr erfolgreiche Stück erlebte in abgewandelter Form vom 25. April 2022 bis 28. Mai 2022 im Orange Tree Theater in London-Richmond seine englische Premiere; die Veröffentlichung des Buches in englischer Sprache war von unschätzbarem Wert für eine weltweite Verbreitung – 2023 stellte eine englische Historikern mit meiner Kooperation eine Dokumentation auf englisch mit dem Titel »The hike that killed five schoolboys« für den You Tube Kanal her – in nur zwei Jahren wurde die Dokumentation fast drei Millionen mal angeklickt und die Zuschauer hinterließen fast 6.000 Kommentare weltweit – all das zeigt, dass der Fall »Tod am Schauinsland« weltweit als Beispiel für unverantwortliches Handeln gegenüber Kinder und Jugendlichen (nicht nur gegen die!) angesehen wird. Ob diese Bekanntheit dazu führt, dass eines Tages ein Spielfilm über das Unglück realisiert werden kann, bleibt abzuwarten, aber viele Leser wünschen sich das in Briefen an mich ausdrücklich. Ich kann mich dem nur anschließen, weiß aber nach nunmehr 25 jähriger Arbeit am Thema, dass alles seine Zeit braucht. Das gilt auch für die Aufarbeitung der Appeasement-Politik 1936 zwischen den Nazi-Herrschern und der englischen Regierung: Viele Kommentatoren vergleichen sie nun mit der lange Zeit verfehlten Politik gegenüber Russland, die im Ukraine-Krieg geendet hat und sich hoffentlich nicht zu einem dritten Weltkrieg ausbreitet. Für den 90. Gedenktag des Unglücks 2026 bereitet die Gemeinde Hofsgrund eine Erinnerungsfeier vor, an der auch zahlreiche Angehörige der damals beteiligten Schüler aus England teilnehmen werden – das finde ich besonders bemerkenswert.

Freiburg, im August 2025 Bernd Hainmüller

Geleitwort des Freiburger Theaters

Im Juli 2016 erschien im »Guardian« die ausführliche Schilderung der Ereignisse um das sogenannte »Engländerunglück« am Schauinsland, das sich 80 Jahre zuvor zugetragen hatte. Die Deutschland-Korrespondentin der britischen Tageszeitung, Kate Connolly, hatte von dem Freiburger Lokalhistoriker Dr. Bernd Hainmüller alles über die Umstände erfahren, die zum Tode der Londoner Schüler geführt hatten. Darüber hinaus beschrieb sie aber auch detailliert, wie einerseits die Propaganda der Nationalsozialisten die Tragödie ausschlachtete und die Fakten verfälschte und wie andererseits die britischen Behörden die Schuld des Lehrers Keast, der die Schüler ins Verderben geführt hatte, vertuschten. Kate Connollys Artikel las mit großem Interesse die englische Dramatikerin Pamela Carter. Sie informierte ihren deutschen Theaterverlag Suhrkamp, dass sie ein Theaterstück zu diesem vielschichtigen deutsch – britischen Thema schreiben wolle. Wir lasen die Ankündigung dazu im Herbst 2016 in der von Suhrkamp herausgegebenen Broschüre zu aktuellen neuen Werken. Mitten in der Vorbereitung unserer ersten Spielzeit 2017/18 am Theater Freiburg waren wir auf der Suche nach lokalen Stoffen, die sich für eine Bühnenadaption eigneten. Also nahmen wir sowohl Kontakt zu Pamela Carter sowie zu Dr. Bernd Hainmüller auf. Im Juli 2017 trafen wir uns mit beiden sowie der Dramaturgin von Suhrkamp, Nina Peters, und ließen uns von Dr. Hainmüller auf den Schauinsland, den Schauplatz des »Engländerunglücks« führen: An einem warmen, schönen Sommertag schauten wir die Kappeler Wand hinab, durch die sich Ostern 1936 die erschöpften englischen Schuljungen bei einsetzender Dunkelheit und im zum Teil hüfthohen Schnee hinaufgekämpft hatten. Wir sprachen in dem Dorf Hofsgrund mit den Nachfahren der Menschen, denen die

Rettung der meisten Schüler zu verdanken ist. Diese Führung durch Dr. Bernd Hainmüller und seine detailkundige Broschüre zu den damaligen Geschehnissen befeuerten Pamela Carters Theatertext und unsere Produktion. Die wunderbar vielstimmige und poetische Textfläche von Pamela Carter entpuppte sich weniger als ein Schauspiel denn als ein perfektes Libretto für zeitgenössisches Musiktheater. Daher verschoben wir die Premiere und baten den Komponisten Jan Dvorak und den Regisseur Thomas Fiedler gemeinsam mit der Autorin das Werk weiterzuentwickeln und zu vertonen. Die ursprünglich 2020 im Rahmen des Stadtjubiläums (und mit Förderung durch die Stadt Freiburg) geplante Uraufführung musste wegen der Covid-19-Pandemie mehrfach verschoben werden. Wir freuen uns sehr, dass die Premiere von »Schauinsland. The Misfortune of the English« nun nahezu zeitgleich mit der Veröffentlichung von Dr. Bernd Hainmüllers Buch über das »Engländerunglück« 2021 stattfindet.

Peter Carp
Intendant Theater
Freiburg

Rüdiger Bering
Chefdramaturg Theater
Freiburg

Danksagung

Mein besonderer Dank gilt den Hofsgrunder Bürgern, ohne die diese Dokumentation nicht möglich gewesen wäre. Stellvertretend seien genannt: der Ortschaftsrat, vertreten durch seine Mitglieder Hanspeter Rees, Michael Lorenz und Fridolin Gutmann. Wendelin Rees hat in ausserordentlich engagierter Weise die Dokumentation jahrelang betreut und jetzt die gesamte Drucklegung begleitet; er und seine Frau Barbara Odrich-Rees haben auch wichtiges Foto- und Kartenmaterial beigesteuert; Ursel Lorenz hat wichtiges Bild-Material beisteuern können. Mariele Loy hat ihr poetisches alemannisches Talent eingebracht. Mein Dank gilt auch Kate Connolly, Deutschlandkorrespondentin von »The Guardian« in Großbritannien, meiner zuverlässigen Unterstützerin; Richard Nelsson, Information Manager Guardian News & Media, der viele wichtige Dokumente aus den britischen Archiven geliefert hat; Dorothy Elchlepp, die schon früh englische Unterlagen zur Verfügung gestellt hat; Kenneth Aitken hat Fotos und Übersetzungen gefertigt; Volker Gringmuth aus Königstein hat kostenlos übersetzt und die Fakten für »Wikipedia« zusammengestellt; Herr Ecker vom Stadtarchiv in Freiburg gewährte Einsicht in die Unterlagen der Stadt; Hermann Althaus hat die Unterlagen über Dr. Krieg herausgesucht; Angela Warner, Lucy Warner und Chris Clothier haben nicht nur den Nachlass ihres Vaters Ken Osborne – ein Überlebender – zur Verfügung gestellt, sondern waren auch persönlich bei der Gedenkfeier am 17. April 2016 in Hofsgrund anwesend. Nancy Wheelan hat die Unterlagen über ihren Großvater Jack Eaton zur Verfügung gestellt. Mit Pamela Carter, der Autorin des Stückes, hatte ich einige Treffen in Freiburg und Cambridge, die mir die »englische Perspektive« der Geschehnisse nähergebracht haben. Dafür großen Dank.

Auch die Theaterleitung Freiburg, Peter Carp und Rüdiger Behring, haben schnell realisiert, welche Chancen in einer Weiterverfolgung des Themas liegen. Der Arbeitskreis Regionalgeschichte Freiburg e. V. hat das Buch ermöglicht; Robert Neisen, der Vorsitzende des AK Regionalgeschichte, hat es lektoriert. Mein Dank gilt auch den Bildbearbeitern Ulrich Seidl und Wolfgang Weismann, ohne die die Bilder nicht zum Abdruck gekommen wären. Der Rombach Verlag unter der Leitung von Torang Sinaga hat das Buch fertiggestellt. Vielen weiteren Personen, die hier nicht genannt werden können, gebührt ebenfalls mein Dank. Dazu gehört u. a. Harald Jatzke aus Lörrach, der eine unerlässliche Hilfe für die 3. Auflage war.

Mein letzter Dank gilt meiner Frau Hiltrud, die gemeinsam mit unseren Kindern Anke Conway-Morris, Jens Hainmueller und Jan-Moritz Hainmüller in den letzten 20 Jahren mit geduldiger Anteilnahme meine Recherche unterstützt und sehr wichtige Hinweise zur Wahrheitsfindung geliefert hat.

17. April 1936

Deheim

De Wind pfiift um d Huusecke
iberzwerch un fest,
en Schneesturm
git im Früehlig de Rest.
De Tag zvor no sunnig
un au scho recht warm
un jetz e kalt Wetter,
daß Gott erbarm.
Kei Hund schickt mer
so usse vor d Türe,
Wärme gits dinne,
mer isch feste am fiire.
Am schönste isch es
direkt am Ofe,
s Kätzli tuet
uf em Kanapee schlofe.
Gern tut mer sich jetz
in de Stube verwiile,
s Spinnrad schnurret
un d Kinder spiele.
So heimelig kas sii
in de Stube, de warme,
wer jetz unterwegs isch,
der ka eim erbarme. –

Mariele Loy (Hofsgrund)

Kapitel 1: Ein Wintereinbruch und seine Folgen

»Überraschender Wintereinbruch im Schwarzwald«, lautete am Abend des 17. April 1936 die kurze Meldung im Lokalteil des »Alemannen«, der Zeitung der Nationalsozialisten in Freiburg. Bis Mittag waren im Feldberggebiet 30 cm Neuschnee gefallen, die Temperaturen waren auf drei Grad minus gesunken. Auch der Schauinsland war in Nebel eingehüllt, ein mäßiger, kalter Westwind bei Temperaturen um und knapp unter null Grad wehte, verursacht durch ein kräftiges Tiefdruckgebiet, das – nach den täglichen Aufzeichnungen des Meteorologen Hans von Rudloff – mit einem Kerndruck von 980 Hektopascal zunächst über Thüringen lag, für warme 17 Grad am 16. April in Freiburg gesorgt hatte, aber jetzt südwärts zog und maritim polare Kaltluft mit sich nach Süddeutschland führte. Den Wettersturz hatte der deutsche Wetterbericht vorausgesagt und er kam fast planmäßig, wie die Aufzeichnungen von Hans von Rudloff belegen:[1]

Die Wetterlage war aber völlig abnormal: Zuvor war der Schwarzwald fast völlig schneefrei. Das beweisen die Wetterdaten doc damaligen Reichswetterdienstes. Ich gebe Ihnen die amtlichen Daten vom 16.-20. April 1936 an:

Station	16.Apr.	17.Apr.	18.Apr.	19.Apr.	20.April 1936
Hofsgrund	-	11 cm	70 cm	105 cm	105 cm
St.Peter	-	6 "	95 "	90 "	55 "
Ruhstein	-	15 "	160 "!!	170 "	125 "

Ich war damals ein 14 jähriger Schüler des Bertoldsgymnasiums in Freiburg. Seit mehreren Jahren führte ich bereits ein Wettertagebuch. Daraus zitiere ich vom April 1936:

16.April: Feldberg 12 cm. Freiburg ztw. aufheiternd, Südwind, mittags +17°C;
17. " : Schauinsland 30 cm, -5°C. Freiburg Schneefallm scharfer Wind, Südwestwind.
18. " : Schauinsland -4°C, über 100 cm. Freiburg Schneefall, abends aufklarend. Nordwestwind. Geschlossene Schneedecke bis Günterstal.

Abbildung 00: Auszug aus dem Brief von Hans von Rudloff

[1] Brief von Hans von Rudloff, Dipl. Meteorologe, an den Verfasser vom 19. April 2002.

Kein vernünftiger Bergwanderer hätte am Morgen des 17. April 1936 angesichts dieses vorausgesagten Wettersturzes seine Schritte Richtung Schauinslandgipfel gelenkt und doch tat es eine ganze Gruppe unter der Leitung ihres Lehrers. In einem Brief an den Verfasser schreibt Hans von Rudloff über die Wettersituation in diesen Tagen:

> Der Führer der englischen Pfadfindergruppe wurde sowohl am Abend des 16. wie auch am Morgen des 17. April auf dem Freiburger Verkehrsbüro vor dem zu erwartenden Wettersturz mit Schneesturm gewarnt. Er soll geantwortet haben: In England sind wir ganz andere Wetterstürze gewohnt! Und marschierte los![2]

Herr Rudloff irrte an einem Punkt: Es war keine Pfadfindergruppe, sondern eine englische Schülergruppe aus London, die sich am Morgen des 17. April im Frühstücksraum der Jugendherberge Freiburg im Peterhof (heute: Psychologisches Institut der Universität Freiburg) versammelte, um genau das zu tun. Keiner ahnte zu diesem Zeitpunkt, dass es für einige der letzte Tag ihres jungen Lebens sein würde; keiner war sich der Tatsache bewusst, dass der Lehrer eine Tour geplant hatte, die so aberwitzig dilettantisch ausgeführt wurde, dass man nicht nur von einem vermeidbaren Unglück sprechen muss, sondern auch von der fahrlässigen Tötung von Schutzbefohlenen.

Selbst für ungeübte Leser einer Wetterkarte muss man konstatieren, dass die unheilvollen Anzeichen eines Wetterumsturzes deutlich gekennzeichnet waren. Das Zentrum des Tiefs (T) lag genau über Deutschland und es bewegte sich in Richtung Südwestdeutschland.

---

2 Ebenda.

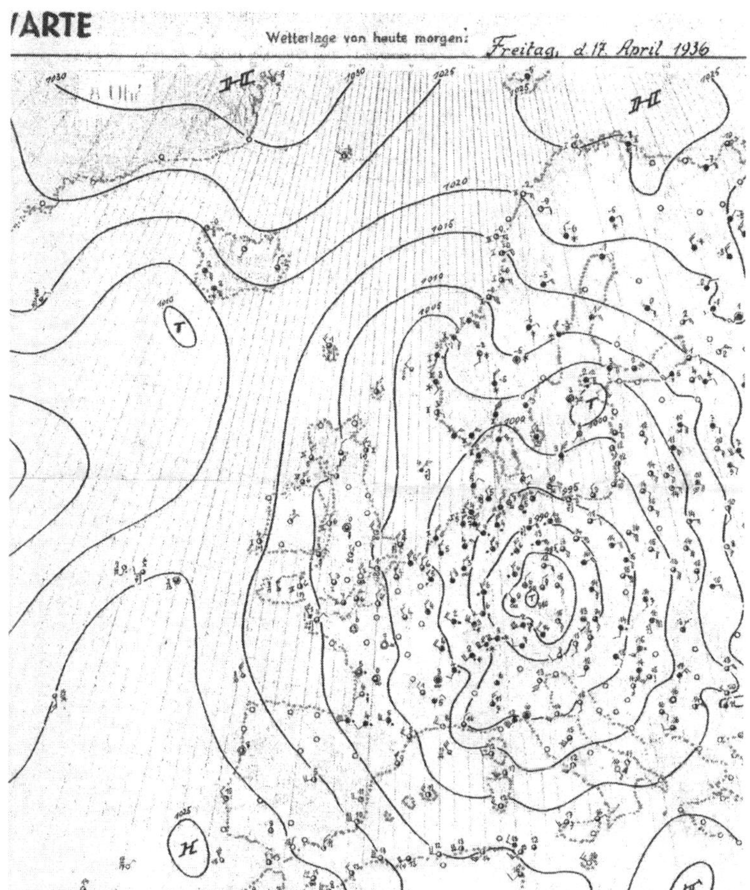

Abbildung 1: Die Wetterkarte vom 17. April 1936.

Schon am Morgen des 17. April lagen in Hofsgrund 15 cm Schnee und bis zum Abend war der Schnee oberhalb von Hofsgrund auf über einen Meter angewachsen, aber dann – so dachte sich auch Eugen Schweizer, damals 22 Jahre jung – blieb man eben in der Stube oder spielte Karten im Gasthaus »Zum Hof«. Als er am Abend des 17. April 1936 in der Stube des Dobelbauern Bernhard Lorenz das Brot holen will, das immer freitags von Muggenbrunn kommt (weil es in Hofsgrund keinen Bäckerladen gibt), klopfte es an die Tür zum Laden. In einem handschriftlichen Bericht vom 28. April 1936 beschrieb Eugen Schweizer, der spätere Bürgermeister von Hofsgrund, was danach geschah:[3]

> Am 17. April um 1/2 8.00 Uhr fuhr ich von zu Hause mit Skiern zu dem etwa fünf Minuten entfernten Kaufladen von Bernhard Lorenz, um einzukaufen. Ich unterhielt mich mit ihm gerade über die ungewohnten und so spät im April eingesetzten Schneefälle, die von 5.00 Uhr morgens bis abends ununterbrochen andauerten, und die großen Schneeverwehungen. Auf einmal hörten wir junge Burschen laut gegen den Bauernhof im tiefen Schnee daher stampfen. Sogleich gingen Herr und Frau Lorenz vor die Haustür, um mit ihnen zu sprechen. Zuerst bekamen sie gar keine Antwort, da die Jugendlichen nur Englisch sprachen. Als der Ladenbesitzer merkte, dass die Burschen sehr erschöpft aussahen, gab er ihnen Sprudel und Kaffee zu trinken. Auf die Frage, woher sie kämen, antwortete einer: Vom Schauinsland, zwei Mann liegen krank am Berg, es sind 28 Mann beisammen. Nun bat mich Herr Lorenz, die Burschen in das zehn Minuten entfernte Gasthaus ›Zum Hof‹ zu bringen. Ich schnallte meine Skier an und ging den etwa fünfzehn Jungen voraus; zwei weitere kamen noch dazu, die in einem anderen Bauernhaus Rettung gesucht, aber die Besitzer nicht angetroffen hatten. Nun hörte man auch die Hilferufe der am Berg Zurückgebliebenen, die immer lauter wurden und einem durch Mark und Knochen gingen. Ich ging den Berg hinauf und traf unterwegs die auch zu Hilfe eilenden Bernhard Rees und Reinhold Gutmann. Vor uns her ging der Landwirt Hermann Lorenz, der dann den ersten Verunglückten in den Kaufladen brachte. Inzwischen war auch Hermann Lorenz II eingetroffen. Nur durch Zufall fand der etwas hinter uns hergehende Reinhold Gutmann einen zweiten erschöpften Burschen im Schnee liegen. Er trug ihn auf dem Rücken, bis der dazu kommende Hofwirtssohn Fritz Sonner ihm half, den Verunglückten in einen Bauernhof zu bringen. Davon hatten wir nichts gemerkt, da wir schon

---

[3] Die Originalzitate in diesem Buch wurden so belassen, wie sie vorhanden sind (Uhrzeiten, Kilometerangaben, Schreibweise der Zahlen, Groß- und Kleinschreibung etc.)

weiter vorne waren und durch den heulenden Schneesturm nichts hören konnten. Schließlich erreichten wir die Engländer: zuerst einen Posten, bei dem ein erschöpfter Kamerad lag, dann einen weiteren Posten und zwei Erschöpfte, bei ihnen der Lehrer. Er verstand Deutsch. Um die Verunglückten abzutransportieren, holte ich erst aus dem Kaufladen in Hofsgrund einen Schlitten. Hier unten war man fieberhaft an der Arbeit, den beiden Aufgefundenen durch Massieren und Armbewegungen das Leben zu erhalten. Ich ging, den Schlitten tragend, sogleich wieder den Berg hinauf. Meine beiden Hofsgrunder Begleiter hatten, etwa 3/4 Stunde von den übrigen entfernt – bei der sogenannten Platzhürst drei weitere Verunglückte aufgefunden. Bei ihnen war Hubert Wißler, der zuerst zur Hilfe geeilt war. Er hatte sich gleich nach 8.00 Uhr, als er die ersten Hilferufe vernahm, allein mit seiner Karbidlampe den Weg senkrecht den Berg hinauf auf die Suche begeben. Die Schüler waren über unsere Hilfe erfreut. Wir fuhren nun im schnellen Tempo den Berg herunter, konnten aber nicht alle Erschöpften mitnehmen. Uns kam Bernhard Lorenz mit einem Scheinwerfer entgegen und leuchtete unserem Schlitten. Um etwa 10.00 Uhr nachts kamen wir im Kaufladen an, wo sich inzwischen noch mehr hilfsbereite Hofsgrunder versammelt hatten. Jeder bekam da seine Arbeit; keiner stand zurück. Wir gingen mit zwei Schlitten wieder den Berg herauf und luden noch zwei Erschöpfte auf. So ermöglichten wir Hofsgrunder, die doch das Wetter gewöhnt sind, mit letzter Kraft die Rettung der Engländer. Der Lehrer und die Posten gingen zu Fuß hinter uns her. Von der Halde kam um ½ 12 Uhr nachts ein zufällig dort weilender Arzt. Auch er leistete alles, was in seinen Kräften stand, aber leider waren vier Schüler schon tot. Zwei Stunden später traf dann ein Arzt aus Kirchzarten ein sowie Sanitäter und Gendarmerie. Die vier Toten wurden in das Rathaus überführt, die zwei Lebenden gegen Morgen nach Freiburg in die Klinik gebracht, wo einer im Laufe des Vormittags starb. Die übrigen 21 Schüler mit Lehrer wurden in Hofsgrund im Gasthaus »Zum Hof« verpflegt. Im Laufe des Samstagnachmittags wurden sie auf Schlitten, von Hofsgrundern gezogen, zur Hohen Brücke gebracht; von dort gelangten sie mittels Omnibus nach Freiburg. Später, da noch nicht alle Schüler von den Toten wussten, wurden diese auch zur Hohen Brücke und von dort nach Freiburg in die Einsegnungshalle in der Friedhofskapelle überführt, wo sie aufgebahrt wurden, bis ihre Särge am Dienstag nach England befördert wurden. Freitags fand dort die Beerdigung statt. Die überlebenden Schüler kehrten auch nach England zurück.

> Sie stammten alle aus London. Wie ich später in der Zeitung las, kamen die Schüler am Freitagmorgen von Freiburg, wo sie in der Jugendherberge im »Peterhof« übernachtet hatten. Sie wollten über den Schauinsland nach Todtnauberg in die Jugendherberge, von da am Samstag über Feldberg nach Titisee. Als sie am Freitagmorgen in Freiburg weggingen, war das Wetter nicht so schlecht. Nur der starke Schneefall, der den ganzen Tag ununterbrochen anhielt, wurde ihnen zum Verhängnis. Gegen Mittag waren sie in der Nähe des Bergmannsheims. Von da gingen sie die Kappler Wand hinauf und kamen auf die Rodelbahn. Um 5.00 Uhr abends erreichten sie die Kammhöhe des Schauinslands. Von hier begaben sie sich – anstatt gegen den rasenden Schneesturm zur Bergstation zu kommen – in die Richtung vom Schneesturm weg, und so irrten sie bis ½ 8 Uhr abends umher, bis sie die Kirchenglocken von Hofsgrund hörten. Nun wussten sie, dass hier am Schauinsland eine Gemeinde sein musste, und gingen in der Richtung des Glockenklanges auf Hofsgrund zu. Endlich kamen sie aus dem dichten Nebel heraus. Sie sahen die Lichter der Häuser. Zuerst gelangten sie, wie erwähnt, in das Bauernhaus, in dem ein Kaufladen ist.[4]

In einem weiteren Zeitungsinterview und einem Rundfunkinterview erzählte Eugen Schweizer später, dass zu den Rettern dieser Nacht fast die gesamte Bevölkerung des Dorfes Hofsgrund (damals rund 300 Einwohner) gehörte:

> Etwa 400 Meter die Straße hoch lag das ›Gasthaus zum Hof‹. Da in der Gaststube noch Licht brennt, klopfe ich ans Fenster. Die drei Einheimischen hören sofort auf mit ihrem Kartenspiel. Es geht inzwischen ein fürchterliches Jammergeschrei vom Südhang des Schauinslands auf Englisch los. Die Kartenspieler ziehen ihre Skier an, und wir begeben uns auf den Weg, die Hilfesuchenden zu bergen. Es kommt noch dazu der Untermüller Hermann Lorenz. Auf der etwas flach gehaltenen Stelle des Diesenbühls liegen zwei fast zugewehte Schüler. Der Untermüller und Reinhold Gutmann tragen sie sofort in den Kaufladen. Von den zweien kommt einer mit dem Leben davon, dem andern ist nicht mehr zu helfen. Bernhard Rees von der Lochmatte, Hermann Lorenz vom Kirchlebauernhof und meine Wenigkeit gehen so schnell, wie es die Naturgewalten

---

[4] Priesner, Paul (1982): Geschichte der Gemeinde Hofsgrund (Schauinsland) S. 315 ff.

zulassen, den steilen Hang hinauf. Etwa 400 m weiter oben: drei auf dem Boden liegend und zwei Mann Wache dabei. Wir wollen die drei am Boden liegenden auf die Skier schnallen und senkrecht zur Hofsgrunder Strasse bringen. Die Skier versinken im Schnee. Ich hole einen Hornschlitten beim Dobelbauernhof. Die anderen beiden, Rees und Lorenz, sind etwa 400 Meter weiter, wo ein junger Herr im Schnee liegt. Der Lehrer und zwei Schüler stehen bei ihm. Inzwischen ist der Hornschlitten auch dort. Meine Kleider sind von außen vom Schneesturm und von innen vom Schweiß durchnässt. Dieser Junge gibt auch noch ein Lebenszeichen. Dann geht es zu den andern dreien am Boden Liegenden. Auch diese drei machen sich bemerkbar durch Murren. Leider können wir auf dem kleinen Hornschlitten nur zwei mitnehmen. Es werden dann umgehend die letzten beiden geholt. Etwa 11 Uhr nachts ist die Bergung beendet. Inzwischen sind mehrere Hofsgrunder, darunter ein Arzt von der Halde, im Dobelbauernhof angekommen. Der Arzt glaubt durch Wiederbelebungsversuche womöglich alle zu retten. Doch nur einer kommt davon, die anderen fünf sind zu stark unterkühlt. Die Toten bringt man nachts in das Rathaus in Hofsgrund und anderntags mit Holzschlitten zur Hohenbrücke. Von dort konnten Autos fahren.[5]

Hier eine sicher unvollständige Liste der Menschen von Hofsgrund, die die gefährliche nächtliche Rettung bewerkstelligt haben: Eugen Schweizer; Lochmattenbauer Bernhard Rees; Dobelbauer Bernhard Lorenz; Untermüller Hermann Lorenz; Bruno Lorenz; Hubert Wißler; Reinhold Gutmann; Fritz Sonner; Hedwig und Josefine Rees und viele andere mehr. Da alle diese Retter nie öffentlich genannt wurden und ihnen auch nie öffentlich gedankt wurde, seien sie – dank der Mithilfe von Ursula Lorenz – hier bildlich vorgestellt.

---

5 Augenzeugenbericht von Eugen Schweizer in der Badischen Zeitung vom 16. April 1996.

Abbildung 2: Eugen Schweizer.

Abbildung 3: Bernhard Rees.

Abbildung 4: Bernhard Lorenz, der Dobelbauer.

Abbildung 5: Reinhold Gutmann.

Abbildung 6: Fritz Sonner.

Abbildung 7: Hubert Wißler.

Abbildung 8: Bruno Lorenz.

Abbildung 9: Hedwig und Josefine Rees.

Abbildung 10: Hermann Lorenz.

Im Angesicht der erschöpften, schneebedeckten und frierenden Jugendlichen, die sich im Kaufmannsladen Dobelbauernhof und danach in der Gaststube des Wirtshauses »Zum Hof« einfanden, war schnell klar, dass hier etwas Schreckliches vor sich gegangen sein musste. Sechs Personen waren bewusstlos, als sie in den Dobelbauernhof gebracht worden waren. Trotz sofort begonnener stundenlanger Wiederbelebungsversuche seitens des Arztes Dr. Kopp aus Frankfurt und später durch den Arzt Dr. Krieg aus Kirchzarten waren vier Personen nicht mehr zu retten:
Francis Bourdillon, 12 Jahre alt;
Peter Ellercamp 13 Jahre alt;
Stanley Lyons, 13 Jahre alt;
Alex Jack Eaton, 15 Jahre alt.
Roy Martin Witham, 14 Jahre alt, starb nur 10 Minuten nach dem Eintreffen des Krankenwagens in der Freiburger Universitätsklinik.
Alle fünf Jugendlichen waren aufgrund von Erschöpfung und Erfrieren am Freiburger Hausberg gestorben. Das Gutachten des Staatlichen Gesundheitsamtes Freiburg (Dr. Hanke) vom 20. April 1936 sagte dazu aus:

> Der Tod ist bei sämtlichen 5 Jungen auf Erschöpfung und Erfrieren zurückzuführen. Bei dem herrschenden starken Schneesturm und der mangelhaften Bekleidung ist es mit Sicherheit anzunehmen, dass der Tod auf obige Tatsachen zurückzuführen ist. Anhaltspunkte für verbrecherische Handlungen Dritter sind nach der Sachlage nicht gegeben.[6]

Wie der Kampf um das Leben der Schülergruppe ablief, hat der Gendarmerieposten Kirchzarten später detailliert aufgelistet.[7] Der Polizeiposten war am 17. April gegen 22 Uhr vom

---

6 Staatsarchiv Freiburg (StAF): Tod von fünf englischen Schülern in einem Schneesturm im Schauinslandgebiet 1936, A 40/1, Nr. 398.

7 Es liegen jeweils zwei Texte der polizeilichen und staatsanwaltschaftlichen Ermittlungen in Englisch und Deutsch vor. Dies ist dem Umstand geschuldet, dass zunächst nur die englischen Unterlagen aus dem National Archi-

Kaufmann Bernhard Lorenz III[8] in Hofsgrund per Telefon davon in Kenntnis gesetzt worden, dass im Schauinslandgebiet, Gemarkung Hofsgrund, eine englische Schülerwandergruppe verirrt sei und die Vermutung bestehe, dass eine größere Zahl der Teilnehmer ums Leben gekommen sei.

> Nach der fernmündlichen Mitteilung des Kaufmanns Lorenz machte ich dem Gendarmeriebezirk Freiburg von dem Vorfall fernmündliche Meldung. Ich erhielt von dort den Auftrag, mich mit dem Hauptwachmeister Ullrich und mit dem bereits schon verständigten prakt. Arzt Dr. Krieg in Kirchzarten bereit zu halten und auf eine Sanitätsmannschaft von Freiburg, die mittelst Autos und Krankenwagen auf dem Weg nach Steinwasen wäre, zu warten und diese Hilfe an Ort und Stelle zu geleiten. Um 23 Uhr trafen, von Freiburg kommend, zwei Krankenwagen mit Sanitätspersonal ein, denen wir uns auftragsgemäß anschlossen. Es fuhren also mit: Dr. Krieg, Hauptwachtmeister Ullrich mit Polizeihund und der Unterzeichnete *(Malter, Gendarmerie-Oberwachtmeister d. V.)*. Die Anfahrt bis Steinwasen gestaltete sich sehr schwierig, weil große Schneemassen niedergegangen waren. Zu der etwa 9 km langen Fahrt bis Steinwasen benötigten wir eine Fahrzeit von etwa 1 Stunde. In Steinwasen wurden wir von einer Schlittenkolonne erwartet, die uns und das mitgebrachte Material nach Hofsgrund geleitete. Der Weg dorthin ist sehr steil und war sehr beschwerlich. Die Schlittenkolonne wird gegen 1:15 nachts in Hofsgrund eingetroffen sein. Bei dem Eintreffen dortselbst waren tatsächlich 4 Knaben gestorben. Zwei weitere Knaben schwebten in Lebensgefahr, die nachdem sich insbesondere der anwesende Arzt Dr. Kopp von Kronberg i. Taunus der z. Zt. auf der Halde zur Kur

---

ve in Kew und dem Archiv der Inner London Education Authority (ILEA) zur Verfügung standen. Diese waren Übersetzungen der deutschen Originaltexte ins Englische, die vom Englischen Generalkonsulat in Frankfurt veranlasst wurden und an das Foreign Office in England weitergeleitet worden waren. Inzwischen wurden im Staatsarchiv Freiburg die Kopien der Originaldokumente gefunden, aber diese sind nicht vollständig. Dokumente, die im Original (in Deutsch) vorliegen, wurden hier bevorzugt verwendet; die übersetzten Texte der deutschen Originale wurden nur verwendet, wo Lücken oder Auslassungen existieren. Die englischen Texte wurden übersetzt von Volker Gringmuth im Oktober 2016, aus Scans einer maschinengeschriebenen englischen Vorlage.

[8] Viele Bewohner von Hofsgrund haben den Nachnamen Lorenz und Rees. Daher die Unterscheidung in Lorenz I, Lorenz II und Lorenz III.

> weilt, ihrer angenommen hatte, von dem Unterzeichneten mittels Krankenauto in die Medizinische Klinik Freiburg eingeliefert wurden. Die Einlieferung dortselbst erfolgte am 18. 4. gegen 7 Uhr.[9]

Wie die Hofsgrunder Bevölkerung versucht hatte, die Wandergruppe in Sicherheit zu bringen, schilderte noch nachts vor Ort der Kaufmann Bernhard Lorenz III der Polizei Kirchzarten:

> Am Freitag, dem 17.4.36, etwa um 8 Uhr abends, vernahmen wir vereinzelte Rufe von den Hängen des Schauinsland, die wir uns nicht erklären konnten. Wir machten uns Sorgen und wollten schon in Richtung der Rufe aufbrechen. Dann erreichten uns einige Mitglieder der betreffenden Gruppe in vollkommen erschöpftem Zustand. Als wir die Kinder erstmals angesichts des furchtbaren Wetters sahen, hatten wir keine Ahnung, woher sie kamen, noch konnten wir ihre Sprache verstehen. Aus den Zeichen, die sie machten, schlossen wir jedoch, dass etwas geschehen sein musste. Wir brachten sie ins Haus und gaben ihnen zu trinken. Dann stellte ich mit Hilfe meiner Nachbarn einen Trupp zusammen, versorgte sie mit Schlitten und führte sie nach draußen. Unter schwierigen Umständen sammelten wir die Jungen von den Hängen des Berges ein und brachten sie zu mir ins Haus. In jedem Fall war ein älterer, stärkerer Junge bei einem jüngeren, schwächeren geblieben, der nicht mehr laufen konnte. Leider konnten wir nicht alle lebend retten, da einige der Kinder bereits an Erschöpfung gestorben waren. Die Kinder, die noch gehen konnten, bekamen zunächst in unserem Haus zu trinken und wurden dann in den Gasthof ›Zum Hof‹ gebracht, während sich der Arzt in meinem Haus um die anderen zwei Kinder kümmerte.[10]

Wie die beiden Ärzte Dr. Krieg und Dr. Kopp im Haus des Kaufmanns Lorenz um das Leben der beiden Schwerverletzten gerungen haben, wird in deren Berichten sehr präzise beschrieben. Als erster Arzt vor Ort war Dr. Kopp, der vom Gasthaus »Halde« nach Hofsgrund geeilt war, um zu helfen:

---

9 StAF, A 40/1 Nr. 398. Bericht Gendarmeriebezirk Freiburg, Posten Kirchzarten, J. Nr. 760 vom 18. April 1936.

10 StAF, A 40/1 Nr. 398. Bericht Gendarmeriebezirk Freiburg, Posten Kirchzarten, J. Nr. 3430 vom 18. April 1936.

Am Donnerstag, den 16.4.36 kam ich als Gast in der Haldenwirtschaft auf dem Schauinsland an. Den ganzen nächsten Tag – den 17.4.36 – war derart schlechtes Wetter, sodass ich nicht vor die Tür konnte, was bei meinen, schon etwa 30 Jahre bestehenden Besuchen dort oben, nicht der Fall war. Am Freitagabend befand ich mich in familiärer Gesellschaft mit der Familie Wissler, als plötzlich gegen 9 Uhr 14 die fernmündliche Mitteilung kam, dass etwa 30 englische Schüler auf dem Schauinsland verirrt seien. Als ich auf Rückfrage vernehmen mußte, dass weder Bergwacht, noch Arzt etc. anwesend seien, erklärte ich mich sofort bereit, zu Hilfe zu kommen. Infolge meiner langjährigen Beziehungen zur Familie Wissler, dem Besitzer der Halde, habe ich meine eigenen Zimmer dort eingerichtet. Dort habe ich auch das notwendige ärztliche Material etc. mit dem ich mich sofort ausrüstete und marschfertig machte. Trotzdem ich nochmals die Mitteilung erhielt, dass bereits Dr. Krieg sein Erscheinen zugesagt habe, bin ich dennoch zu Hilfe geeilt, um bis zu dessen Eintreffen schon vorgearbeitet zu haben. Infolge meiner schweren Kriegsverletzung (60%) konnte ich keine Schneeschuhe anlegen und musste zu Fuß den Weg zurücklegen. Ich hatte mir fürsorglich 2 tüchtige und kräftige Schneeschuhläufer mitgenommen, die mich unter den schwierigsten Umständen nach dem Hause Lorenz geleiteten. Nebenbei sei hierzu bemerkt, dass ich bis 1,60 m im Schnee steckte und nur noch die Arme herausstrecken konnte. So gelangten wir nach 1 ¼ Stunden anstrengenden Marsches gegen 11 ½ Uhr dort an.
Im Hauseingang standen mehrere Hofsgrunder Bauern, die sich an den Rettungsarbeiten der Knaben beteiligt hatten. Im Laden des Lorenz lagen 4 der verunglückten Schüler am Boden, ausgezogen auf Stroh und warmen Decken. Bei jedem der Knaben stand ein Einheimischer und versuchte künstliche Atmungen. Zwei Knaben waren hoffnungslos anzusehen. Beim dritten Knaben konnte man leidlich auf Besserung rechnen, während man beim vierten Knaben berechtigte Hoffnungen haben konnte. In größter Eile verabreichte ich jedem der sechs Schüler ›Intracordial – Einspritzungen‹ und untersuchte dieselben. Bei den ersten vier Knaben schien mir bei 2 hiervon jegliche Hoffnung auf Wiedererwecken geschwunden. Trotzdem wurden die künstlichen Atmungen fortgesetzt und alle mit heißen Tüchern und Decken behandelt. In gleich schwerem Zustand traf ich die anderen beiden Knaben in der dem Laden gegenüber gelegenen Stube an. Hier stellte ich alsbald die künstlichen Atmungen ein, weil alle Aussicht geschwunden war. Gegen 1 ¼ Uhr wurde ich durch den inzwischen eingetroffenen Dr. Krieg aus Kirchzarten, der in Be-

gleitung der Gendarmerie und einer Sanitätskolonne eintraf, unterstützt. Wir bemühten uns von da ab noch um 2 Knaben – Witham und Roberts – während wir die anderen 4 bereits aufgegeben hatten. Trotz meiner ständigen Bemühungen konnte ich keinen der Genannten mehr retten.
Nunmehr setzten wir alles daran, um diese beiden zu retten und haben alles nur Denkbare unternommen. Roberts wurde bald besser und konnte auch heißen Tee zu sich nehmen. Immerhin lag er noch anfänglich im Schlummer. Witham hatte gegen 4 Uhr ein starkes Erbrechen, so dass wir dringend auf Abtransport bestanden. Dieser wurde unter den schwierigsten Umständen und unter unserer Aufsicht durchgeführt.
Die Besichtigung der 4 Leichen ergab folgendes: Der körperliche Zustand war nach meinem Empfinden den hier in Frage gekommenen Strapazen nicht gewachsen. Die Körper zeigten keinerlei Verletzungen, der Gesichtsausdruck war bei allen Verlebten ein friedlicher. Es ist mit Sicherheit anzunehmen, dass sie bis zum Äußersten unter aller Energie gegen ihr Schicksal angekämpft haben und der Eintritt ihres Todes mit keinerlei Schrecken für sie verbunden war. Der Tod ist durch völlige Erschöpfung und Versagens des Herzens – wegen Überanstrengung – eingetreten.[11]

Dr. med. Erich Krieg, prakt. Arzt in Kirchzarten, der nach Dr. Kopp mit der Sanitätskolonne in Hofsgrund angekommen war, gab zu Protokoll:

Am 17.4. gegen 22 Uhr setzte mich die Gendarmerie Kirchzarten – Oberwachtmeister Malter – fernmündlich in Kenntnis, dass auf dem Schauinsland englische Schüler in den um jene Zeit herrschenden Unwetter verunglückt seien. Es würde ein Arzt gewünscht. Ich erklärte sofort meine Bereitschaft, mitzugehen. Bald darauf wurde ich nochmals von Oberwachtmeister Malter benachrichtigt, dass in Freiburg eine Sanitätsmannschaft zusammengestellt worden sei, die bald in Kirchzarten mit Fahrzeugen eintreffen werde. Dieser sollte ich mich mit der Gendarmerie anschließen. Hierauf habe ich meinen Verbandskoffer gerichtet und auch von der Apotheke aus noch mit entsprechenden Medikamenten versehen bzw. diese neu aufgefüllt. (…) Gegen 23 Uhr trafen zwei Sanitätskraftwagen hier

[11] StAF, A 40/1 Nr. 398. Bericht Gendarmeriebezirk Freiburg, Posten Kirchzarten, J. Nr. 3667 vom 24. April 1936.

ein, die jede außer dem Führer mit je 2 Sanitätern besetzt waren. Jeder Wagen war mit zwei Bahren, den notwendigen warmen Decken und einem Sauerstoffgerät ausgestattet. Außerdem waren sie mit je einem Scheinwerfer versehen. Auf der Hinfahrt machte sich schon hinter Oberried der starke Schneefall bemerkbar, sodass zur weiteren Fahrt die Schneeketten aufgelegt werden mussten. Trotzdem konnten wir nur bis Steinwasen gelangen. Hier erwarteten uns bereits 2 große Schlitten, mit je einem Pferd bespannt. Nachdem die Schlitten mit den Bahren und allem anderen Material beladen waren, wurde unter den denkbar schwierigsten Umständen – es schneite und stürmte und hatte schon eine Schneehöhe von über einem Meter erreicht – der Marsch nach dem noch 2,75 km entfernten Hofsgrund angetreten. Es musste jeder Teilnehmer marschieren und die Pferde am Schlitten unterstützen, die ab und zu im Schnee umfielen. Wir langten schließlich gegen 1 Uhr 15 im Hause des Kaufmanns Bernhard Lorenz in Hofsgrund an. Bei unserem Eintreffen bzw. Eintritt in das Haus bzw. den Laden, lagen 4 Knaben am Boden. Zwei hiervon waren bereits gestorben. Es trat uns sofort ein Mann in blauem Skianzug entgegen, der sich als Dr. Kopp vorstellte und sich um die noch lebenden, aber bewusstlosen beiden Knaben bemühte. Er behandelte gerade den Roy Martin Witham, der vollständig bewusstlos war. Auch der andere Knabe, Arthur Roberts, befand sich im Schlummer und stöhnte. Auf dem Tische lagen einige bereits schon aufgebrochene Ampullen, die der genannte Arzt zu ›Coffein-Einspritzungen‹ zur Belebung der Herztätigkeit verwendet hatte.

Der Lehrer und Führer der Schüler saß auf der Ofenbank, seelisch und physisch erschüttert, dennoch beherrscht.

Ich ordnete zunächst die Verbringung der Leichen aus dem Zimmer bzw. dem Laden an und verabreichte an Witham ›Corامineinspritzung‹. Hierauf wurde er etwas ruhiger. Diese Injektion habe ich im Laufe meiner Bemühungen sechsmal wiederholt. Die Knaben wurden auf den Wandbänken gebettet. Während Roberts langsam zu sich kam und beim Erwachen einige Schlucke heißen Tees zu sich nehmen konnte, setzte bei Witham gegen 4 Uhr eine Verschlechterung ein.

Hierauf drangen wir beiden Ärzte auf schleunigsten Abtransport in klinische Behandlung, der wegen der ungebahnten Strasse aus Sicherheitsgründen bei Nacht nicht vorgenommen werden konnte. Die Gendarmerie veranlasste nun mit Nachdruck die sofortige Räumung der Straße und Bereitstellung eines für den Transport der beiden Knaben gerichteten, halboffenen Schlittens. Eine andere Transportmög-

lichkeit war wegen der gefahrvollen Straßenbenutzung nicht möglich. Der Schlitten war zunächst durch die Gendarmerie mit einem dicken Strohbelag versehen worden. Die beiden Knaben wurden zunächst je auf einer Bahre in warmer Kleidung, Decken, Betten etc. gehüllt und sodann auf den Bahren festgeschnallt. Diese Bahren wurden sodann auf den Schlitten gesetzt und dieser mit einem Planenverdeck versehen. Der Schlitten wurde von etwa 8–10 Männern einschließlich der Sanitäter gezogen, sowie von uns beiden Ärzten und der Gendarmerie – welche den Transport leitete – bis zu den Sanitätswagen nach Steinwasen begleitet. Wir beiden Ärzte haben uns unterwegs dauernd über den Zustand der beiden Knaben verständigt und hierbei festgestellt, dass sie gut und besonders ›warm‹ gebettet und untergebracht waren. In Steinwasen erfolgte unter der Leitung von uns Ärzten die Übernahme der beiden Bahren in die Sanitätswagen, wobei ich an der Seite von Witham verblieb. Die Fahrt nach Oberried konnte nur unter äußerster Vorsicht und Leitung der Gendarmerie geschehen, weil die Straße derart verschneit war, sodass man überhaupt keine Spur mehr sehen konnte.
Unterwegs setzte bei Witham eine starke Unruhe ein und ich habe deshalb in Oberried auf Beschleunigung des Transports ersucht, um ihm baldmöglichst klinische Behandlung zuteil werden zu lassen. Ab Kirchzarten – meinem Wohnort – hat die Gendarmerie mit den Sanitätern den Transport alleine ausgeführt. Ich versichere, dass seitens uns beiden Ärzten alles geschehen ist, was zur Erhaltung der beiden Knaben möglich war. Die seitens der Kinder ausgestandenen Strapazen waren zu groß, sodass ihre völlige Erschöpfung nicht ausbleiben konnte.[12]

Erst am Morgen des 18. April 1936 ließ sich das ganze Ausmaß des Unglücks übersehen: eine Gruppe von 23 Personen – 22 Schüler im Alter zwischen zwölf und 17 Jahren und ihr Lehrer – waren in Hofsgrund in Sicherheit; vier tote Schüler waren im Keller des Rathauses untergebracht und zwei auf dem Weg in die Medizinische Klinik Freiburg. Dort starb einer um 7 Uhr kurz nach dem Eintreffen der Sanitätswagen in der Klinik. Der zweite konnte am Leben gehalten werden. Nur dem Eingreifen der Hofsgrunder Retter

[12] StAF, A 40/1 Nr. 398. Bericht Gendarmeriebezirk Freiburg, Posten Kirchzarten, J. Nr. 3667 vom 24. April 1936.

und der herbeigeilten Ärzte war es zu verdanken, dass nicht noch mehr Opfer zu beklagen waren. Die Schüler mussten von Hofsgrund aus ihre Eltern benachrichtigen, dass sie noch am Leben waren.

80 Jahre lang wurde das Unglück überwiegend als »tragisches Naturereignis« beschrieben, an dem Menschen keine Schuld trugen, sondern ausschließlich die Naturgewalten, die ihr zerstörerisches Werk in Gang gesetzt hatten. Dementsprechend war an dem später errichteten »Engländerdenkmal« eine Hinweistafel angebracht worden, auf der man lesen konnte:

> Zum Gedenken an die Verunglückten wurde 1938 dieses Granitdenkmal (…) errichtet.[13]

Kein Wort fand sich zu denen, die es erbauen ließen und ihren Gründen für den Bau. Kein Wort dazu, warum die englischen Schüler auf der Inschrift am Denkmal »Bergkameraden« und »Boy Scouts« genannt werden und auch das »Naturereignis« (ein plötzlich einsetzendes »heftiges Schneetreiben«) wurde als gegeben vorausgesetzt. Der Text hob auch die Taten des Lehrers hervor:

> Einige der Schüler waren inzwischen so ermattet, dass sie nicht mehr selbst gehen konnten, sondern mussten von ihrem Lehrer getragen werden.[14]

Der Text fragte auch nicht danach, wie die Schüler überhaupt in diese Lage gekommen waren, sondern folgte ohne kritische Hinterfragung der Schilderung des Lehrers selbst, der sich später – wie wir sehen werden – der Öffentlichkeit gegenüber als »Retter« der Gruppe feiern ließ.

---

[13] Text auf der inzwischen ersetzten Tafel am »Engländerdenkmal«.
[14] Ebenda.

Abbildung 11: Postkarte von Ken Osborne aus Hofsgrund an seine Mutter (Vorderseite)

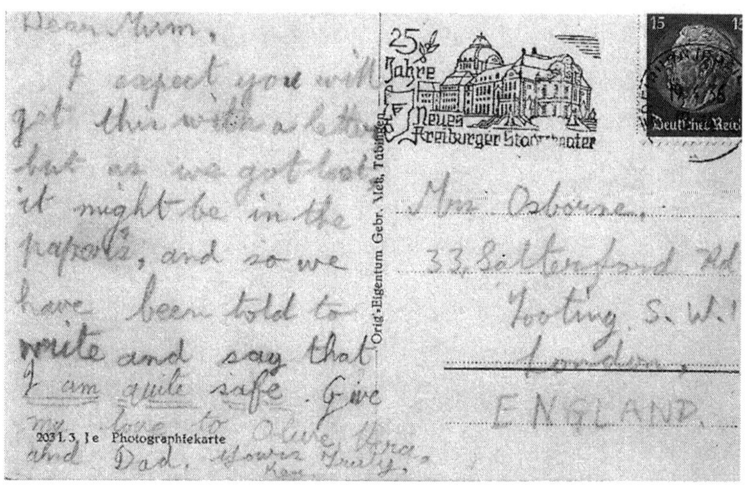
Dear Mum,
I expect you will get this with a letter but as we got lost it might be in the papers, and so we have been told to write and say that I am quite safe. Give my love to Olive, Vera and Dad. Yours truly, Ken.

25 Jahre Neues Freiburger Stadttheater

Orig.-Eigentum Gebr. Metz, Tübingen

2031. 3. Je Photographiekarte

15 Deutsches Reich

Mrs Osborne,
33, [illegible] Rd
Tooting S. W.
London,
ENGLAND.

Abbildung 12: Postkarte von Ken Osborne aus Hofsgrund an seine Mutter (Rückseite)[15]

15 »Liebe Mutter, ich glaube, du erhältst das mit einem Brief, aber weil wir verlorengegangen sind, wird es auch in den Zeitungen stehen und deshalb

Inzwischen sind in englischen und deutschen Archiven die Akten gefunden worden, die eine vollständige Rekonstruktion der damaligen Ereignisse ermöglichen. Auch Nachkommen der damaligen Beteiligten wurden gefunden, die aus ihren privaten Archiven die Sicht auf die Dinge erhellen konnten.

Neben der Rekonstruktion der »tatsächlichen« Ereignisse an jenem 17. April 1936 und den Folgetagen können dadurch jetzt weitere komplexe Zusammenhänge aufbereitet werden:

- Die Rolle des verantwortlichen Leiters der Wandergruppe;
- Die Rolle der Retter der Gruppe, die Hofsgrunder Bevölkerung;
- Die Rolle der Nationalsozialisten bei der »Beurteilung« des Unglücks auf lokaler, regionaler und nationaler Ebene;
- Die Rolle der Freiburger Staatsanwaltschaft bei den Ermittlungen nach dem Unglück;
- Die Rolle des englischen Außenministeriums (Foreign Office) in Abstimmung mit dem Reichsjustizministerium in Berlin;
- Die Rolle der »Strand School« in London in Abstimmung mit dem »London City Council.«

Heute künden zwei neue Hinweistafeln an den drei erhaltenen Monumenten zum Unglück von allen Zusammenhängen, die weit über die damaligen Berichte über ein unvermeidbares »Naturereignis« hinausgehen. Der Ortschaftsrat Hofsgrund hat die Tafeln 2017 aufstellen lassen und damit zum Ausdruck gebracht, dass die Geschichte des Engländerunglücks aufgrund der vorliegenden Fakten neu geschrieben werden musste.

Im Folgenden soll versucht werden, in chronologischer Reihenfolge alle diejenigen zu Wort kommen zu lassen, die

---

hat man uns aufgetragen, euch zu schreiben und dir zu sagen: Ich bin in Sicherheit und ok. Liebe Grüße an Oliver, Vera und Dad. Euer Ken.«

mittelbar und unmittelbar mit dem Unglück zu tun hatten. Damit können viele Aspekte dieses Unglücks besser verstanden und auch die dunklen Seiten ausgeleuchtet werden.

Jeder angehende Lehrer muss heute in seiner Referendarausbildung das Fach »Schulrecht« belegen. Eine wesentliche Begründung für dieses Lehrfach mit Prüfung besteht darin, dass ein Lehrer eine »Aufsichtspflicht« für Schüler hat, weil aufgrund der gesetzlichen Schulpflicht die Eltern der Schule ihre Kinder anvertrauen müssen. Diese Aufsichtspflicht sieht vor, dass Lehrer eine besondere pädagogische Verantwortung gegenüber ihren »Schutzbefohlenen« haben. Sie müssen jederzeit so handeln, dass die ihnen anvertrauten minderjährigen Schüler/innen nicht in ihrem Aufwachsen körperlichen und psychischen Schäden ausgeliefert werden, die vermeidbar sind, bzw. auch präventiv unbedingt vermieden werden müssen. Darauf haben die Erziehungsberechtigten einen grundgesetzlichen Anspruch. Wird er nicht eingehalten, drohen heute einem Lehrer strafrechtliche, zivilrechtliche und beamtenrechtliche Konsequenzen bis hin zur Entlassung aus dem Schuldienst.

Wir werden im Verlaufe dieser Dokumentation erfahren, dass alle diese heutigen Grundlagen der Schulpädagogik nicht eingehalten wurden, ja sogar bewusst ins Gegenteil verkehrt wurden. Auf der Basis dessen, was wirklich am 17. April 1936 am Schauinsland und danach geschehen ist, kann sich der Leser selbst ein Urteil darüber bilden, was ein angemessenes Verhalten in dieser Situation gewesen wäre.

Kapitel 2: Eine Wanderung in den Tod für fünf Schüler

Sie waren Schüler der »Strand School« des Stadtteils Tulse Hill in Südlondon mit großem Einzugsgebiet. Die Schule bekam ihren Namen vom ursprünglichen Standort »Strand« in der City of Westminster in London und war eine 1893 gegründete »Grammar School« für Jungen, die in Verbindung mit dem altehrwürdigen »King's College London«[16] am »Strand« in London stand. Die Schule war eine renommierte Schule für Mittelklasse-Eltern, die ihren Kindern die dort vorhandenen zahlreichen außerunterrichtlichen Aktivitäten bieten wollten wie Boxen, Fußball, Tennisspielen. Zur Angebotspalette gehörten in dieser Schule auch Auslandsaufenthalte in Form von Wanderungen, Besuchen etc. Die Ausbildung in der »Strand School« galt als gutes Eintrittsticket für den öffentlichen Dienst, vor allem dem Armeedienst, und im Gleichklang mit den vornehmen englischen Privatschulen legte man beim Curriculum neben den traditionellen Unterrichtsfächern großen Wert auf gleichzeitige körperliche Ertüchtigung. Unter anderem gab es ein »Army Cadet Corps« als vormilitärische Einrichtung an der Schule.[17]

---

[16] Das King's College London ist eine der angesehensten Hochschuleinrichtungen der Welt und das älteste College der University of London sowie eine der ältesten und reichsten Universitäten des Vereinigten Königreichs. Es wurde 1829 gegründet und erhielt seinen Namen nach der Schirmherrschaft König Georgs IV.

[17] Army Cadet Force (ACF) ist eine 1860 gegründete nationale Jugendorganisation, die vom britischen Verteidigungsministerium und der britischen Armee unterhalten wird. Sie soll dazu dienen, in Schulen jugendliche Freiwillige für den späteren Militärdienst zu gewinnen. Neben dem »Sea Cadet Corps« und dem »Air Training Corps« gibt es die »Community Cadet Force« für den Dienst am Gemeinwesen.

Abbildung 13: Portraitbild von Kenneth Keast bei der Einschreibung zum Studium am »King's College Cambridge« 1930.

Ziel des von Junglehrer (Junior Master) Kenneth Keast in den Osterferien 1936 geleiteten »school trip« war der »Black Forest«, ein zu jener Zeit meist gut betuchten Engländern vorbehaltenes Urlaubsziel und weit genug von der Insel entfernt, um als »Abenteuertour« zu gelten. Der Deutschlehrer, Kenneth Keast, (Spitzname: »Keattie«), geboren am 1. Juni 1908 in Mitcham, Surrey, hatte die Fahrt über den Londoner »School Travel Service« organisiert, als außerunterrichtliche Schulveranstaltung, da die Teilnehmer aus verschiedenen Klassen kamen und weil sie in den Osterferien der Schüler stattfand. Die »Strand School« übernahm üblicherweise die Kosten für die Reiseversicherungen; für Fahrt- und Unterkunftskosten mussten die Eltern aufkommen. Es kamen letztlich 27 Teilnehmer zusammen, eine sehr große Gruppe für einen 27jährigen Lehrer, der seine erste große Fahrt allein mit Jugendlichen vor sich hatte.
Die Alterszusammensetzung der Teilnehmer war sehr gemischt: Der jüngste Teilnehmer war gerade einmal zwölf Jahre alt, der älteste – zugleich Hilfsassistent des Lehrers – war 17. Das Programm der Schulfahrt bestand aus dem Plan, am Mittag des 15. April 1936 von Londons »Victoria Station« – über Dover, Ostende und Brüssel reisend – am Donnerstag, den 16. April, morgens in Freiburg einzutreffen (um 7 Uhr 08). Am Freitag, 17. April, sollte der Wandertrip durch den Südschwarzwald beginnen. Von der Freiburger Jugendherberge aus (damals im »Peterhof« neben dem Kollegiengebäude II gelegen) wollte der Lehrer mit der Gruppe nach Todtnauberg zur Jugendherberge »Radschert« wandern und von dort aus in fünf weiteren Tagen via Todtmoos – Feldberg – Titisee nach Himmelreich zur Höllentalbahn gelangen. Am 24. April 1936, nach einer weiteren Übernachtung in der Jugendherberge Freiburg, war der Aufbruch nach England geplant und die Gruppe sollte dort am 25. April in der Londoner »Victoria Station« ankommen. Die Tour hätte also insgesamt zehn Tage umfasst.

Aber schon am zweiten Tag dieses Wanderausflugs (man kann auch sagen, am ersten eigentlichen Wandertag) zum Schauinsland war für fünf der Schüler diese Wanderfahrt zu Ende und das vermeintliche Abenteuer hatte sich in eine Katastrophe verkehrt.

Abbildung 14: Die damalige Jugendherberge »Peterhof« in Freiburg.

Aus einem später in Hofsgrund aufgefundenen Tagebuch von Francis H. Bourdillon, einem der Todesopfer, wissen wir, wie dieser seinen vorletzten Lebenstag verbrachte:

> Im Zug hatte ich nur drei Stunden Schlaf und ich war sehr müde, als wir in der Jugendherberge ankamen. Ich erhielt zwei Reichsmark und wir gingen in den Schlafraum, wo die meisten von uns den Rest des Morgens verschliefen, jedenfalls taten das Mr. Keast und ich. Vor dem Essen gingen Mr. Keast und ich raus, um einige Postkarten und Briefmarken zu kaufen. Ich schickte eine Postkarte an Mummy und eine an Dad. Wir gingen auf den Freiburger Münsterturm und schauten auf die Straßen herunter. Er ist sehr hoch und es sind zwischen

330 und 325 Stufen (...) Danach gingen wir einen sehr hohen Hügel *(vermutlich der »Kanonenplatz« – d. V.)* hinauf und von dort oben hatten wir eine wunderschöne Sicht auf die rundum liegenden Berge. Wir gingen zurück zur Herberge zum Tee und Mr. Keast gab uns weitere zwei Mark. Ich bin nach dem Tee aber nicht rausgegangen, sondern blieb im Tagesraum, um mein Tagebuch zu aktualisieren. Ich habe Freundschaft geschlossen mit einem Jungen namens Harrison und dem Hilfslehrer Mortifee.[18]

Der Eintrag vom 16. April sollte für ihn der letzte seines Lebens werden.

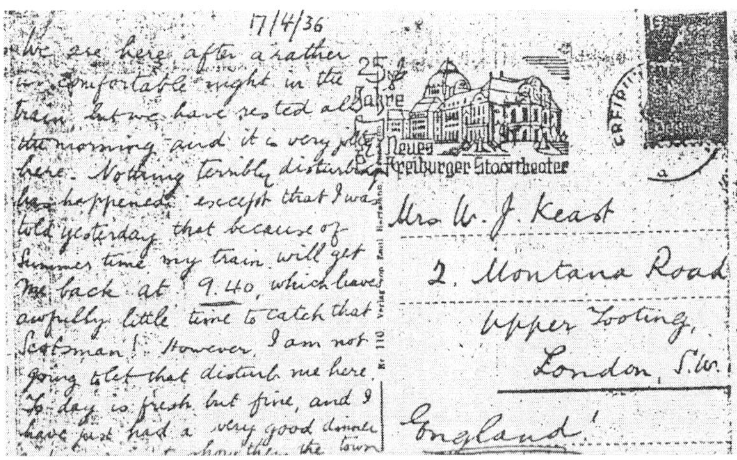

17/4/36

We are here after a rather uncomfortable night in the train, but we have rested all the morning and it is very jolly here. Nothing terribly disturbing has happened except that I was told yesterday that because of summer time my train will get me back at 9.40, which leaves awfully little time to catch that Scotsman! However, I am not going to let that disturb me here. To-day is fresh but fine, and I have just had a very good dinner

25 Jahre Neues Freiburger Stadttheater

Mrs W. J. Keast
2. Montana Road
Upper Tooting,
London, S.W.
England!

Abbildung 15: Postkarte des Lehrers Keast an seine Mutter, aufgegeben am 17. April 1936 in Freiburg.

Auch Lehrer Keast hatte an diesem Nachmittag aus Freiburg eine Postkarte an seine Mutter abgeschickt:

»Wir sind hier nach einer ziemlich unkomfortablen Nacht im Zug angekommen; aber wir haben uns den ganzen Morgen ausgeruht und

[18] Tagebuch von Francis H. Bourdillon, abgedruckt in: Daily Express, 11. Juni 1936. Das Tagebuch wurde im Gasthaus »Zum Hof«, wo die Überlebenden einquartiert wurden, liegengelassen und vom Vater eines weiteren Opfers, Jack Alex Eaton, bei seiner Recherche gefunden.

> es ist sehr hübsch hier. Nichts schrecklich Störendes hat sich ereignet, außer dass man mir gestern sagte, dass wegen der Sommerzeit mein Zug, der uns zurückbringt, um 9 Uhr 40 ankommt, was mir furchtbar wenig Zeit lässt, den ›Scotsman‹[19] zu kriegen. Aber davon lasse ich mich hier nicht stören. Heute ist es frisch, aber schön und ich hatte ein gutes Essen und werde den Jungs jetzt die Stadt zeigen.«[20]

Wer war dieser Lehrer, der die Gruppe führte? Laut des Protokolls des »Teaching Staff Sub-Committee of the Education Committee, London County Council (LCC)«, der das Unglück von Freitag, 16. Mai 1936 bis Samstag, 17. Mai 1936, untersuchte, hatte Kenneth Keast »exzellente Qualifikationen« für diese Schulfahrt. Er stammte aus ärmlichen Verhältnissen, sein Vater war Postsortierer, seine Mutter Hausfrau. Dennoch gelang ihm ein ungewöhnlicher Aufstieg. Wohl durch ein Stipendium kam er an die »Strand School«. Dort wurde er »Head Boy« (Schulsprecher) von 1926–1927 und war auch der Kapitän des Cricket-, Fußball- und Fives-Teams[21] der Schule gewesen. 1930 begann er nach dem Schulabschluss sein Lehrerstudium am »King's College« in Cambridge, für das er ebenfalls ein Stipendium bekam. »King's College« ist eines der berühmtesten Colleges in England, gegründet 1411 von König Heinrich VI. Ein Stipendium dort zu erhalten ist mehr oder weniger »ein Sechser im Lotto«. Während seiner Zeit in Cambridge, in den Jahren 1930 und 1931, verbrachte er mehrere Ferienzeiten im Internat »Lyceum Alpinum« in Zuoz im Engadin, wo er nach eigenen Aussagen Bergwanderungen mit Schulklassen durchführte. Von September 1931 bis April 1933 gehörte

---

19 Der »Flying Scotsman« ist die traditionelle Bezeichnung für den Zug von London Kings Cross nach Edinburgh/Schottland

20 Daily Sketch, 20. April 1936.

21 Unter Fives werden britische Rückschlagsportarten verstanden, bei denen der Ball, statt mit einem Schläger, mit den Händen geschlagen wird. Wie Squash wird Fives in einem Court gespielt, wo der Spielball gegen die Frontwand geschlagen werden muss. Die hauptsächlichen Varianten des Spiels sind Eton Fives, Rugby Fives und City Fives.

er zum Lehrkörper der Internatsschule »Schloss Neubeuern« im bayrischen Voralpenland, wo er ebenfalls Ski- und Wandertouren organisierte. Er verließ Neubeuern, um in Cambridge seinen B.A. (Bachelor of Arts) zu machen.[22] Zurück an seiner alten Stammschule »Strand School« wurde er Lehrer für Englisch, Deutsch, Geschichte und Sport. Er war einer der jüngsten Lehrer der Schule (27 Jahre alt).
Aufgrund seines sportlichen Könnens als Kletterer und Skifahrer war er ganz besonders beliebt bei den Schülern. Er hatte vor dem Unglück bereits mehrere Schulfahrten absolviert: 1934 nach Oberammergau, 1935 eine Wandertour im Mittleren Rheintal und zuletzt im Januar 1936 eine Skitour nach Tirol, vermutlich nach Alpbach. Den Schwarzwald selbst kannte er nur vom Durchfahren: 1934 kam er von Oberammergau über den Bodensee durch den Schwarzwald nach Freiburg per Bus, im Sommer 1935 hatte er ebenfalls auf einer Autotour über Titisee und Triberg auf dem Weg nach Stuttgart den Schwarzwald durchquert. Deshalb schienen die Schulbehörden keine Bedenken gegenüber der Osterfahrt gehabt zu haben, obwohl diese Gruppe mit 27 Schülern die größte werden sollte, die Keast je allein geleitet hatte. Bei der Tour im Mittleren Rheintal mit 27 Strand-Schülern waren zwei Lehrer dabei gewesen. Die Eltern überzeugte man mit der angeblichen »Leichtigkeit« der geplanten Südschwarzwaldtour:

> Bei verschiedenen Treffen erklärten wir die Landschaft, in der wir gehen wollten. Sie kann verglichen werden mit Box Hill[23] oder Leith

---

[22] Den Master of Arts (M.A) bekam man damals in England nach einigen Jahren Unterrichtstätigkeit »geschenkt«.

[23] Box Hill ist ein Berg in den North Downs in Surrey (England), 30 km südwestlich von Schottland, mit 224 Meter Meereshöhe. Im Vergleich: der Schauinsland ist 1.284 Meter hoch. Der Leith Hill südwestlich von Dorking in Surrey ist mit 294 m der höchste Punkt der Greensand Ridge und nach dem Walbury Hill die zweithöchste Erhebung in Süd-Ost England.

Hill in Surrey, nur auf größerer Stufenleiter. Wir erklärten, es sei eine moderate Wandertour in Frühlingswetter zu erwarten.[24]

Abbildung 16: Jack Alexander Eaton, einer der tödlich verunglückten Schüler.

[24] Inner London Education Authority (ILEA) (1936): Strand School,File 1, Special Meeting of the Teaching Staff Sub-Committee of the Education Committee, Freitag und Samstag, 15. und 16. Mai 1936, S. 289 – 305, hier S.289.

Aufgrund dieser Versprechung und wegen seiner Beliebtheit als Lehrer nahmen so viele Schüler an der Schwarzwaldtour teil. Die Schüler, die mitkamen, zählten überwiegend zu den sportlichsten der Schule. So war der tödlich verunglückte Jack Alexander Eaton ein Boxchampion der Schule, der auch »House Captain« für Reiten, Fußball und Schwimmen war. Er war außerhalb der Schule Mitglied des Belsize Boxing Clubs. Peter Ellercamp, der auch tödlich verunglückte, war ebenfalls Boxchampion seiner Gewichtsklasse. Er überredete seinen Vater, ihn trotz seiner 13 Jahre mitfahren zu lassen. Auch Stanley Michael Lyons, der dritte tödlich Verunglückte, gehörte dem Junior Team des Fußballteams der »Strand School« an. Er hatte bereits im Dezember 1935 an einem von Lehrer Keast organisierten Skilager in Österreich teilgenommen. Der älteste Teilnehmer war Douglas Mortifee, 17 Jahre alt, der, so ist zu vermuten, als »Hilfslehrer« der Gruppe den Lehrer unterstützen sollte.[25] Mit von der Partie war auch Ken Osborne, mit 12 Jahren einer der jüngsten Teilnehmer. Von ihm erhalten geblieben ist das Tagebuch der Fahrt (siehe Anhang).

Es gibt mehrere archivalische Unterlagen, aus denen sich die Abläufe des Unglückstages rekonstruieren lassen. Dazu zählen:

- Die Zeugenvernehmung des Lehrers Keast vor dem Staatsanwalt Eugen Weiss am 20. April 1936, also nur drei Tage nach dem Unglück;
- Die polizeilichen Ermittlungen des Gendarmeriepostens Kirchzarten (Polizeioberwachmeister Malter), beginnend unmittelbar vor Ort noch während der Rettungsarbeiten am 17./18. April, bei denen unmittelbare Augenzeugen befragt wurden (Lehrer Keast, Dobelbauer Lorenz).
- Das Protokoll vom 24. April 1936 des Gendarmeriepostens Kirchzarten mit der Vernehmung der Ärzte Dr. Krieg und

[25] The News, 24. April 1936.

Dr. Kopp, der Familie Trenkle von St. Valentin, des Postschaffners Steiert und weiterer Zeugen aus dem Bergwerkszechenheim im oberen Kapplertal, des Herbergsvater der Jugendherberge »Peterhof«, Hermann Reichert und der Magd Johanna Gallus;

- Die Meldungen der Freiburger Kriminalpolizei (Polizeikommissar Malsch) an die Freiburger Staatsanwaltschaft;
- Die Berichte, die der Freiburger Oberstaatsanwalt Eugen Weiss[26] nach Abschluss seiner Zeugenbefragungen an das Britische Generalkonsulat Frankfurt, an den Generalstaatsanwalt in Karlsruhe und an das Reichsjustizministerium in Berlin schickte;
- Die Abschriften der am 15./16. und 18. Mai 1936 veranlassten Anhörung des Lehrers und eines Schülers als Augenzeugen vor dem »Education Subcommittee« des »London County Council«;
- Die Broschüre mit eigenen Recherchen des Vaters des verunglückten Jack Alex Eaton, die dieser nach dem Unglück in London verteilen ließ[27];
- Die Schreiben zwischen dem Britischen Generalkonsulat in Frankfurt und dem Foreign Office in London;
- Zahlreiche Zeitungsberichte aus britischen Archiven und persönliche Unterlagen von Nachkommen.

---

26 Weiss, Eugen Dr.; Oberstaatsanwalt; geb. 26.9.1881 in Karlsruhe; gest. 2.8.1957 in Freiburg. Seine Personalakte ist im Landesarchiv Baden-Württemberg, Abt. Staatsarchiv Freiburg, C 20/5 Nr. 379/378 einsehbar. Ein Kurztext zu seiner Biografie von Heiko Haumann ist enthalten in: Kalchthaler, Peter, Neisen, Robert, von Stockhausen, Tilmann (Hg.) (2016): Nationalsozialismus in Freiburg, Begleitbuch zur Ausstellung des Augustinermuseums in Kooperation mit dem Stadtarchiv, Petersberg, S. 164–165.

27 Siehe Anhang.

Abbildung 17: Ken Osborne, einer der Überlebenden.

Von allen Vorgängen rund um das Unglück existieren also Unterlagen: Die deutschen Akten wurden von der Staatsanwaltschaft Freiburg an das Generalkonsulats Frankfurt gesandt, dort übersetzt und an das Foreign Office weitergeleitet; die Originalakten der Freiburger Staatsanwaltschaft wurden im Staatsarchiv Freiburg aufgefunden.[28] Es mutet bei der Fülle von Untersuchungen und Zeugenaussagen seltsam an, dass diese Akten nur sehr selektiv – vor allem auf britischer Seite – wahrgenommen wurden und zum Teil auch von der Londoner Untersuchungskommission nicht

[28] StAF, A 40/1 Nr. 398.

beachtet oder ernstgenommen wurden. Wir werden später erfahren, warum das möglich war.
Was der Lehrer der Freiburger Staatsanwaltschaft, den Londoner Zeitungen und später der Untersuchungskommission erzählte, widersprach in der Gesamtschau diametral dem, was die Freiburger staatsanwaltlichen Akten, die Polizeiberichte und die Zeugenaussagen enthalten. Es mutet im Nachhinein seltsam an, dass sich der Unterausschuss in London auf zwei Stimmen – die des Lehrers und die eines Schülers – stützte, um den Lehrer von jeder Schuld an dem Unglück freizusprechen und deshalb kein englisches Ermittlungsverfahren wegen »fahrlässiger Tötung« anstrengte. Angesichts der großen Anzahl Überlebender und angesichts der Tatsache, dass die Freiburger Staatsanwaltschaft alle Ermittlungsergebnisse pflichtgemäß an das Generalkonsulat in Frankfurt weiterleitete, erscheint es merkwürdig, dass sich nur Teile davon im Protokoll der Entscheidungsfindung der Untersuchungskommission des London City Council wiederfinden. Warum? Wir wissen es nicht. Wir können nur versuchen, eine Rekonstruktion der Ereignisse vorzunehmen, die sich auf die vorhandenen Fakten stützt.

Abmarsch in Freiburg, Freitag, 17. April 1936

Da die Reise von London via Zug zur Fähre, dem Umsteigen in den Zug nach Freiburg und der Ankunft am Donnerstag um 7 Uhr 08 auf dem Hauptbahnhof ziemlich anstrengend war, hatte Keast der Gruppe den Rest des Donnerstages frei gegeben. Übermüdet musste die Gruppe am Freitagmorgen immer noch sein, denn der Lehrer ging abends allein auswärts zum Essen und auf den Zimmern (Nachtruhe: 22 Uhr) war bis weit nach Mitternacht noch viel los: »Skylarking«[29]

[29] Der englische Ausdruck für Unfug machen, Allotria treiben. Aus Schullandheimaufenthalten jedem Schüler hinlänglich bekannt.

hätte geherrscht, steht in der Broschüre von Vater Jack Eaton. Um 7 Uhr wurden die Jungs dennoch geweckt und um 8 Uhr gab es typisch »deutsches Frühstück« mit Kaffee, Brötchen und Butter. Kurz vor 9 Uhr trat die Truppe vor der Jugendherberge an, um die erste Etappe der Wanderung von der Jugendherberge Peterhof zur Jugendherberge auf dem Radschert in Todtnauberg anzugehen.

> Jeder Schüler bekam zwei Doppelwasserwecken mit Butter bestrichen und Schinken belegt mit auf den Weg. Zum Trinken haben sie jedoch nichts mitgenommen,[30]

sagte Hermann Reichert, der Herbergsvater der Jugendherberge »Peterhof« in Freiburg, später der Polizei. Hatte er sich nicht gewundert, dass diese Verpflegung für eine zwölfeinhalb englische Meilen (21 km) lange Wanderung ein ziemlich dürftiger Proviant war? Nur was die Ausrüstung anbelangte, war Reichert aufgefallen:

> Weil das Wetter unfreundlich war, wusste der Lehrer anfänglich nicht, was er machen wollte. Es ging Regen, vermengt mit Schnee, nieder. Gegen 8 Uhr 30 hellte es sich im Westen etwas auf, weshalb sich die Wandergruppe auf den Weg gemacht hat. Der Lehrer fragte mich nach dem Wege, den ich ihm auch gesagt habe. Mit der Hitlerjugend oder sonstigen Wanderführern hatte der Lehrer keine Fühlung aufgenommen. Ich habe den Lehrer von der Wanderung nicht abgehalten, weil ich ja nicht wissen konnte, wie es da droben aussah. Ich habe mir aber gesagt, dass ein Führer wissen muss, was er zu tun hat. Die Knaben waren für eine Wanderung bei solch einer Witterung auch etwas zu leicht gekleidet. Es fällt bei den Engländern aber allgemein auf, dass sie so leichte Kleidung tragen.[31]

»Leichte Kleidung« – das waren Halbschuhe, kurze Hose, T-Shirt, keine Kopfbedeckung, keine Regenkleidung – nur einige Schüler hatten Mäntel dabei. Erstaunt stellte später

---

30 Aussage Hermann Reichert, StAF, A 40/1 Nr. 398. Von Orangen als Zusatzverpflegung, wie Keast und Eaton später angaben, ist in der Aussage nicht die Rede.

31 Ebenda.

Dr. Kopp fest, dass einer der toten Schüler nicht einmal Unterwäsche anhatte.
Johanna Gallus, Helferin in der Jugendherberge gab an:

> Am Freitag, 17.4. gegen 9 Uhr vormittags hat die Schülergruppe, die von einem englischen Lehrer geführt wurde, die Herberge verlassen, um über den Schauinsland nach Todtnauberg zur dortigen Jugendherberge zu wandern. Vor dem Weggehen hat sich der Führer der Gruppe nur nach dem Weg nach dem Schauinsland erkundigt. Er spricht deutsch und er erklärte, dass er sich zurecht finde, denn er sei schon in Deutschland gewesen. Mit einem hiesigen Jugendverband hat die Wandergruppe keine Fühlung aufgenommen. Der Führer der Gruppe hat insbesondere nicht davon gesprochen, und auch nicht verlangt, dass man ihm einen Führer zur Verfügung stelle.[32]

Der Lehrer Keast dachte auch angesichts des vermischten Schnee- und Regentreibens in Freiburg immer noch an eine »Frühlingswanderung«:

> Mit der Möglichkeit, dass wir in dieser Jahreszeit im Schwarzwald in einen derartigen Schneesturm kommen konnten, konnte ich natürlich nicht rechnen. Es war mir auch gesagt worden, dass seit 40 Jahren in dieser Jahreszeit kein so Schneetreiben mehr geherrscht habe wie jetzt an diesem 17. April 1936. Für ein solches Schneewetter waren die Knaben eben auch in ihrer Kleidung nicht ausgerüstet, wenn sie auch Mäntel bei sich hatten. Teilweise hatten sie nur Halbschuhe und nackte Knie, sogar die meisten hatten nur Halbschuhe an. Das Unglück ist nach meiner Auffassung eben einzig darauf zurückzuführen, dass ich völlig unerwarteter Weise in ein solches Schneetreiben gekommen bin, das ich nicht voraussehen konnte und zwar zu einem Zeitpunkt, als nach meinem Dafürhalten es zu spät war für den Rückweg nach Freiburg oder Günterstal war und ich deshalb meinerseits annahm, den näheren Weg nach der Wirtschaft zur Halde auf dem Schauinsland oder dann Hofsgrund zu wählen, um dort Unterkommen zu suchen.[33]

---

32 StAF, A 40/1 Nr. 398, Aussage Johanna Gallus.
33 StAF, A 40/1 Nr. 398, Aussage Keast vor der Staatsanwaltschaft am 20. April 1936.

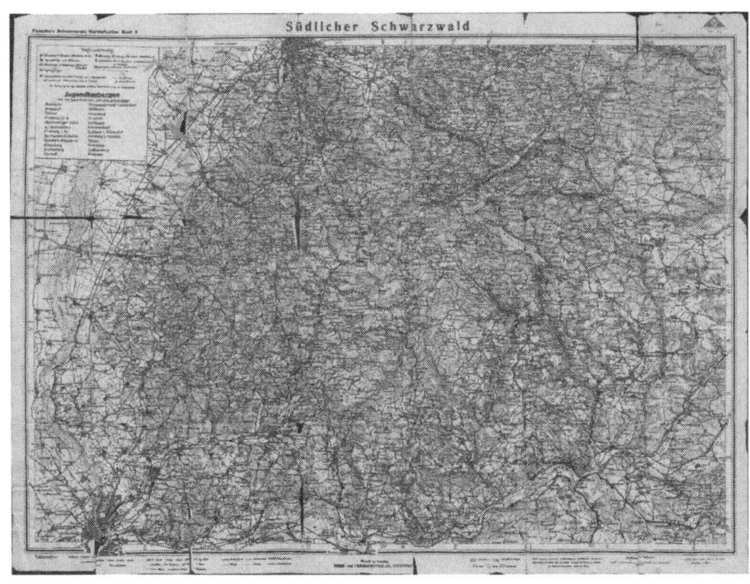

Abbildung 18: Die Originalkarte des Lehrers: Paasche's Schwarzwald-Wanderkarten Blatt 3 in einen Maßstab von 1:100.000.[34]

Dass er mit einem solchen Schneesturm wohl hätte rechnen können, wenn er sich nach der Ankunft am Donnerstagmorgen über den Wetterbericht informiert hätte, verschwieg Keast bei dieser ersten Vernehmung. Auch dass er sich beim Fremdenverkehrsbüro Freiburg an diesem Tag eine geeignete Wanderkarte hätte besorgen können, spielte für ihn bei der späteren Schuldfrage keine Rolle. Seine Wanderkarte hatte er vom »School Travel Service« erhalten, eine »Paasche's Schwarzwald-Wanderkarten Blatt 3« in einen Maßstab von 1:100.000. Auf dieser Karte waren nur die Hauptwege und die Fahrstrasse zu erkennen, nicht aber die gut beschilderten Wanderwege des Schwarzwaldvereins. Außerdem waren keine genauen Höhenlinien vorhanden,

[34] StAF, A 40/1 Nr. 398, Karte beiliegend mit der Bezeichnung »Originalkarte Lehrer Keast«.

ein Fakt, der sich später beim Versuch, sich aus auswegloser Lage nach Hofsgrund durchzuschlagen, verhängnisvoll auswirken sollte.
Dabei hätte Keast für ein paar Reichsmark am Donnerstag in Freiburg ohne Probleme eine Karte des Schwarzwaldvereins – Umgebungsblatt Feldberg – im Maßstab von 1:50.000 erwerben können, die in viel präziserer und größerer Ausführung alle Zugangswege zum Schauinsland beinhaltete. Diese Karte war schon seit den 1930er Jahren verfügbar.
Keast selbst schilderte vor dem Unterausschuss des »London County Council (Education Committee)« in London am 15. und 16. Mai die Ereignisse wie folgt:

> Als wir in Freiburg frühstückten, regnete es und dazwischen gab es Schneeflocken, aber keinen liegengebliebenen Schnee. Es wurde nach dem Frühstück ein bisschen besser und der Herbergsvater sagte, es könnte oben klar sein, und wir starteten von Freiburg um 9 Uhr. Er gab uns Brote und einige Orangen. Um 9 Uhr 45 waren wir in Güntersberg *(er meint Günterstal – d. V.)* und in weiteren drei Stunden würden wir normalerweise am höchsten Punkt unserer Wanderung angelangt sein. Hier verloren wir aber die Orientierung und begannen, im Kreis herumzulaufen und verloren Zeit. Aber ich fragte nach dem Weg in einer Wirtschaft – St. Valentin-Hof – und sie zeigten mir den Weg durch den Wald. Ich fragte, ob es irgendwelche Schwierigkeiten gäbe und man sagte mir, es gäbe keine, alles wäre gut markiert wie im Schwarzwald üblich. Es lag Schnee, aber die Leute in der Wirtschaft meinten, er würde uns nicht zu schaffen machen.[35]

Diese Aussage vor dem Unterausschuss steht sowohl in klarem Widerspruch zu den Zeugenaussagen der Familie Trenkle vom ›Waldcafe‹ St. Valentin, wie auch zu den Recherchen, die Jack Eaton einen Tag nach dem Unglück begonnen hatte, und auch im Gegensatz zum Tagebuch von Ken Osborne.

---

[35] ILEA (1936): Strand School,File 1, Report of the Teaching Staff Sub-Committee, 15. und 16. Mai, 1936, S. 290.

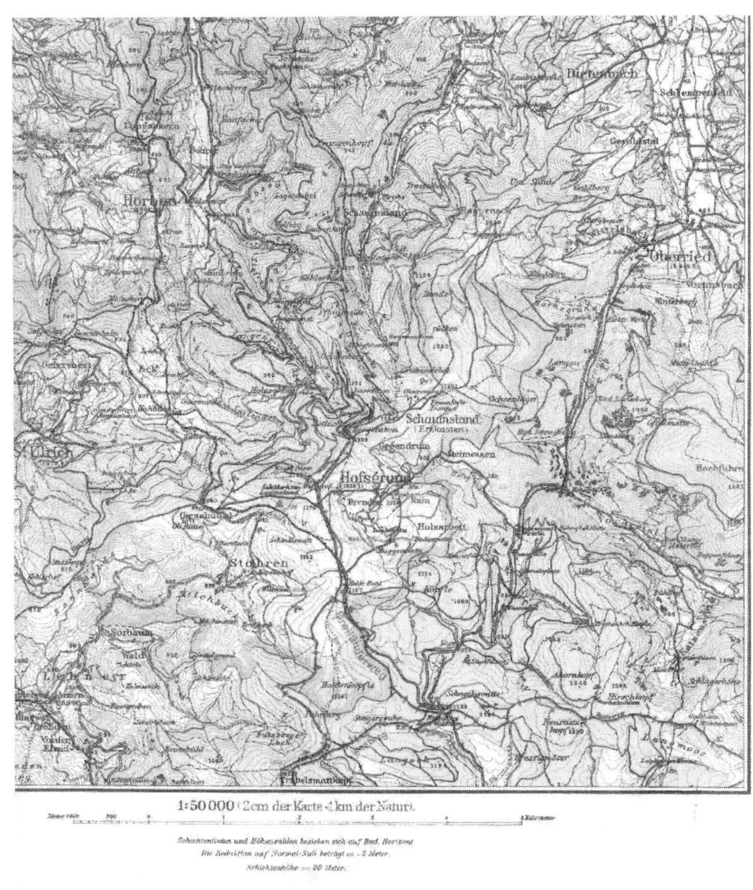

Abbildung 19: Karte des Schwarzwaldvereins – Umgebungsblatt Feldberg – im Maßstab von 1:50.000.[36]

[36] Karte des Schwarzwaldvereins – Umgebungsblatt Feldberg – im Maßstab von 1:50.000, Eigentum und Verlag des Badischen Schwarzwaldvereins e. V. in Freiburg im Breisgau u. des württembergischen Schwarzwaldvereins e. V. in Stuttgart, 1933. (Ausschnittsfotografie: Markus Wolter).

Dieser hatte für den Anfang der Wanderung notiert:

> Freitag, 17. April.
> Hatten Frühstück.
> Verließen Freiburg um ca. 9 Uhr.
> Es schneite und wir verirrten uns. Wir kletterten mehrere sehr steile Berge hinauf. Am Abend gegen 6 oder 7 Uhr kletterten wir einen sehr steilen Hügel hinauf und ein Junge kollabierte. Wir erreichten den Gipfel und beschlossen, den Weg nicht weiterzugehen, als Mortifee kam und uns aufforderte, so schnell wie möglich vorwärtszugehen und Lebensmittel und Hilfe zu holen, wenn wir zu einer Ortschaft kommen, weil noch einige Jungs mehr kollabiert waren.[37]

Der Vater des tödlich Verunglückten Jack Alexander Eaton schrieb in seiner »Anklageschrift«, die er im Juni 1936 in London verteilen ließ, zum Aufbruch in Freiburg:

> Als es losging, waren die Freiburger Straßen mit Schneematsch bedeckt, die Dächer mit Schnee. In der ganzen Gegend begann es heftig zu schneien, auf allen Bergen lag der Schnee bereits zwischen 1 und 3 Fuß hoch. In einem Gespräch direkt vor dem Aufbruch wurde Keast vom Leiter der Jugendherberge, Hermann Reichert, und dem Materialwart Carl Rockweiler, den Jungen als »Charlie« bekannt, davon in Kenntnis gesetzt, dass der Weg nach Todtnauberg angesichts der Schneeverhältnisse gefährlich war und Keast sich auf jeden Fall an die auf seiner Landkarte gekennzeichnete Strecke halten solle. Diese Karte hat der Verfasser persönlich gesehen, sic befindet sich derzeit im Besitz des Freiburger Staatsanwalts Dr. Weiss.[38] Dort ist die Fahrstraße als Wanderstrecke eindeutig markiert.
> Vom Abmarsch an wurde zu Fuß auf der Hauptstraße gewandert, bis zur Bus-Endhaltestelle. Hier sprach Keast mit zwei Mitarbeitern der Freiburger Busgesellschaft, die mit Schneeschaufeln beschäftigt waren (die Überlebenden erinnern sich bestimmt daran), sie räumten die Busfahrstreifen und Fahrgastbereiche frei. An dieser Stelle nahm Keast eine Abzweigung nach links – womit er die Anweisungen missachtete, die er vor dem Abmarsch erhalten hatte. Er verließ also die markierte Strecke und geriet innerhalb einer halben Stunde in Schwierigkeiten. Da befand er sich in der Nähe eines kleinen Gast-

---

37 Tagebuch Ken Osborne, im Anhang Nr. 4.

38 Dort liegt sie immer noch: StAF, A 40/1 Nr. 398, Karte beiliegend mit der Bezeichnung »Originalkarte Lehrer Keast«, siehe Abbildung 18.

> hofs namens St. Valentin, wo die Gruppe etwa um diese Zeit vom Sohn des Inhabers und Ehemannes von Frau Susanna Trenkel *(falsch geschrieben im Original, Trenkle wäre richtig – d. V.)*, 28 Jahre alt, gesehen wurde. Der Mann war nach Freiburg gefahren. Zwei Stunden später – Keast war mit den Jungen in der falschen Richtung durch den Wald gelaufen und an einer Stelle fast wieder in Freiburg gelandet – ging Keast allein in den Gasthof St. Valentin und erkundigte sich bei Frau Susanna Trenkel nach dem Weg auf den Schauinsland, der, nebenbei bemerkt, der höchste Berg der ganzen Gegend ist. Sie wies ihm den Weg, warnte ihn aber vor dem tiefen Schnee, der ständig tiefer würde und es ihm unmöglich machen könnte, sich zurecht zu finden. Keast wendete ein, er sehe ja immer noch die Wegweiser, worauf sie erwiderte, die könnten von Schnee zugeweht sein. Keast antwortete: ›Dann wische ich sie halt ab‹. Zu diesem Zeitpunkt hatte die Dame keine Kenntnis davon, dass Keast von einer Schülergruppe begleitet wurde, denn er hatte es so aussehen lassen, als sei er allein unterwegs. Einige Minuten später sah sie zu ihrem Erstaunen Keast mit den Jungen an der Stelle im Wald verschwinden, wo der Aufstieg begann. Der Schnee war 30 cm tief, in anderen Worten: ein Fuß.[39]

Es ist sehr verwunderlich, dass Lehrer Keast bei seinen beiden einzigen Vernehmungen in Deutschland, zunächst in Hofsgrund direkt nach dem Unglück in der Nacht vom 17. auf den 18. April (durch Gendarmerie-Oberwachtmeister Malter) und am Montag, 20. April, vor dem Oberstaatsanwalt Dr. Weiss mit keiner Silbe auf Warnungen einging, die er im Laufe seiner für fünf Schüler tödlich endenden Wanderung von Einheimischen erhalten hatte. Nicht die englischen Zeitungen, die ihn am Morgen des 18. April kontaktierten, auch nicht die deutschen Zeitungen, die nachfolgten, haben die Version des »unvorhergesehenen Unglücks« in die Welt gesetzt, sondern er selbst. Dies mag als Verteidigungsstrategie angesichts des verheerenden Ausgangs des ersten Wandertages verständlich sein, er schob aber damit zugleich die Übernahme einer pädagogischen Verantwortung für den Tod von fünf Schutzbefohlenen weit von sich.

[39] Broschüre Eaton, im Anhang Nr. 3.

In seiner eigenen Vorstellungswelt befangen, hatte der Lehrer nichts falsch gemacht, obwohl schon die erste Warnung der Wirtin des Waldcafe‹ St. Valentin an Deutlichkeit nicht zu überhören gewesen wäre.
Keast sagte zum Treffen mit Susanna Trenkle und ihrer Familie weder vor der Polizei Kirchzarten noch vor der Staatsanwaltschaft Freiburg ein einziges Wort. Aber vor dem Unterausschuss des »London City Council« war ihm am 15. Mai 1936 zum Treffen in St. Valentin wieder etwas eingefallen:

> Um 9 Uhr 45 erreichten wir Günterstal, was ein Viertel der Strecke von Freiburg zum Schauinsland ist, und daher erwarteten wir, dass wir in etwa 3 Stunden Fußmarsch auf dem höchsten Punkt unserer Reise wären. Jedoch verliefen wir uns und gingen im Kreis, wodurch wir Zeit verloren. Ich fragte nach dem Weg in einer Gastwirtschaft – St. Valentins Hof – und man zeigte uns den Weg durch den Wald. Ich fragte, ob es irgendwelche Schwierigkeiten gäbe, und bekam zur Antwort, dass es keine gäbe und alles gut markiert sei, wie es im Schwarzwald immer der Fall ist. Der Schnee blieb liegen, aber die Leute im Gasthaus dachten, es wäre nicht genug Schnee, um uns unbequem zu werden.[40]

Man kann den letzten Satz getrost eine »Falschaussage« nennen. In St. Valentin lagen bereits ca. 30 cm Neuschnee. Jeder Bergwanderer muss damit rechnen, dass mit ansteigenden Höhenmetern auch die Schneehöhe ansteigen wird. St. Valentin[41] liegt auf 480 m. Der Schauinslandgipfel liegt auf 1.284 Meter. 600 Meter Höhenunterschied können die

---

[40] ILEA (1936), File 1: Report of the Teaching Staff Sub-Committee, 15. und 16. Mai, 1936, S. 290.

[41] Das Waldgasthaus St. Valentin, benannt nach Bischof Valentin von Terni, war seit dem 17. Jahrhundert eine Wallfahrtsstätte, zu der einst auch ein kleines Kirchlein gehörte. Die Wirtschaft wurde einst von Waldbrüdern betrieben, um die Pilger zu versorgen. Um das Jahr 1800 herum hatte die Stadt Freiburg das Areal erworben. Niemand wirtete droben im Wald länger als Susanna Trenkle, die 67 Jahre im »St. Valentin« das Sagen hatte. Nach ihrem Tod wurde das Waldlokal von der Stadt gründlich und für sehr viel Geld renoviert.

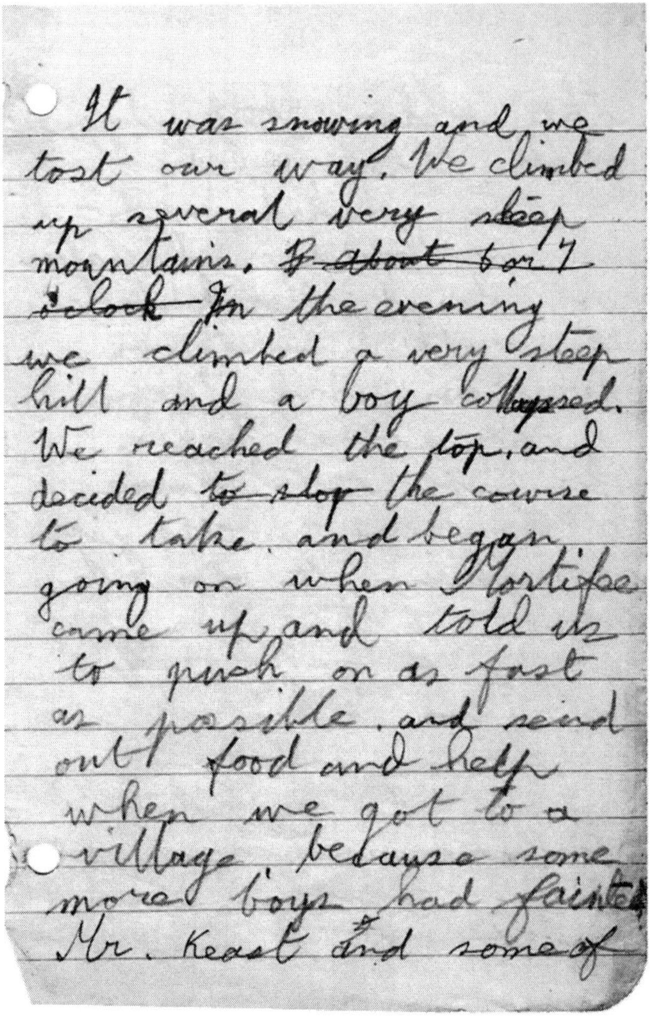

It was snowing and we lost our way. We climbed up several very steep mountains. ~~I about 6 or 7 o'clock~~ In the evening we climbed a very steep hill and a boy collapsed. We reached the top, and decided to stop the course to take, and began going on when Mortifee came up, and told us to push on as fast as possible, and send out food and help when we got to a village, because some more boys had fainted. Mr. Keast and some of

Abbildung 20: Auszug aus dem Tagebuch von Ken Osborne mit dem Beleg, dass es schon in Freiburg schneite, als die Gruppe loslief.

Schneehöhe beträchtlich ansteigen lassen. Vor der Polizei Kirchzarten sagten die Familienmitglieder von St. Valentin am 27. April 1936, also etwas mehr als eine Woche nach dem Unglück, über das Treffen mit der Wandergruppe das genaue Gegenteil dessen aus, was Lehrer Keast stereotyp immer wieder behauptet hatte. Hier die Aussage von Revierförster i. R. Mathias Trenkle, dem Vater von Susanna Trenkle, der in St. Valentin wohnte:

> Am Freitag, 17. 4. 36 bin ich, da ich krank war, im Bette gelegen. Mein Schlafzimmer befindet sich im zweiten Stock des Hauses. In dem Haus, das der Stadt Freiburg gehört, befindet sich ein Café, das von meinem verheirateten Sohne betrieben wird. Gegen 11 Uhr 45 hörte ich von meinem Schlafzimmer aus, wie im unteren Stock jemand mit meiner Schwiegertochter gesprochen hat und sich nach dem Weg nach dem Schauinsland erkundigte. Ich möchte hierbei gleich erwähnen, dass dies der Lehrer der verunglückten englischen Schülergruppe gewesen ist. Meine Schwiegertochter hat mir dann erzählt, dass dieser Lehrer Schüler bei sich gehabt hätte. Wegen des schlechten Wetters habe sie ihm abgeraten, den Weg fortzusetzen, doch wäre es ihr nicht gelungen, ihn von seinem Vorhaben abzubringen. Sie habe ihm hierauf den Weg nach dem Sohlacker gezeigt. Ich habe dann die Wandergruppe auch den Abhang hinaufgehen hören, worüber ich tatsächlich entsetzt war, denn es hat doch ein fürchterliches Wetter geherrscht. Ich wohne schon 30 Jahre hier, kann mich aber nicht daran erinnern, dass ich hier je einmal einen Sturm und ein Schneetreiben erlebt hätte wie es an diesem Tage der Fall gewesen ist. Als ich in der Zeitung gelesen habe, dass die Wandergruppe von einem Schneesturm überrascht worden wäre, habe ich mir gleich gesagt, dass dies nicht der Wahrheit entspreche. Ich freue mich deshalb, dass jemand zu mir kommt und ich durch meine Angaben dazu beitragen kann, dass die Wahrheit an den Tag kommt.
>
> Von 8 Uhr morgens hat es an diesem Tage ununterbrochen geschneit und gestürmt. Von meinem Sohne ist mir weiter gesagt worden, dass er die Knaben schon gegen 9 Uhr 30 unterhalb (westlich) unseres Hauses gesehen hat, wie sie unter Bäumen Schutz gegen den niedergehenden Schnee gesucht haben. Schon daraus ergibt sich, dass die Knaben, bevor ihr Lehrer ins Haus kam und sich nach dem Weg erkundigte, zwei Stunden herumgestanden und unter dem Unwetter ohne Zweifel schon stark gelitten hatten. Es wäre meines Erachtens

deshalb Pflicht des Lehrers gewesen, die Ratschläge meiner Schwiegertochter zu beachten und die Wanderung abzubrechen. Meine Wohnung liegt nur etwa 20 Minuten von Günterstal entfernt, wohin er ohne jegliche Gefahr mit seinen Schülern hätte kommen können. Falls der Lehrer darum ersucht hätte, würde ich ihn mit seinen Schülern in meinem Hause sehr gerne aufgenommen haben. Er hätte hier ganz ruhig abwarten können, ob sich das Wetter gebessert hätte oder nicht. Für meine Person muss ich das Handeln des Lehrers als höchst unverantwortlich bezeichnen. Als der Lehrer bei uns vorgesprochen hat, hatte es nach meiner Betrachtung schon etwa 30 cm Neuschnee. St. Valentin liegt auf etwa 450 m, der Schauinsland auf 1.286 m über dem Meer und da musste sich der Lehrer schon deshalb sagen, dass der vor ihm liegende Weg immer beschwerlicher werden musste. Wir hatten auch ganz bestimmt damit gerechnet, dass die Wandergruppe höchstens bis zum Sohlacker kommen und dann wieder umkehren werde, was leider nicht der Fall gewesen ist.
Auf Befragen:
Die Schülergruppe ist bei uns nicht eingekehrt, um einen Kaffee zu trinken. Ich würde die armen Jungens aber auch in mein Haus aufgenommen haben, ohne daran die Bindung zu knüpfen, dass sie etwas hätten verzehren müssen.[42]

Fritz Trenkle, sein Sohn, Wirt von St. Valentin, machte folgende Angaben:

Von meinem Vater ist mir das Café und der landwirtschaftliche Betrieb übergeben worden. Am 17. 4. 36, gegen 9 Uhr 30, habe ich mich nach Günterstal begeben. Auf dem Weg dorthin sah ich etwa 5 Minuten von unserem Haus entfernt, in westlicher Richtung, eine Anzahl Knaben unter den Bäumen stehen, jedenfalls deshalb, weil sie vor dem niedergehenden Schnee Schutz gesucht haben. Sie sind in der Nähe der sogenannten Waldstrasse gestanden. Als ich nach etwa 2 Stunden von Günterstal zurückgekommen bin, sind die Knaben immer noch dort gestanden. Um diese Zeit haben sie wie Schneemänner ausgesehen. Die Knaben waren ganz still, weshalb ich annehme, dass sie um diese Zeit schon stark unter dem Frost gelitten hatten.
Ich war dann kaum in unserem Hause, als der Lehrer kam und sich bei meiner Frau nach dem Weg erkundigt hat. Sie riet ihm ab, bei

[42] StAF, A 40/1 Nr. 398, Bericht Gendarmeriebezirk Freiburg J. Nr. 9667 vom 27. April 1936.

diesem Wetter den Weg fortzusetzen, doch bestand er darauf, weiter zu wandern, weshalb ihm meine Frau den Weg gezeigt hat. Ich habe es nicht begreifen können, dass der Lehrer bei diesem Unwetter seinen Kopf behauptete und die Wanderung fortsetzte. Davon, dass die Wandergruppe von einem Schneesturm überrascht worden ist, kann also keine Rede sein, denn es hat den ganzen Tag unaufhörlich geschneit und gestürmt. Meines Erachtens wäre es die Pflicht des Lehrers gewesen, bei St. Valentin den Rückmarsch nach Freiburg wieder anzutreten. Jedenfalls würden dann die Kinder noch leben und wären nicht auf dem Schauinsland umgekommen.[43]

Susanna Trenkle, geb. Drexler, Ehefrau des Fritz Trenkle in St. Valentin, gab zu Protokoll:

Am Freitag, den 17.4.36 ist der Lehrer der englischen Schülergruppe zu mir ins Haus gekommen und hat sich nach dem Wege auf den Schauinsland erkundigt. Ich sagte wörtlich zu ihm:›Bei diesem Schnee und Wetter wollen Sie auf den Schauinsland?‹ Er sagte: ›Ja‹. Ich sagte nun zu ihm, dass er hier aber den weitesten Weg eingeschlagen habe und er werde sich bei diesem Schneegestöber nicht zurechtfinden. Er hat mir nun entgegnet, dass doch Wegweiser vorhanden wären. Als ich ihm erwiderte, dass, wenn er auf den Sohlacker kommt, er bestimmt keinen Wegweiser mehr lesen könne, erklärte er, dass er die Wegweiser abputzen werde. Ich habe ihm nun nochmals erklärt, dass dies bei solch einem Wetter alles keinen Zweck habe. Meine Einwendungen halfen bei ihm nichts, sondern er wollte einfach weiter wandern. Als er mich verließ, sagte er noch, dass er Schüler bei sich habe. Zugleich fragte er sich, ob er den Weg, der oberhalb unseres Hauses nach dem Waldrande führt, mit seinen Schülern benutzen dürfe, was ich bejahte. Er sagte noch, dass sie da unten am Bache ständen, also jene Stelle, an welcher sie mein Mann hatte stehen sehen. Der Lehrer sprach, obwohl er sich als Engländer ausgab, gut deutsch.
Bald darauf kam der Lehrer mit seinen Schülern oberhalb unseres Hauses vorbei und sie gingen in Richtung Sohlacker weiter. Als ich die kleinen Kerlchen mit den kurzen Hosen und den nackten Knien sah, dachte ich mir, wie kann der Lehrer bei solch einem Wetter auch einen derartigen Ausflug unternehmen? Was die Buben gesprochen haben, habe ich nicht verstehen können. Ich glaubte, dass sie höchstens bis zum Sohlacker kommen und dann wieder umkehren

[43] Ebenda.

würden, was aber leider nicht geschah. Die Handlungsweise des Lehrers muss ich als höchst unverantwortlich bezeichnen, da er bei diesem Unwetter mit den Knaben die Wanderung unbedingt hätte abbrechen müssen.[44]

Auch die folgenden Stunden auf dem Weg zum Schauinsland hat Lehrer Keast ganz anders geschildert, als die Gendarmerie sie nachgezeichnet hat. Auch hier widersprechen die Aussagen der Augenzeugen eindeutig seinem Bericht. Keast sagte vor dem Unterausschuss in London, er habe sich zuerst am Kybfelsen verlaufen, danach zwei Waldarbeiter gefragt und dann den Postschaffner Steiert getroffen (den er für einen »Bahnbeamten« hielt). Keiner hätte ihn von einem Weitergehen abgeraten. Keast in London:

Wir gingen langsam, aber ständig aufwärts. Die Jungs liebten den Schnee und begannen mit Schneeballenwerfen. An einem Punkt, der auf der Karte nicht klar markiert war, kamen wir zu einem Felsen – Kybfelsen – aber das war ein Holzweg und wir nahmen den Weg zurück über Sohlacker. Es war jetzt so um 13 Uhr oder 13 Uhr 30 herum und der Schnee blieb liegen, so dass wir ihn mit den Füßen wegkicken mussten. Danach fanden wir ein Hinweisschild, das angab, nachdem wir es vom Schnee befreit hatten, dass wir noch etwa 3,3 km zum Gipfel zu gehen hatten. Ich dachte, wir hätten jetzt drei Viertel der Tour hinter uns. Als wir jedoch in offenes Gelände kamen, sahen wir nur noch die Steinmarkierungen. Wir sahen einige Waldarbeiter und fragten sie nach dem Weg. Sie zeigten uns einen schmalen Weg nach unten in ein Tal und wir wären schnell da. Danach trafen wir eine Art Eisenbahner, der uns sagte, wir sollten nicht nach links, sondern nach rechts gehen, das würde uns auf dem Hauptweg zum Schauinslandgipfel bringen. Zu diesem Zeitpunkt war ich an der Spitze. Ich fragte jeden Jugendlichen, ob er o. k. wäre. Sie sagten ja und obwohl es hart war, durch den Schnee zu waten, beschloss ich, den Gipfel zu erreichen, da dort eine Schutzhütte oder so war. Aber als wir auf dem Kamm ankamen, empfingen uns der Nebel und der Wind. Wir sahen rein gar nichts mehr, weder eine Schutzhütte, noch ein Gasthaus, das in der Nachbarschaft hätte sein sollen. Ich konnte da mit der Gruppe nicht bleiben im Nebel und in der schnell hereinbrechenden Nacht. Es

44 Ebenda.

ging auf fünf Uhr abends zu und ich musste die Gruppe aus der Kälte und dem Wind bringen. Ich fand auf meiner Landkarte das Dorf Hofsgrund auf der linken Seite und peilte es mit dem Kompass an. Es gab keinen anderen Ausweg als vorwärts zu gehen, denn zurückzugehen hätte bedeutet, noch stundenlang unterwegs zu sein.[45]

Im Unterschied zu den Schilderungen des Lehrers Keast vor der Staatsanwaltschaft Freiburg und dem Unterausschuss in London haben ihn verschiedene Augenzeugen auf dem Zechengelände des Bergwerks (zwischen dem »Leopoldstollen« und dem »Bergwerkszechenheim«) gesehen und der Postschaffner Steiert hatte ihn dringend darauf hingewiesen, die Tour abzubrechen, was der Lehrer aber nicht tat. Die Gendarmerie Kirchzarten hatte die Augenzeugen auch befragt:

(...) 3. Durch das Bezirksamt Freiburg wurde gelegentlich einer Rücksprache mit dem Bürgermeister Hummel aus Kappel festgestellt, dass der Briefträger Steiert daselbst, dem englischen Lehrer auf seiner Wanderung begegnet und vor der Fortsetzung derselben gewarnt habe. Auf erhaltene Anweisung seitens des Bezirksführers habe ich den Zeugen in der Person des Postschaffners Otto Steiert, geboren am 8. 6. 1885, wohnhaft in Kappel, ermittelt.

Steiert gab hierzu an:

Ich bin Postschaffner und Briefträger bei dem Postamt Littenweiler und habe als solcher ab und zu den Postbestellbezirk Kappel und Schauinsland, einschließlich dem Bergwerk Kappel, zu versehen. Dieses war auch Freitag, den 17. 4. 36 der Fall. Es war an jenem Tage ausserordentlich schlechtes Wetter. Es schneite sehr stark, der Schnee lag schon etwa 50 cm hoch und es stürmte auf der Höhe. Das Bergwerk liegt etwa 800 m über dem Meer. Ich kam an jenem Nachmittag gegen 3 ¼ Uhr vom Bergmannsheim zurück und konnte mich etwa 50–100 m unter dem selben auf dem Heimweg befinden. Aus entgegengesetzter Richtung kam mir eine größere Wandergruppe im sogenannten ›Gänsemarsch‹ entgegen. Der Führer ging voraus und deshalb traf ich auch zuerst mit ihm zusammen. Er frug mich, ob dieses

[45] ILEA (1936): File 1, Aussage Keast vor dem Teaching Staff Sub-Committee, S. 290.

der Weg nach Todtnau sei und ob es noch weiter gehe. Ich erwiderte ihm, dass man wohl auf diesem Wege nach Todtnau gelangen könne, allein in Anbetracht des Wetters das nicht angängig sei. Ich sagte ihm, dass er bei diesem Schneesturm diesen Weg nicht fortsetzen könne. Wenn es besseres Wetter sei und er Sicht habe, dann könne er sich am Bergmannsheim auf die Rodelbahn begeben. Dieses sei jedoch in Anbetracht des herrschenden Schneesturms nicht denkbar. Ich habe dem Führer dringend abgeraten mit dem Hinzufügen, dass er nicht durchkomme. Hierauf erwiderte er in kurzen Worten, dass sie es schon schaffen werden – und setzte seinen Marsch gegen das Bergmannsheim fort. Ich trat aus dem kleinen Fußweg zurück und ließ nun die Wandergruppe an mir vorüberziehen. Vorne kamen zuerst die großen, dann die kleinen Schüler. Die Knaben waren durchweg völlig durchnässt und hatten alle mehr oder weniger ›Schneehäufen‹ auf dem Kopf. Es war ein Anblick des Jammers wie die Knaben unter den Strapazen, die ihnen durch das Marschieren entstanden, sichtbar litten. Sie waren teilweise erschöpft, insbesondere ein Kleiner, der zuletzt lief. Er hinkte bereits und war schlapp. Wenn ich mein Kind dabei gesehen hätte, ich hätte es herausgerissen und mit nachhause genommen. Das Verhalten des Führers der Abteilung war unsinnig und unverantwortlich. Unter keinen Umständen durfte er nach meiner ihm gegebenen Belehrung und dem hoffnungslosen Wetter auch nur einen Schritt weiter wandern. Er hatte Gelegenheit zur Umkehr und konnte mit mir zurücklaufen. Jedenfalls hätte ich ihn vor allem Unglück bewahrt. Stattdessen hat er die Kinder in den Tod getrieben.[46]

4. Leopold Reiner, geboren am 20.2.1883, Schlosser in der Schmiede auf dem Bergwerk Kappel, gab an:

Ich bin auf dem Schauinsland oberhalb des Bergmannsheim wohnhaft und in der beim Leopoldstollen gelegenen Schmiede beschäftigt. Die Schmiede liegt etwa 3–400 m unterhalb des Bergmannheims. Es war am Freitag, 17.4.36, da kam plötzlich eine Wandergruppe von 20–30 jungen Burschen in Richtung Kohlerhau den Berghang herunter an der Schmiede vorbei. Sie mussten die oberhalb von uns entlang führende ›Rodelbahn‹ überschritten haben und gelangten hierbei an unserer Schmiede an. Es fiel mir auf, dass sie diesen Weg passierten und es machte den Eindruck, als wenn sie fremd wären.

[46] StAF, A 40/1 Nr. 398, Bericht Gendarmeriebezirk Freiburg, Posten Kirchzarten, Nr. 805 vom 24. April 1936.

Die Knaben waren recht erschöpft und völlig durchnässt. Einer hatte die Gamaschen heruntergeschlagen und war am Bein ganz gerötet. Unter sichtlich erschwerten Umständen, es herrschte starker Schneesturm und die Knaben waren müde, setzten sie in Richtung Bergmannsheim den Weg fort. Ich habe mich gewundert, wie der Führer bei solchem Wetter überhaupt die Wanderung antreten konnte.[47]

5. Hans Veit, geboren am 11.7.1908, Bergmann im Bergmannsheim auf dem Bergwerk Kappel wohnhaft, gab an:

Am Freitag, den 17.4. des Jahres sah ich vom Bergmannsheim aus in Richtung nach dem Leopoldstollen hinunter. Hierbei gewahrte ich eine Wandergruppe, die sich langsam den Berg hinauf bemühte. Soweit ich es sehen konnte, kamen nur jüngere Burschen in Frage. Da mir das Wetter zu schlecht war, so bin ich bald wieder in das Haus zurückgegangen und habe die Knaben nicht näher gesehen, noch mit denselben gesprochen.[48]

6. Die Ehefrau des Steigers Paul Pfeifer, Thekla, geb. Weyl, geboren am 9. 1. 1905, wohnhaft Bergwerk Kappel gab an:

Wir wohnen oberhalb des Bergmannheims. Am Freitag, 17.4. des Jahres sah ich zum Fenster hinaus und gewahrte wie eine Wandergruppe vom Leopoldstollen herauf kam. Erst dachte ich, es seien Soldaten, weil ich einige lange Mäntel bei denselben bemerkte. Als sie näher kamen, zählte ich 28 Teilnehmer. Der Führer ging voraus. Es war ein nicht zu beschreibendes Unwetter, ein Schneesturm und er erschwerte das Laufen ungemein. Die dieser Gruppe angehörenden Knaben waren bei dem Passieren unseres Hauses recht erschöpft, zumal die beiden Letzten. Sie hinkten stark und konnten die Anstrengungen nicht ertragen. An unserem Haus bzw. der dort über den Bach führenden kleinen Brücke, bog der Führer plötzlich vom Wege ab und begab sich in den Wald. Soweit ich noch wahrnehmen konnte, ging er den steilen Hang gegen die Rodelbahn hinauf. Ich musste in Anbetracht der geschilderten Umstände annehmen, dass der Führer unbedingt seine Wanderung durchführen wollte und den Weg genau kannte. Ich hörte nur noch die Knaben den Berg hinauf klettern.[49]

---

[47] Ebenda.
[48] Ebenda.
[49] Ebenda.

Obwohl der Gendarmerieposten Kirchzarten nur die Aufgabe hatte, die Zeugen zu befragen, beendete der Gendarmerie-Oberwachtmeister Malter seinen Bericht an die Staatsanwaltschaft mit folgender Bemerkung, die keinen Platz für Interpretationen hinsichtlich der Fehlentscheidung des Lehrers Keast im Kappler Tal ließ:

> Nach diesen Feststellungen hatte der Lehrer Keast hinreichend Gelegenheit, seine Wanderung gegen 4 Uhr nachmittags einzustellen bzw. abzubrechen und im Bergmannsheim zu übernachten. Nach Mitteilung der Direktion des Bergwerks wäre ihm dieses ohne weiteres jederzeit gestattet worden. Er konnte auch mit dem Zeugen Briefträger Steiert wieder nach Kappel oder Freiburg zurück wandern. Jedenfalls musste er um jene Zeit die seelische und körperliche Verfassung seiner Gefolgschaft kennen. Stattdessen setzte er die Wanderung wieder in Richtung Rodelbahn, bzw. Schauinsland fort, wobei der Weg Steigungen bis 50 und 60% erreichte und die bereits erschöpften Schüler völlig entkräftete. Es kann hier nur ein unbeschreiblicher Ehrgeiz des Führers in Frage kommen, der seine gebundene Marschroute – die ich nachträglich nebst Karte ermittelte und anschließe – durchsetzen wollte. Trotzdem entfaltete er hierbei eine Unkenntnis sowohl im Kartenlesen wie auch in der Führung der Gruppe, sodass diese durch jene Mängel unnötig geschwächt, letzten Endes als Opfer den Tod noch teilweise leiden mussten. Obwohl er schon auf der Rodelbahn war, bzw. diese überquert hatte, ging er etwa 200 m talwärts der Bergwerksanlage bzw. des Leopoldstollens zu und stieg bald darauf wieder auf 800 m (Leopoldstollen), 1.000 m (Bergmannsheim) und schließlich auf 1.200 m hinauf, um abermals die Rodelbahn zu erreichen. In ähnlicher Lage befanden sich am Tage zuvor – am 16.4.36, 4 englische Touristen, denen ich an der Kohlerhau den Weg nach Kappel-Freiburg zeigen musste. Sie hatten durch die dortige Waldung jegliche Führung verloren.
> Gez. Malter, Gendarmerie-Oberwachtmeister.[50]

Nach der Entscheidung, Hofsgrund aufzusuchen, geriet die Gruppe jetzt tatsächlich in Bergnot. Der Lehrer schilderte den letzten Wegabschnitt vor der Presse und vor dem Untersuchungsausschuss in London wie folgt:

---

[50] Ebenda.

> Auf halbem Weg brachen einige der Jungen zusammen. Ich half ihnen, wie ich konnte. Ich schleppte sie, soweit ich konnte, aber es ist nicht einfach, wenn der Schnee bei jedem Schritt bis zu deiner Hüfte reicht und deshalb schickte ich 17 Jungs in das Dorf hinunter und blieb mit den vier am meisten Erschöpften im Schnee zurück. Ich versuchte Wiederbelebungsmaßnahmen und alles, was ihnen hätte helfen können. Keiner ist erfroren. Sie starben an Erschöpfung. Anderthalb Stunden später kamen die Jungs, die ich vorausgeschickt hatte, mit Dorfbewohnern und mit Schlitten zurück und brachten uns ins Dorf. Die Leute im Dorf waren großartig.[51]

Abgesehen von der Falschmeldung, dass einige der Teilnehmer mit den Rettern zu den Verunglückten zurückgekehrt seien,[52] legte der Lehrer hier sein besonderes Augenmerk bei der Schilderung auf seine »Heldentat«, einige der zusammengebrochenen Schüler weitergeschleppt zu haben. Verschwiegen hat er die entscheidende Tatsache, dass er durch die Entscheidung, nach Hofsgrund zu gehen, geradezu in den Schneesturm hineingelaufen war, der ihn am Kammweg empfing. Da die überlebenden Schüler weder in Freiburg, noch in London befragt wurden, können wir uns nur auf das stützen, was sie Zeitungsreportern gegenüber über den letzten Wegabschnitt erzählt haben. Stanley C. Few, einer der überlebenden Teilnehmer, schilderte erst sehr viel später die sich anbahnende Katastrophe so:

> Wir sind durch tiefen Schnee gestampft, es wurde immer kälter und dunkler, jede Orientierung ging verloren. Es war die Hölle.[53]

Vernon Jacob, ein weiterer Überlebender, schilderte die dramatischen Stunden, in denen er und ein anderer Teilnehmer (Maurice Harrison) um das Leben ihres Freundes Jack Alex Eaton kämpften und verloren, folgendermaßen:

---

[51] The People, London Edition 19. April 1936.

[52] Laut Eaton's Broschüre hat das keiner getan, Anhang Nr. 3.

[53] Few, Stanley C. (1997): Bericht eines Überlebenden, 6. September 1997, in: Stadtarchiv Freiburg (StadtAF) C 4/XII/04/10.

Nach einer Weile sahen wir, dass Jack schwächer und schwächer wurde und als er schließlich zusammenbrach, hoben wir ihn auf und transportierten ihn weiter, so gut wir konnten. Der Schnee war schrecklich und weil wir langsam gehen mussten, verloren wir bald die Hauptgruppe aus dem Auge.[54]

Maurice Harrison beschrieb den Fortgang so:

Ich blieb zunächst mit denen zurück, die versuchten, Jack Eaton zu helfen. Dann nach einiger Zeit bahnte ich mir einen Weg vorwärts, um Kontakt zu den anderen zu halten, und fand Mr. Keast mit den anderen Jungs. Neben ihm war Bourdillon *(ebenfalls ein Todesopfer – d. V.)*, der mit schwachen Kräften versuchte, durch den Schnee zu waten, der uns bis an die Knie ging und ich versuchte, ihm zu helfen und ihn warm zu halten. Ich konnte auch Witham *(ebenfalls ein Todesopfer – d. V.)* nicht weit von uns sehen. Es war sehr dunkel die ganze Zeit und mir schienen Stunden zu vergehen, bis Hilfe kam.[55]

Kenneth Osborne, ebenfalls ein Überlebender und einer der jüngsten Teilnehmer der Gruppe überhaupt, beschrieb die Situation so:

Wir sangen ›I want to be happy‹ und ›Tea for Two‹ und andere fröhliche Lieder, um unseren Geist wachzuhalten. Wir hatten keine Ahnung, dass es einigen so dreckig ging.[56]

Arthur Roberts, der 14-Jährige, der in der Freiburger Uniklinik gerettet werden konnte, sagte einem Reporter:

Ich bin froh, dass alles vorbei ist. Schon bald nach dem Abmarsch verirrten wir uns im dichten Nebel. Wir sahen gar nichts mehr und fürchteten uns sehr. Der Schnee fiel schneller und schneller und es war auch Hagel dabei. Wir hängten uns ein und versuchten, einen Weg zu finden. Wir machten Pläne, uns aufzuteilen, um einen Platz zum Unterstellen zu finden. Aber letztlich wurde entschieden, dass wir zusammenbleiben. Ich sah, wie ein Junge nach dem anderen zusammenbrach und im Schnee lag, bis es ungefähr zehn waren. Ich verlor ganz plötzlich das Bewusstsein. Es schien mir so, als ob ich

54 The News, 24. April 1936.
55 Ebenda.
56 Daily Sketch, 22. April 1936.

> weiterginge und den Schnee mit meinen Händen zusammenpatschte, als etwas sehr Dunkles über mich kam und ich wurde warm und vergaß alles. Ich krallte meine Hände in den Schnee und alles, was ich erinnere ist, dass ich nur noch einen Wunsch hatte: Schlafen, Schlafen, Schlafen.[57]

Die ersten englischen Schüler, die den Dobelbauernhof – eines der letzten fünf Häuser Richtung Steinwasen am Ortsende von Hofsgrund – gemeinsam mit 15 Schülern der Vorausgruppe erreichten, waren R. G. Farrants und Douglas Mortifee. Beide waren mit 17 Jahren die ältesten der Gruppe.

> Mr. Keast sagte uns zwei, wir sollten vorlaufen und Hilfe holen. Wir liefen so schnell wir konnten, aber wir kamen nur etwa eine Meile *(1,6 km d. V.)* pro Stunde voran. Manchmal waren wir bis zu den Knien im Schnee, manchmal bis zur Hüfte. Wir mussten Bäche mit Steinen drin durchqueren. Dann hörten wir eine Kirchenglocke. Wenn wir sie nicht gehört hätten, wären wir jetzt nicht mehr hier. Wir gingen dem Klang nach und sahen plötzlich die Lichter der Ortschaft. Als wir dort ankamen, konnte ich nicht mehr gut gehen und andere gingen hinein und sagten den Bewohnern, was passiert war.[58]

Laut Eatons Broschüre gingen aber – entgegen der Aussage des Lehrers Keast vor dem Unterausschuss in London – weder R. G. Farrants noch Douglas Mortifee und auch sonst keiner der eintreffenden Schüler zurück an den Berg, um den Rettern den Weg zu weisen. Immerhin haben beide, noch vor ihrer Abreise nach England, einen Brief an die Hofsgrunder Retter gerichtet, der im »Alemannen« – der nationalsozialistischen Zeitung – abgedruckt wurde:

> An unsere lieben Freunde von Hofsgrund!
> Wir möchten Euch im Namen unserer Kameraden für die freundliche Hilfe in unserer Not danken. Wir danken Euch für Eure große Aufopferung, dass ihr in den rasenden Schneesturm hinaus gegangen seid, um uns zu helfen, uns, die wir doch nur Fremde in einem frem-

---

[57] Daily Express, Evening Standard 18. April 1936.
[58] Daily Sketch, 22. April1936.

den Land waren. Noch einmal müssen wir Euch Dank sagen für die Stunden, die Ihr opfertet im Kampf für das Leben unserer Freunde, denen nicht mehr geholfen werden konnte; Dank auch für die Gastfreundschaft für uns Überlebende.
Möge Gott Euch vergelten, was Ihr für uns getan habt.
Zwei überaus dankbare englische Jungens.

R. G. Farrants und Douglas Mortifee.[59]

---

[59] Alemanne, 21. April 1936.

Kapitel 3: Die Verschleierung des Unglücks durch den Lehrer

Die ersten Nachrichten vom Tod am Schauinsland erreichten London mit den Mittagsausgaben der Samstagszeitungen vom 18. April.[60] Die Freiburger Polizei hatte dem Freiburger Korrespondenten der British United Press am Samstagmittag die ersten Einzelheiten des Unglücks samt der Namen der tödlich Verunglückten bekanntgegeben. Jetzt setzte ein reger Telefonverkehr zwischen britischen Zeitungsredaktionen und dem Lehrer Keast ein. Seine Aussagen begründeten die Legendenbildung des »unvermeidlichen Unglückes«, als er am Samstagabend, den 18. April 1936, in einem ersten Telefoninterview mit der Londoner Tageszeitung »The People« die vermeintliche Ursache des Unglücks bekräftigte:

> Niemand in England hat eine Vorstellung davon, was das für ein Schneesturm war. Das Wetter war schrecklich und kam völlig unerwartet.[61]

In einem zweiten Telefoninterview ging er noch einen Schritt weiter:

> Es war Höhere Gewalt *(wörtlich: »An act of God«- d. V.)* – es kann nichts anderes gewesen sein,[62]

sagte er mit zitternder Stimme.

Die Version vom unvorhergesehenen »Blizzard« als Auslöser der Katastrophe wurde von Keast gegenüber allen englischen Zeitungen aufrechterhalten, wie folgender Bericht zeigt:

> Unser Sonderkorrespondent in Freiburg schreibt: Ich hatte eine lange Unterhaltung mit Mr. Kenneth Keast, 28 Jahre alt, dem verantwortlichen Lehrer für die Gruppe von 27 Jungen, zwischen 12 und

---

60 Evening News, Lunch Edition, 18. April 1936.
61 The People, London Edition, 20. April 1936.
62 Daily Sketch, 20. April 1936.

18 Jahre alt, die zur Strand-Schule Brixton gehören. Herr Keast sagte, die Gruppe habe um 9 Uhr morgens das Petershof-Hotel *(gemeint ist die Jugendherberge Peterhof – d. V.)* mit der Absicht verlassen, um auf den Schauinsland-Gipfel zu wandern, was unter normalen Umständen drei Stunden gebraucht hätte, um von dort zur Jugendherberge Todtnauberg weiterzugehen, wo erwartet wurde, dass sie gegen Abend eintreffen würden. Die Jungen, deren Vorwärtskommen beeinträchtigt war durch den ständigen Schneefall, wurden überrascht von dichtem Nebel und irrten ungefähr 4 Stunden herum, um ihren Weg wiederzufinden. Gegen 15 Uhr wurden sie von einem Schneesturm gefangen und am Ende mussten sie bis zu den Hüften durch den Schnee waten. Gegen 16 Uhr waren sie nur noch ungefähr eine Meile vom Gipfel entfernt, waren aber der vollen Gewalt des Schneesturms ausgesetzt. Der Führer entschied deshalb, zu versuchen, ein kleines Dorf namens Hofsgrund zu erreichen.[63]

The People

SUNDAY, APRIL 19, 1936 — London Edition

No. 2842 — 55th Year — OVER 3,000,000 CERTIFIED SALE — 2D.

FIVE LONDON SCHOOLBOYS DIE IN FIERCE GERMAN SNOWSTORM

SURVIVORS LUCKY TO BE ALIVE, SAYS MASTER. Lost in a Fog and Snowstorm.

Tribute to Young Heroes of Black Forest Tragedy

Freiburg, Saturday night.

"ALL OF US WHO SURVIVED ARE LUCKY TO BE ALIVE TO-NIGHT," SAID MR. KENNETH KEAST, THE MASTER IN CHARGE OF THE 27 LONDON SCHOOLBOYS WHOSE HOLIDAY TRIP TO THE BLACK FOREST ENDED IN THE TRAGIC DEATH OF FIVE OF THE BOYS.

Mr. Keast gave a vivid description of the party's ordeal on the mounains and warmly praised the pluck of the elder boys wio stood by their young companions after they had fallen in the terrific blizzard which had engulfed the party.

LOST BOYS: PARENTS' GRIE

FATHER COLLAPSES WH TOLD TRAGIC NEWS

SPECIAL TO "THE PEOPLE"

FIVE London families were filled grief when the identity of the scho victims of the Black Forest tragedy revealed yesterday.

FOUND UNCONSCIOUS

Abbildung 21: Die erste Zeitungsmeldung über das Unglück in der Londoner Sonntagszeitung »The People« am 19. April 1936.

[63] Daily Sketch, 20. April 1936.

In einem weiteren Interview mit der Zeitung »Sunday News« vom 19. April griff Keast zusätzlich zu der Leugnung eigener Fehler noch zu einer ziemlich dreisten Lüge:

> Obwohl erschöpft und niedergeschlagen, war der Lehrer bereit, einem Vertreter der British United Press ein klein wenig etwas über den Kampf der Jugendlichen ums Überleben zu schildern: ›Auf unserem Weg vom Schauinsland auf Hofsgrund zu konnten wir selbst mit Skiern kaum einen Fortschritt erzielen‹, sagte er. ›Der Neuschnee war so tief und weich, dass wir bis zu unseren Knien selbst mit den über 7 Fuß langen Skiern einsanken. Keine reguläre Abfahrt war über die Hänge möglich und wir mussten seitwärts auf unseren Skiern heruntersteigen‹. Mr. Keast schleppte abwechselnd jene Jungen, die am meisten an Erschöpfung litten.[64]

Eine Notlüge mehr, die auch der »Observer« vom 19. April 1936 (Überschrift: »Fünf Jungen sterben im Schneesturm – Gefangen im Nebel«) ungeprüft übernahm: Sie seien *trotz Skiern* unter den Füßen hüfthoch durch den Schnee gewatet. Tatsache ist, dass die Gruppe überhaupt keine Skier dabei hatte. In späteren Aussagen vor dem Unterausschuss des »London County Council« dramatisierte Lehrer Keast die Schilderungen weiter.

Keasts »Berichte« rückten jede Schuldzuweisung weiter von ihm weg und auch weitere britische Nachrichtenagenturen wie Reuters oder Zeitungen wie der »Observer«, die »Times« und selbst »The Guardian« druckten sie ungeprüft ab. Die meisten Korrespondentenberichte hoben hervor:

> Da es kein Zeichen einer gefährlichen Wetterentwicklung gab, waren keine lokalen Führer dabei. (...) Als sie in einer isolierten Ecke des Waldes waren, gab es einen Wetterumschwung und sie waren in einem Schneesturm gefangen. Um die Verwirrung zu vollenden, wischte der Nebel die Markierungen aus. Drei Fuß Schnee fielen, während die Jungs herumirrten, um Schutz zu suchen.[65]

---

[64] Sunday News, 19. April 1936.

[65] Evening News, Lunch Edition, 18. April 1936.

Sank to Their Knees

Although exhausted and grief-stricken, Mr. Keast, the master with the boys, was able to tell a British United Press representative a little about the boys' fight for life.

"On our way from the mountain of Schauinsland towards Hofsgrund we could hardly make any progress even on skis," he said.

"The new snow was so deep and soft that we sank to our knees even on skis more than 7ft. long.

"No regular descent was possible on the slopes, and we had to climb down sideways on our skis."

Mr. Keast carried alternately those of the boys who were suffering most severely from exhaustion.

It was 10 o'clock at night before news of the tragedy reached the authorities at Freiburg. Freiburg Red Cross detachment and police set out at once.

Abbildung 22: Gegenüber der Zeitung »Sunday News« vom 19. April behauptete der Lehrer, sie wären auf Skiern unterwegs gewesen.

Eines ist allen diesen Zeitungsmeldungen gemeinsam: Ohne genaue Kenntnis der wahren Vorgänge und ohne Befragung der Augenzeugen (immerhin 22 überlebende Schüler, die allerdings kein Deutsch sprachen, nur ihr Lehrer) setzte mit den Zeitungsberichten die Legendenbildung vom »unvermeidbaren Unglück« ein. Quelle der Legende vom »unvermeidbaren Blizzard«, dem plötzlichen Nebel und dem eiskalten Wind war ausschließlich der Lehrer Keast, der in

weiteren Telefongesprächen an dieser Verschleierung seines eigenen falschen Handelns kräftig mitstrickte. Die Legende von einem »unabsehbaren Naturereignis« hatte er sich wohl schon in der Nacht auf den 18. April im Gasthaus »Hof« in Hofsgrund zurecht gelegt, als ihm dämmerte, dass er den Eltern und der Öffentlichkeit erklären musste, dass bis dato vier seiner Schutzbefohlenen tot waren und zwei weitere zwischen Leben und Tod schwebten.
Als die Hofsgrunder Bevölkerung am Mittag des 18. April die restliche Gruppe mit Schlitten unter großen Mühen bis Steinwasen gezogen hatte, wo ein Bus wartete, der die Gruppe in die Jugendherberge zurückbrachte, war für die Retter die Arbeit zunächst erledigt. Zu den Rettern gehörten auch die Ärzte Dr. Krieg[66] aus Kirchzarten und Dr. Kopp aus Frankfurt, der vom Gasthof Halde zu Hilfe geeilt war. Manche Hofsgrunder Retter wunderten sich allerdings schon damals über einige Merkwürdigkeiten, die ihnen während der Rettungsaktion aufgefallen waren: Die Schüler trugen ungeeignete Kleidung für Bergwanderungen (Eugen Schweizer: »Ohne Kopfbedeckung, kniefrei und mit Halbschuhen«), außerdem fanden sie die toten und überlebenden Schüler verstreut über den Südhang – die Gruppe war offenbar nicht nur nicht zusammengeblieben, sondern hatte drei Zusammengebrochene relativ weit oben am Platzhürst auf Meereshöhe 1.201 m liegen lassen. Dr. Kopp schloss seine Schilderung über die Nacht, in der es um Leben und Tod der Schüler Witham und Roberts ging, mit folgenden Worten:

> Wenn ich mich noch als alter Sportsmann zur dürftigen Kleidung äußern darf, so möchte ich hervorheben, dass diese für solche Wanderungen und noch dazu im Schwarzwald unter den Ausnahmezuständen durchaus unzulänglich war. Hinsichtlich des Lehrers und Führers der Abteilung hatte ich nach der mit ihm genommenen Rückspra-

[66] Dr. Krieg erhielt seitens des Stadtrats von London ein Dankesschreiben am 22. Januar 1937, weil er kein Honorar für seine Hilfe angenommen habe. Hinweis von Hermann Althaus, Kirchzarten.

che das Gefühl, dass er nach Kräften bemüht war alles Unglück zu verhindern, das er jedoch durch seine Geländeunkenntnis etc. nicht mehr abwenden konnte.[67]

Diese Formulierung Dr. Kopps im Protokoll des Gendarmeriepostens Kirchzarten war sehr vorsichtig ausgedrückt. Nicht nur Dr. Kopp war etwas aufgefallen: Eine Sonderkorrespondentin der Zeitung »Daily Mail« war am Tag nach dem Unglück mit Skiern die Strecke abgelaufen, die die Schüler gegangen waren. Die Spuren im Schnee zeigten noch die zahllosen Irrwege der Gruppe und ihre Markierungsversuche des Wegs mit Hilfe von Schokoladenpapier.[68] Das änderte aber nichts an der »Blizzard-Version« des Lehrers, dem man als »Augenzeugen« den Vorrang vor anderen Berichten gab.

Abbildung 23: Die Gebäudegruppe der Zechensiedlung Kappler Tal, bei der Postschaffner Otto Steiert die Gruppe traf. Hier wäre die Gruppe in Sicherheit gewesen, wenn der Lehrer die Wanderung abgebrochen hätte.

---

[67] StAF, A 40/1 Nr. 398. Bericht Gendarmeriebezirk Freiburg, Posten Kirchzarten, J. Nr. 3667 vom 24. April 1936.

[68] Daily Mail, 20. April 1936.

Nach Durchsicht aller verfügbaren Dokumente zeigt sich inzwischen, dass die falsche Wanderkleidung nur eine von vielen Nachlässigkeiten, Fehleinschätzungen und arroganten Selbstüberschätzungen war, die dem Lehrer Kenneth Keast im Laufe dieser Wanderung unterlaufen sind.

Welchen Weg nahm die Gruppe auf dem letzten Wegabschnitt?

Die Frage, welchen Weg die Gruppe ab dem Talschluss Oberes Kappler Tal Richtung Hofsgrund gegangen ist, bewegt die lokale Öffentlichkeit bis heute. Der Lehrer, überzeugt davon, der Weitermarsch nach Hofsgrund sei die sicherste Option, setzte den Aufstieg fort und ließ die Jungs fröhliche Lieder singen, um sie bei Laune zu halten. Diejenigen, die sich nicht mehr auf den Beinen halten konnten, wurden reihum getragen. Als die Gruppe schließlich den Ostkamm des Schauinsland erreichte, verlor die Gruppe im Nebel und der Dunkelheit die Orientierung und lief, dem Sturm nachgebend, in östlicher Richtung, obwohl Hofsgrund südlich lag. Außerdem war sie jetzt durch den Verlust des Windschattens des Berges dem Schneesturm bei Minusgraden voll ausgesetzt. Ob Keast in dieser schrecklichen Situation der Orientierungslosigkeit und Dunkelheit überhaupt noch Entscheidungen traf, wissen wir nicht. Jedenfalls lief die Gruppe offenbar mit dem Wind, nicht gegen den Wind. Der Kammweg führt nach links Richtung Ochsenläger und Rappeneck, nach rechts Richtung Rotlache und Bergstation der Schauinslandbahn, wo die Gruppe in Sicherheit gewesen wäre. Dass das Vorauskommando der Gruppe durch den Klang der Kirchenglocke von Hofsgrund in die richtige Marschrichtung einschwenken konnte, statt irgendwo in Richtung Ochsenläger mitsamt dem Rest der Gruppe umzukommen, ist ein glücklicher Zufall. Was Keast zusätzlich nicht wusste, war, dass der Weg nach Hofsgrund nochmals 250 Höhenmeter Abstieg über wegloses, abschüssiges und zudem tief verschneites Gelände an der Südostflanke bedeutete und die Helfer entsprechend lange brauchten, um zu den ersten Zusammengebrochenen zu kommen.

Ich habe Herrn Wendelin Rees als Einheimischen aus Hofsgrund gebeten, zwei Karten zusammenzustellen, die den Weg der Gruppe in die Katastrophe des letzten Wegabschnitts nachzeichnen.

Die erste Karte gibt eine Übersicht vom Ausgangspunkt »Peterhof« (Jugendherberge, Innenstadt Freiburg) bis nach St. Valentin und weiter bis zur Begegnung mit dem Postschaffner Steiert im oberen Kapplertal gegen 15 Uhr 15 am 17. April (schwarz gekennzeichnet). Schon vor dem Erreichen von St. Valentin hatte sich die Gruppe verlaufen (blau gekennzeichnet). Am Kybfelsen verirrte sie sich ein zweites Mal; an der Kohlerhau ein drittes Mal. Der Aufstieg über die Kappler Wand ist schwarz und blau eingezeichnet. Es ist aufgrund widersprüchlicher Angaben nicht klar, welchen Weg die Gruppe gegangen ist. Entweder ging die Gruppe über die »Alte Rodelbahn« oder direkt querfeldein Richtung Grubentobel. Der Weg endet mit der Ankunft der ersten englischen Schüler im Dobelbauernhof.

Die zweite Karte zeigt den Weg ab Talschluss des Kappler Tals Richtung Kappler Wand. Man sieht (gelbe Linie), dass Keast nach Erreichen des Kammwegs statt sich nach rechts zu wenden (wo er irgendwann die Gebäude der Bergstation der Seilbahn gefunden hätte), sich nach links vom Sturm abtreiben ließ Richtung Platzhürst (1.201m). Hier sind dann die ersten (liegengebliebenen) Opfer zu beklagen – auf der Karte mit einem Kreuz und ihrem Namen notiert. Daneben stehen die Namen der jeweiligen »Wachposten«, die Keast aufgestellt hatte. Die gelbe Einfärbung zeigt das Gebiet, in dem die Gruppe umherirrte, bevor sie durch den Glockenklang der Hofsgrunder Kirche nach rechts Richtung Hofsgrund einschwenkte und sich dann in wilder Flucht den Hang hinunter bis zum Dobelbauernhof durchschlug.

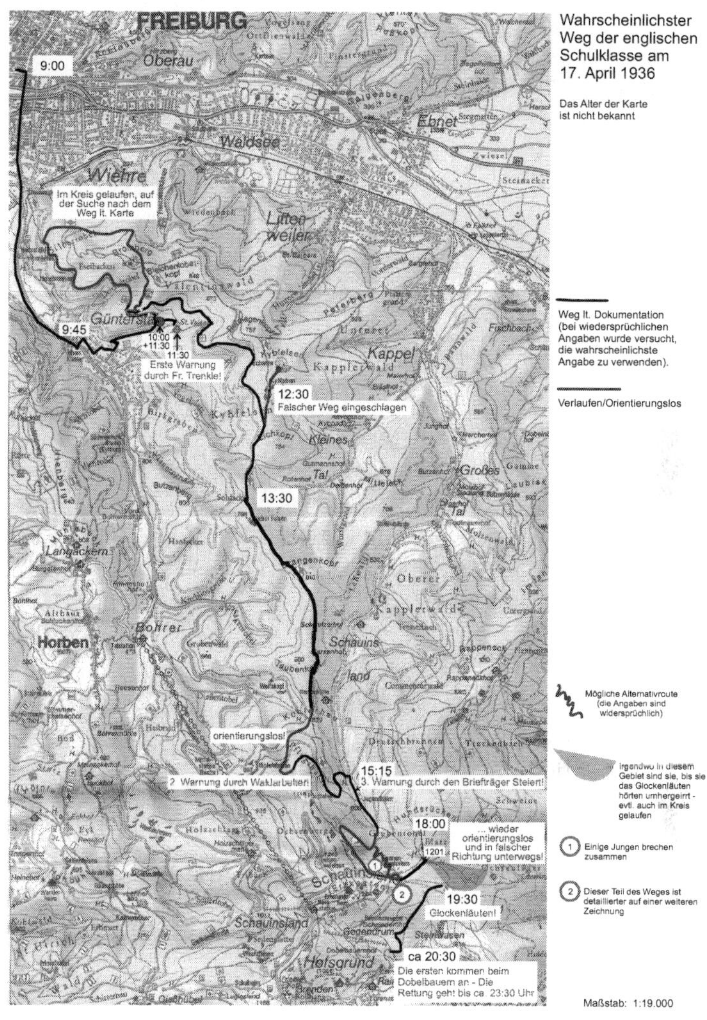

Abbildung 24: Der Weg der Gruppe vom Peterhof bis zum Bergwerkszechengelände.[69]

[69] Rekonstruktion von Wendelin Rees, Hofsgrund.

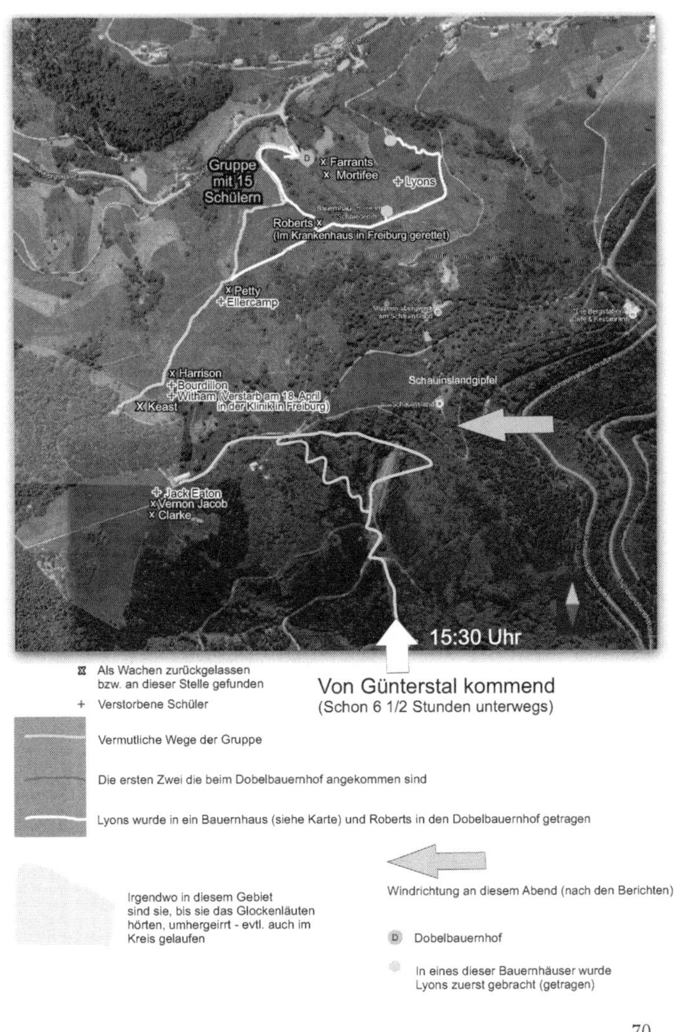

Abbildung 25: Der Weg vom Bergwerkszechengelände aus.[70]

[70] Rekonstruktion von Wendelin Rees, Hofsgrund.

Zeitleiste[71]

9:00	Abmarsch vom Peterhof (JH) Innenstadt Freiburg. Nach Günterstal zu Fuß statt mit der Straßenbahn.
9:45	Ankunft Endhaltestelle Günterstal.
10:00	Erstmals verlaufen, fast zurück nach Freiburg gegangen.
11:30	St. Valentin, erste Warnung durch Susanna Trenkle. Die Gruppe steht draußen unter Tannen an der Waldstrasse.
12:30	Kybfelsen, zum zweiten Mal verlaufen.
13:30	Sohlacker.
14:30	Kohlerhau. Zweite Warnung durch zwei Holzfäller nahe dem Stäpfelefelsen. Sie weisen den Weg zum Abstieg ins Kappler-Tal.
15:15	Ankunft an der Fahrstrasse (Großtalstrasse) nach Kappel zwischen Leopoldstollen und Bergmannszechenheim. Dritte Warnung durch Postschaffner Otto Steiert.
16:00	Aufstieg entweder querfeldein über den Grubentobel durch die Kappler Wand oder entlang der Rodelbahn Richtung Schauinslandgipfel.
18: 00	Erreichen des Kammwegs; dort links in Richtung Ochsenläger mit dem Wind. Sie irren in der Abenddämmerung im Nebel herum. Die ersten Schüler brechen zusammen.
19:30	Am Platzhürst (Meereshöhe 1.201m) hören Farrants und Mortifee das Betzeitläuten der Hofsgrunder Kirche.
20:30	Die Ersten erreichen den Dobelbauernhof in Hofsgrund.
22:30	Alle Toten und Überlebenden sind geborgen.
22:30	Dr. Kopp trifft in Hofsgrund ein.

71 Rekonstruktion von Wendelin Rees, Hofsgrund.

01:30 Die Sanitätskolonne mit Dr. Krieg trifft in Hofsgrund ein.

05:00 Die beiden schwerverletzten Teilnehmer Witham und Roberts werden über Steinwasen in die Medizinische Klinik Freiburg gebracht.

07:30 Witham stirbt beim Eintreffen in der Klinik; Roberts überlebt.

Abbildung 26: Der Dobelbauernhof in Hofsgrund. Hier wurde die Gruppe erstversorgt.

Abbildung 27: Das Gasthaus »Zum Hof« in Hofsgrund. Hier wurden die Überlebenden der Gruppe untergebracht.

Abbildung 28: Das Abendläuten der Kirchenglocke in Hofsgrund rettete die restliche Gruppe.

In anderen Zeitumständen als jenen von 1936 hätte kein Staatsanwalt oder Richter nach Kenntnisnahme aller dieser Sachverhalte den Lehrer und seine überlebenden Schüler nach England ausreisen lassen, bevor die Untersuchung abgeschlossen gewesen wäre. Eventuell hätte die sofortige Vernehmung der Zeugen und der Schüler in Freiburg auch dazu geführt, dass der Lehrer wegen »fahrlässiger Tötung von Schutzbefohlenen« unter Hausarrest oder in Untersuchungshaft genommen worden wäre. Dies geschah jedoch nicht, wie die weiteren Abläufe zeigen. Warum?

Wolf Middendorf, Verkehrsrichter und Hobbyforscher in Freiburg, stellte bereits 1978 die Frage:

> Aus heutiger Sicht und im Abstand der Jahre mag man fragen, wie wohl die Behörden und die Justiz im ›Dritten Reich‹ reagiert hätten, wenn es sich bei der Wandergruppe um katholische Schüler z. B. aus Berlin und unter der Führung eines Pfarrers gehandelt hätte.

> Die Überschriften der Zeitungen hätten dann nicht gelautet ›Erschütterndes Unglück‹ oder ›Die Tragödie auf dem Schauinsland‹, sondern wohl ›Mit Halbschuhen und Kniehosen auf den Schneeberg‹ oder ›Unverantwortlicher Pfarrer führt Jugend in den Tod‹. (…) Man hätte ihn der fahrlässigen Tötung angeklagt und ihm folgende Vorwürfe gemacht: zunächst, dass er vor der Wanderung sich nicht nach dem Wetter erkundigt bzw. sich nicht nach der Auskunft gerichtet habe.[72]

Am 20. April 1936 (Montag, 10 Uhr) wurde Lehrer Keast durch den Freiburger Oberstaatsanwalt Dr. Weiss vernommen. Er wiederholte hier mehr oder weniger seine bereits gegenüber den englischen Zeitungen am Wochenende benutzte Erklärung für das Unglück:

> Das Unglück ist nach meiner Auffassung eben einzig darauf zurückzuführen, dass ich völlig unerwarteter Weise in ein solches Schneetreiben gekommen bin, das ich nicht voraussehen konnte und zwar zu einem Zeitpunkt, als nach meinem Dafürhalten es zu spät war für den Rückweg nach Freiburg oder Günterstal und ich deshalb meinerseits annahm, den näheren Weg nach der Wirtschaft zur Halde auf dem Schauinsland oder dann Hofsgrund zu wählen, um dort Unterkommen zu suchen. Auf diesem von mir gewählten Weg nach Hofsgrund kamen wir dann eben so tief in den Schnee und so heftig in den Schneesturm, dass die Knaben nicht mehr weiter kamen und wir dann durch Kälte und Sturm und die hereinbrechende Nacht so an Kräften verloren, dass wir nicht mehr weiter kamen. Mit einem Orts- und Wegekundigen habe ich mich vor meinem Abmarsch in Freiburg nicht in Verbindung gesetzt und hatte dazu auch keinen Anlass, weil mir ja bekannt war, dass gut markierte Wege über den Schauinsland führen und ich an die Möglichkeit eines derartigen Schneesturms nicht dachte. (…) Ich habe lediglich mit dem Herbergsvater darüber gesprochen, wie ich von Freiburg aus der Stadt hinaus nach Günterstal hinauskomme.[73]

Es ist auffällig, dass Keast keinerlei Aussagen zu den Warnungen machte, die er in St. Valentin, von den beiden Wald-

---

[72] Middendorf, Wolf (1978): Das Engländerunglück auf dem Schauinsland, in: Freiburger Almanach, Illustriertes Jahrbuch, Freiburg, S. 97.

[73] StAF, A 40/1 Nr. 398. Protokoll der Vernehmung von Keast vor Oberstaatsanwalt Weiss am 20. April 1936.

arbeitern und auf dem Bergwerkszechengelände erhalten hatte. Als einziges eigenes Versäumnis räumte er ein, dass die Schüler unzureichend mit kurzen Hosen und Halbschuhen ausgerüstet waren, weil er ja davon ausgegangen war, im Frühlingswetter von Freiburg aus wandern zu können. Oberstaatsanwalt Weiss schienen diese Aussagen vorerst zu genügen. In einem Schreiben an den Landrat Groß in Freiburg hielt er am selben Tage fest:

> Unter Bezugnahme auf das Ferngespräch von heute übersende ich eine Abschrift des Protokolls über die Vernehmung des Lehrers Keast von London. Die Vernehmung erfolgte im Rahmen der Erhebungen über den Tod der fünf englischen Schüler. Ein Strafverfahren unter der Beschuldigung der fahrlässigen Tötung ist von mir nicht eingeleitet worden.[74]

Dass der Verzicht auf ein Ermittlungsverfahren wegen fahrlässiger Tötung gegen den Lehrer ein folgenschwerer Fehler war, muss der Oberstaatsanwalt spätestens am 30. April – also zehn Tage später – eingesehen haben, weil er an diesem Tage ein offizielles Ermittlungsverfahren wegen »fahrlässiger Tötung« gegen den Lehrer einleitete. Inzwischen hatten die Berichte der Vernehmungen des Gendarmeriepostens Kirchzarten den Verdacht erhärtet, dass der erste Wandertag keinesfalls so gelaufen war, wie es Keast dem Staatsanwalt geschildert hatte. Der 20seitige Bericht, den Dr. Weiss am 30. April 1936 an alle zuständigen Stellen, unter Einschluss des Reichsjustizministeriums in Berlin sandte, begründete das Ermittlungsverfahren mit einer Vielzahl von Punkten, bei denen der Lehrer falsch gehandelt hatte.
Dr. Weiss wies ausdrücklich darauf hin, dass die Entscheidung von Keast, seine Gruppe vom Bergwerkszechenheim auf 1.000 Meter Höhe weiter in Richtung Hofsgrund zu führen, letztlich den Ausschlag dafür gab, dass die Wande-

[74] StAF, A 40/1 Nr. 398. 2 A.R. 48/36. Schreiben des Oberstaatsanwalts an den Landrat in Freiburg am 20. April 1936.

rung mit dem Tod von fünf Schutzbefohlenen endete. Ob dies querfeldein nach 16 Uhr über die verschneite Kappler Wand und den Grubentobel geschah, oder über die »Alte Rodelbahn« ist dabei unerheblich, denn beide Wege waren zu diesem Zeitpunkt unbegehbar, weil vom Schnee begraben. Aber die Liste der Verfehlungen des Lehrers war laut Bericht des Oberstaatsanwalt viel länger und begründete so die Rechtfertigung für ein Ermittlungsverfahren wegen »fahrlässiger Tötung«. Im Einzelnen machte Eugen Weiss den Lehrer für folgende Fehlentscheidungen verantwortlich:

- Keine Benutzung der Strassenbahn vom Peterhof bis Günterstal, obwohl diese Fahrt das Zeitbudget weniger strapaziert hätte:

  In den von dem »Travel School Service« gefertigten Wanderplan findet sich nun für diesen ersten Tag ›Freiburg – Günterstal – Schauinsland – Notschrei – Todtnauberg‹ der Zusatz: ›Walking may be lessened by taking tram to Güntherstal and cable railway to Schauinsland‹. Es ist also hier empfohlen, zur Abkürzung des Weges mit der Strassenbahn vom Stadtinnern nach Günterstal zu fahren und dann von der Talstation aus (nach welcher Kraftwagenverkehr eingerichtet ist auf der etwa 3 km langen Talstrasse) mit der Seilschwebebahn zu der 1.196 m hoch gelegenen Bergstation. Von dort aus hätte dann leicht der Schauinslandgipfel und nach etwa 3 km leicht absteigend das 1.147 m hoch gelegene Gasthaus zur Halde erreicht werden können und nach weiteren 2,5 km auf guter Höhenstrasse das Hotel zum Notschrei (1.121 m) und nach einer weiteren kleinen Wegstunde die oberhalb von Todtnauberg gelegene Jugendherberge, sofern nicht durch starken Sturm und Neuschnee auch dieser Weg unmöglich gemacht worden wäre.[75]

- Falsch gewählter Zugangsweg zum Schauinslandgipfel:

  Weil er kilometrisch erheblich weiter ist dadurch, dass man auf diesem Weg in die Höhe und den Schwarzwaldgipfeln näher kommt,

[75] StAF, A 40/1 Nr. 398, 2 AR 48/36 vom 30. April 1936. Bericht von Eugen Weiss an die Generalstaatsanwaltschaft Karlsruhe, das Reichsjustizministerium in Berlin, das britische Generalkonsulat in Frankfurt, den »School Travel Service« London.

dabei aber stets dem Südwestwind ausgesetzt ist und dann im letzten Teil einen entsprechend stärkeren Höhenunterschied überwinden muss, was Lehrer Keast auch aus der Schwarzwaldvereinskarte leichter hätte erkennen können, als aus der von ihm zur Verfügung stehenden Wanderkarte von Paasche.[76]

- Falsche Wanderkarte für das Schauinslandgebiet:

Diese Karte kann aber nicht als ausreichend angesehen werden, um im Schnee abseits der markierten Wege durch Wald und Felsgeröll eigene Pfade zu suchen. Besser wäre es jedenfalls gewesen, wenn Lehrer Keast im Besitz der vom Schwarzwald-Verein bearbeiteten und herausgegebenen Karte im Maßstab 1:50.000 gewesen wäre; aus einer solchen Karte hätte er vielleicht eher erkannt, dass der von ihm gewählte Weg auf den Schauinsland unter den gegebenen Witterungs- und Zeitverhältnissen nicht der richtige war und hätte ihn vielleicht weiter veranlasst, zur rechten Zeit umzukehren und nicht zu versuchen, ohne Rücksichtnahme auf die ihm anvertrauten, diesen Verhältnissen oder auch ihren Körperkräften noch nach ihrer Kleidung und Ausrüstung gewachsenen Kinder den Naturgewalten zu trotzen.[77]

- Mangelnde Orts- und Wetterkenntnisse:

Nach den eigenen Angaben des Lehrers Keast und auch nach den Aussagen der gehörten Zeugen muss als erwiesen angesehen werden, dass Lehrer Keast schon am Morgen des 17. April Bedenken hatte, ob er die Wanderung werde durchführen können, weil in der Nacht von Donnerstag bis Freitag ein Wetterumschwung eingetreten war und bereits um 8 Uhr früh, als er mit seinen Schülern von der Jugendherberge in Freiburg weggehen wollte, in der Stadt ein mit Schnee vermischter Regen niederging bei ziemlichem Wind, woraus ohne weiteres erkennbar war, dass es bereits auf dem unmittelbaren Stadtgebiet grenzenden Höhen schneite. (...) Er konnte sicherlich nicht voraussehen, zumal er gänzlich ortsunkundig war, dass der Wind und Schnee so zunehmen würden oder könnten, dass eine solche für diese Jahreszeit auch im Schwarzwald in Höhenlagen aussergewöhnlich große Menge Schnee bis zum Abend niedergehen werde.[78]

---

76 Ebenda.
77 Ebenda.
78 Ebenda.

– Missachtung der Warnungen von mindestens zwei Einheimischen:

Die Frau Susanna Trenkle, geb. Drexler, 28 Jahre alt, Schwiegertochter des schon erwähnten Revierförsters Mathias Trenkle in St. Valentin, hat deshalb mit vollem Recht, wie sie angibt, bereits in der Zeit von etwa 11 ½ Uhr in St. Valentin dem Lehrer Keast, als er nach dem Weg auf den Schauinsland frug, dringend abgeraten, angesichts des herrschenden Schneetreibens dieses Vorhaben auszuführen; dabei wusste sie nicht, dass Lehrer Keast noch Schüler bei sich hatte, weil diese unterhalb des Hauses unter den Tannen warteten. Frau Trenkle sagte dem Lehrer auch ganz richtig, dass er nicht den geeigneten Weg eingeschlagen habe und dass er sich bei diesem Schneegestöber nicht zurecht finden werde und bis er zum Sohlacker komme, bestimmt keinen Wegweiser mehr werde lesen können. (…) Spätestens in der Höhe der Kohlerhau bzw. im oberen Kapplertal unterhalb des Bergwerkzechenhauses, welches auch in der von ihm benutzten Karte eingezeichnet ist, hätte Lehrer Keast, auch wenn er die Warnungen von Frau Trenkle als übertrieben ängstlich und unbegründet angesehen hatte, von sich aus erkennen müssen, dass er bei diesem Schneetreiben mit nun schon seit 6 Stunden unterwegs befindlichen Kindern nicht mehr über den Schauinslandgipfel bzw. über die freie Höhe über die Halde und Notschrei nach Todtnauberg kommen würde und dass es das einzig richtige in diesem Fall gewesen wäre, umzukehren und auf einen der zahlreichen zu Tal führenden Wegen nach Günterstal bzw. zur Talstation der Bergbahn oder zunächst zur Rennstrecke, die in seiner Karte deutlich (gelb) eingezeichnet ist, hinunterzugehen. Wenn er aber von sich aus nicht so einsichtig war, so hätte er unbedingt auf die eindringliche Warnung hören müssen, welche ihm der 50 Jahre alte Postschaffner Otto Steiert aus Kappel, Briefträger beim Postamt Littenweiler, erteilte, der auf dem Rückweg von einem Bestellgang im Bergwerkszechenheim etwa 100 m unterhalb desselben nachmittags etwa um 15 ¼ Uhr mit der Wandergruppe zusammentraf und dem Lehrer Keast dringend abriet, den Weg fortzusetzen, mit dem ausdrücklichen Anfügen, er komme bei diesem Schneetreiben nicht durch. Es wäre nun dem Lehrer Keast ein Leichtes gewesen, unter Führung des Postschaffners Steiert nach dem Dorf Kappel bzw. dem Vorort Littenweiler und Freiburg zurückzukehren; nach spätestens einer Stunde abwärts wäre er mit den Kindern aus der Gefahrenzone heraus gewesen. Auch in dem Bergwerkszechenheim, das auf seiner Karte eingezeichnet ist, hätte er, wie der Direktor des

Bergwerks es versichert hat, mit allen seinen 27 Schülern auch über Nacht Unterkunft und Verpflegung finden können; statt dessen ging er, obwohl es bereits 15 ½ Uhr geworden war und somit seine Schüler schon über 6 Stunden im Schneetreiben unterwegs waren, trotz den erhaltenen Warnungen und ohne dort oder in einem der in der Nähe gelegenen Häuser einzukehren und zu fragen, weiter und zwar jetzt ohne Weg durch den Wald hinauf, in welchem der Schnee mindestens 50 cm hoch lag.[79]

- Fehlende Erfahrung im Umgang mit Kompass und Karte:

Wenn Lehrer Keast auch behauptet, er habe sich mit Hilfe des Kompasses nach dem Dorf Hofsgrund durchgefunden, so ist es wahrscheinlicher, dass die Kirchenglocken von Hofsgrund, welche nach 7 Uhr läuteten, und dann das Licht aus dem Hause des Dobelbauer Lorenz die Wandergruppe in letzter Stunde den Weg hinab nach Hofsgrund hat finden lassen. Wären sie nur wenig weiter östlich gekommen gegen Ochsenläger oder Rappeneck hin, so wäre ohne Zweifel die ganze Wandergruppe verloren gegangen.[80]

Wäre es zu einer Anklageerhebung durch die Freiburger Staatsanwaltschaft gekommen, wären sicherlich noch weitere offene Fragen hinsichtlich des Verhaltens des Lehrers zur Sprache gekommen. Warum reiste Keast alleine mit 27 Teilnehmern? War die Alterszusammensetzung der Gruppe sinnvoll? Der jüngste Teilnehmer war gerade mal zwölf Jahre alt, der älteste – zugleich Hilfsassistent (prefect) des Lehrers war 18 Jahre alt (D.W.Mortifee). Unter den Todesopfern befanden sich die jüngsten Teilnehmer: ein Zwölfjähriger, zwei 13jährige und zwei 14jährige. Keast kannte den Schwarzwald nur vom Vorbeifahren und verfügte zudem nur über Paasche's Schwarzwald – Wanderkarte im Maßstab 1:100.000. Diese Karte ist in den Akten der Freiburger Staatsanwaltschaft verwahrt.[81] Es ist eine grobe Übersichtskarte für den ganzen Südschwarzwald; nur die Zugangswe-

---

79 Ebenda.
80 Ebenda.
81 StAF, A 40/1 Nr. 398.

ge zum Schauinsland sind halbwegs ersichtlich. Der »School Travel Service« in London, der die Reise organisiert hatte, schrieb später in einem Brief an das englische Generalkonsulat:

> Es wäre besser gewesen, wenn sich Mr. Keast eine Karte im Maßstab 1:50.000 besorgt hätte, wie sie vom Schwarzwaldverein herausgegeben wird. Vielleicht hätte er dann früher verstanden, dass sein Weg zum Schauinsland unter Berücksichtigung des Zeitfaktors und den Wetterbedingungen nicht der richtige war.[82]

Warum hatte Keast sich nicht über die Wetterbedingungen informiert? Es bestand nach der Ankunft am Donnerstag die Möglichkeit, sich nach den Wetterverhältnissen zu erkundigen; am Morgen des 17. April hätte er durch einen Anruf an der Schauinsland – Bergstation erfahren können, welches Wetter am Berg oben herrschte (die Bergstation liegt auf 1.200 Meter): 8 Uhr – Schauinsland – 3 Grad – Nebel – Schneefall – etwa 12 cm Schneehöhe. Genau das bestätigt auch Eugen Schweizers Augenzeugenbericht.

Warum diese Routenplanung? Der Lehrer wollte über den Zugangsweg in Günterstal den Höhenweg des Westweges Pforzheim-Basel erreichen, um von dort über den Schauinslandgipfel und die Notschrei – Passhöhe nach Todtnauberg auf – und abzusteigen. Der Griebenreiseführer aus dem Jahre 1936 beschreibt den von Keast gewählten Weg als *»besser als Abstieg, denn als Aufstieg«*[83] geeignet. Die falsche Routenentscheidung war selbst der lokalen deutschen Presse aufgefallen:

> Unglücklicherweise wählte der Lehrer einen wenig begangenen Weg über St. Valentin, Pflughalde, Kohlerhau, Kapplerwand.[84]

---

[82] StadtAF, C 4/XII, 4/10. Schreiben von Victor Groves, School Travel Service, an das englische Generalkonsulat Frankfurt, 4. Mai 1936.

[83] Griebens Reiseführer Band 188: Freiburg i/B., Höllental, Feldberg, Belchen, Blauen und Kaiserstuhl, Hrsg. Grieben-Verlag Albert Goldschmidt Verlag: Berlin, 3. Auflage, 1928, S. 61.

[84] Markgräfler Nachrichten, 20. April 1936.

Es hätte auch die Möglichkeit gegeben, die 1930 eingeweihte Seilschwebebahn zu benutzen, mit der man für 2,40 Reichsmark (für die Bergfahrt) problemlos die Schauinsland – Bergstation erreichen konnte. Spätestens dort wäre sichtbar gewesen, dass selbst der flache Weg Richtung Notschrei und Todtnauberg von Schneeverwehungen versperrt war.
In der Einschätzung, dass die verhängnisvollste aller Entscheidungen diejenige war, trotz eindringlicher Warnungen in einem anhaltenden Schneetreiben weiter aufzusteigen, statt umzukehren, waren sich im Nachhinein alle einheimischen Beteiligten einig. Selbst die nationalsozialistische Tageszeitung »Der Alemanne« stellte im Mai 1936 in ihrer Veröffentlichung über den zusammenfassenden Bericht der Staatsanwaltschaft Freiburg die berechtigte Frage, warum der Lehrer nicht schon in St. Valentin umgekehrt war:

> Fast zwei Stunden standen Lehrer und Schüler hier unter, da hier auf der Höhe von 430 m bereits starkes Schneetreiben herrschte und der Schnee schon 30 cm Höhe erreicht hatte.[85]

Umkehren hätte er auch noch später können, er hat es aber nicht getan. Gegen 15 Uhr 15 – jetzt schon deutlich verspätet, weil er sich am Kybfelsen erneut verlaufen hatte – traf die Gruppe den Postschaffner Otto Steiert aus Kappel, der im Begriff war, nach Kappel abzusteigen. Ein weiteres Mal ignorierte der Lehrer die Warnungen eines Ortskundigen und führte einen Teil seiner Schützlinge so geradezu weiter bergauf in den Tod.[86] Wie diese letzte Wegstrecke verlief, ist

[85] Alemanne, 4. Mai 1936.

[86] Kurioserweise hätte es damals sogar noch eine andere Möglichkeit gegeben, nach Hofsgrund zu kommen. Diese hatte Postmann Steiert dem Lehrer allerdings nicht mitgeteilt: Der kürzeste Weg vom Bergmannszechenheim nach Hofsgrund führte *durch* den Schauinsland mit dem später so genannten »Hebammenstollen«. Der Name rührte im Volksmund daher, dass Hebammen den Stollen als Möglichkeit nutzten, um von Kappel nach Hofsgrund und zurück zu gelangen. Der offiziell »Roggenbach-Stollen« genannte unterirdische Weg wurde ab 1884 vom Bergwerk genutzt. Auch wenn es verboten war, konnten die Kinder und Eltern im

nach wie vor unklar, aber dass sie ein Kulminationspunkt aller vorangegangenen Fehleinschätzungen und Fehlentscheidungen war, kann als gesichert gelten. Keast behauptete später, er habe vor diesem Aufstieg die Schüler reihum befragt, ob sie noch weiter könnten und jeder habe das bejaht. Es ist sehr unwahrscheinlich, dass die Schüler, selbst wenn sie befragt worden wären, das Geländeprofil, das vor ihnen lag, hätten richtig einschätzen können: In der Luftlinie sind es vom oberen Kappler Tal zum Gipfel etwa 1 km, nach Hofsgrund 2 km. Dabei muss man aber das Gelände einkalkulieren. Der Schauinslandgipfel liegt noch rund 300 Höhenmeter über dem oberen Kappler Tal und auf dem direkten Weg dorthin muss zunächst die steilste Flanke des Berges überhaupt bewältigt werden, die »Kappler Wand« mit bis zu 70 Prozent Geländesteigung. Der anstrengende, vielleicht obendrein noch querfeldein unternommene Aufstieg durch Tiefschnee bei Temperaturen um den Gefrierpunkt, Schneetreiben und starkem Wind ließ einige der jüngeren Schüler zusammenbrechen. Das alleine war schon lebensbedrohlich, aber noch war die Gruppe zusammen, wenn auch weit auseinandergezogen per »Gänsemarsch«. Jeder Wanderführer weiß, dass das Zerstreuen einer Gruppe in dieser Situation bei Herumirren in Nebel und Sturm die Gefahr in sich birgt, dass weitere Mitglieder ohne Weg – oder Ortskenntnis sich noch weiter verlaufen. »Unter allen Umständen zusammenbleiben und nur zusammen weitergehen!« ist eine gängige Verhaltensweise für eine solche Situation. Weil Keast offenbar diese Anweisung nicht gab, löste sich die Gruppe nach dem Läuten der Hofsgrunder Kirche nach und nach auf und jeder folgte nur noch seinem eigenen Überlebenswillen, ir-

---

Kappler Bergwerksgelände die Schule in Hofsgrund dreimal schneller erreichen als über die Kappler Wand aufzusteigen. Sie mussten sehr gut aufpassen, weil immer Bergwerkbetrieb war, wenn sie durch den Stollen gingen. Der Stollen war 2 Meter hoch und 2 Meter breit. Heute ist vom »Hebammenstollen« nichts mehr zu sehen.

gendwie zu dem Licht in den Häusern von Hofsgrund zu kommen. Die Lösung gegen diese Auflösungstendenzen sah Keast darin, eine Wache bei den im Tiefschnee zusammengebrochenen Schülern aufzustellen, was diesen aber in einer solch lebensbedrohlichen Situation nicht viel nützte. Es dauerte über zwei Stunden, bis die Hofsgrunder Helfer sie fanden. Die drei Toten (Eaton, Bourdillon, Ellercamp) wurden verstreut am Südhang aufgefunden, d. h. die Wachen bei ihnen waren keine Hilfe mehr. Witham starb am nächsten Morgen in Freiburg, Lyons noch in Hofsgrund.
Alle genannten Punkte und offenen Fragen rechtfertigten die Einleitung eines Ermittlungsverfahrens. Aber warum hatte Oberstaatsanwalt Weiss das nicht direkt nach der ersten Vernehmung des Lehrers getan? Lehrer Keast war nicht mit der Gruppe in den Sonderwagen der Deutschen Reichsbahn nach London zurückgekehrt, sondern in Freiburg einige Tage länger geblieben. Die Gruppe zurückgeführt hatte der am Sonntag, den 19. April, aus London angereiste Rektor der »Strand School«, Leonard Dawe. Es wäre also genügend Zeit gewesen, den Lehrer erneut zu befragen, nachdem die Polizeiprotokolle mit den Zeugenbefragungen vorlagen (am 24. April 1936).
Warum wurde das versäumt?
In seinem ersten zusammenfassenden Bericht vom 30. April 1936 hatte Eugen Weiss bereits klare Gründe dafür angegeben, weshalb ein Verfahren gegen den Lehrer einzuleiten war:

> Es kann richtig sein, dass dem Lehrer Keast erst etwa um 17 Uhr nachmittags bei diesem letzten Aufstieg oberhalb des Bergwerkszechenheims durch den Wald erstmals von zwei Knaben – nach seiner Angabe von einem derjenigen, die nachher gestorben sind und dem, welcher dann in die Klinik nach Freiburg gebracht und gerettet wurde – gesagt worden sei, dass sie am Ende ihrer Kräfte seien. So gut aber die unbeteiligten Zeugen den wirklichen Zustand der Kinder schon etwa 1 ½ bis 2 Stunden vorher und vor diesem letzten sicher außerordentlich anstrengenden Aufstieg ohne Weg hatten erkennen

können, hätte er es als Lehrer und Führer auch sehen können und müssen. Unverständlich ist, wenigstens für einen Berg- und Ortskundigen, die Angabe des Lehrer Keast, er sei deshalb weiter nach oben gegangen, weil er den weiteren Rückweg in das Tal, sei es nach Günterstal oder in das Kapplertal, gefürchtet habe. Jeder Weg abwärts hätte ihn alsbald auf eine Strasse und nach mindestens einer Stunde zu Wohnungen und Menschen geführt, wo nötigenfalls fernmündlich aus Freiburg Hilfe (Krankenwagen oder sonstige Kraftwagen, Verpflegung und Arzt) hätte angefordert werden können. Er brauchte ja hier im Schwarzwald nicht wie in den Alpen befürchten, beim Abwärtsgehen an eine Felswand zu kommen, über welche Absturzgefahr war. Dagegen musste er sich sagen, dass jede hundert Meter höher hinauf ohne Weg durch Schnee die körperliche Anstrengung erhöhen und auch Sturm und Schnee stärker und höher werden. Mit der Erreichung des Gipfels des Schauinsland wäre aber gar nichts erreicht gewesen; das kleine Gasthaus liegt westlich unterhalb, also in entgegengesetzter Richtung und vom Gipfel nach dem Gasthaus zur Halde hätte er bei durchweg 1,20 m – 1,30 m Neuschnee am Abend des 17. April nicht mehr kommen können und selbstverständlich auch nicht mehr weiter über den Notschrei nach der Jugendherberge in Todtnauberg. Im Übrigen hätte er auch aus der zur Verfügung stehenden Karte erkennen können und müssen, dass vom Bergwerkszechenheim aus der Höhenunterschied bis zum Schauinslandgipfel noch nahezu 400 m beträgt und dass er von nachmittags 4 Uhr an mit den bereits erschöpften Kindern bei dieser Schneehöhe vor Einbruch der Dunkelheit das nicht mehr schaffen kann. Auch um nach dem etwa aus 25 zerstreut liegenden Bauernhöfen und Bergarbeiterhäusern bestehenden Dorf Hofsgrund zu gelangen, dessen Kirche 1.013 m hoch liegt, musste Lehrer Keast vom Kapplertal (Bergwerkszechenhaus) den vom Schauinslandgipfel nach Nordosten ziehenden Höhenrücken gegen Rappeneck zu mit Höhe 1.201 m überwinden und dann weglos den Steilabhang hinunter gegen Hofsgrund gehen. Es kann angenommen werden, dass schon bei oder nach Überwindung dieser letzten Höhe die ersten drei Schüler aus Erschöpfung trotz aller Bemühungen (Einreiben mit Schnee, künstliche Atmung usw.) gestorben sind, während der vierte erst nach Verbringung in das Haus des Dobelbauer und Kaufmann Lorenz verstarb und der fünfte (Roy Martin Witham) erst am Samstag, den 18. April, vormittags 7.30 Uhr in der Klinik in Freiburg.[87]

[87] StAF, A 40/1 Nr. 398, 2 AR 48/36 vom 30. April 1936.

Die Antwort, warum das Verfahren so schleppend eingeleitet wurde, gab Weiss in seinem Bericht vom 8. Juni 1936, der u. a. an den Reichsminister der Justiz in Berlin ging:

> Da nach dem Ergebnis der Untersuchung über den Tod der fünf englischen Schüler im Schauinslandgebiet am 17. bzw. 18. April 1936 (...) der dringende Verdacht besteht, dass der Führer der Wandergruppe, der angeblich am 1.6.1908 in Mitcham, Surrey geborene und in London wohnhafte Lehrer Kenneth Keast, durch Fahrlässigkeit den Tod der fünf Schüler verursacht hat, wobei er zu der Aufmerksamkeit, welche er aus den Augen setzte, vermöge seines Amtes und Berufs besonders verpflichtet war, habe ich gegen ihn wegen Verdachts eines Vergehens strafbar nach § 222 Abs. 1 u. 2 RStGB. ein Ermittlungsverfahren eingeleitet.
> Der Beschuldigte ist englischer Staatsangehöriger und befindet sich jetzt wieder außerhalb des Reichsgebiets in London. Nach den ganzen in Betracht kommenden Verhältnissen, insbesondere mit Richtung darauf, dass durch die Fahrlässigkeit des Lehrers nur die ihm anvertrauten englischen Schüler den Tod fanden, besteht nach meinem Dafürhalten kein öffentliches Interesse daran, bei der englischen Regierung die Übernahme der Verfolgung zu beantragen, vielmehr kann den Eltern der getöteten Knaben überlassen werden, bei der dafür zuständigen englischen Behörde die Verfolgung in die Wege zu leiten.
> Ich beabsichtige deshalb, das Verfahren gemäß § 205 StPO. wegen Abwesenheit des Beschuldigten einzustellen, habe aber fürsorglich bereits unterm 27. Mai 1936 die richterliche Vernehmung der in meinem Bericht erwähnten Zeugen Frau Susanna Trenkle geb. Drexler in St. Valentin und des Postschaffners Otto Steiert in Kappel gem. § 162 StPO. beim Amtsgericht beantragt, von welchem die Vernehmung der Zeugen am 5. Juni 1936 vorgenommen worden ist; eine beglaubigte Abschrift des Vernehmungsprotokolls schließe ich an.
> Wenn vielleicht auch gesagt werden kann, dass nach diesen vor dem Richter gemachten Angaben der Zeugen ihre Warnungen nicht so eindringlich waren, als zunächst nach den Meldungen der Gendarmerie angenommen wurde, so besteht doch kein Zweifel, dass der Lehrer Keast, welcher die deutsche Sprache sehr gut beherrscht, diese Warnungen verstanden hat. Im Übrigen habe ich bereits in meinem Bericht vom 30. April darauf hingewiesen, dass Lehrer Keast auch ohne die ihm erteilten Warnungen spätestens nachmittags um 15 1/2 Uhr im oberen Kappler Tal von sich aus hätte erkennen müs-

> sen, dass er bei Fortsetzung des Weges mit den schon seit mindestens 6 Stunden unterwegs befindlichen Kindern bei diesem Schneetreiben das Leben der ihm anvertrauten Kinder gefährdet und mit der Möglichkeit rechnen musste, dass er mit diesen im Schnee in die Dunkelheit und ohne Weg in Lebensgefahr kommen werde.[88]

Eugen Weiss rechtfertigte die Verzögerung staatsanwaltschaftlichen Handelns damit:

> Bei seiner Vernehmung in Freiburg am 20. April konnten dem Lehrer Keast die Angaben der erst später ermittelten und vernommenen Zeugen, insb. der Frau Trenkle und des Postschaffners Steiert nicht vorgehalten werden; er selbst hat mit keinem Wort von den ihm von diesen beiden Zeugen zuteil gewordenen Warnungen etwas gesagt.[89]

Man muss bei den Entscheidungen des Freiburger Oberstaatsanwaltes berücksichtigen, dass er nicht frei von politischen Pressionen war, die das Unglück ausgelöst hatte. Noch während sich die Wandergruppe in Freiburg aufhielt, wurde aus dem »Unglück« am Schauinsland eine Inszenierung nationalsozialistischer Propaganda, die der Oberstaatsanwalt in seiner Entscheidung, zunächst kein Ermittlungsverfahren gegen den Lehrer einzuleiten, nicht unbeachtet lassen konnte. Ihm waren zunächst die Hände gebunden, weil schon am Tag nach dem Unglück die nationalsozialistischen Machthaber die Führungshoheit über die Interpretation der Geschehnisse übernahmen.[90]

---

88 StAF, A 40/1 Nr. 398, 1 JS 235/36 vom 8. Juni 1936.

89 StAF, A 40/1 Nr. 398, 2 AR.48/36 vom 30. April 1936.

90 Das Wirken von Dr. Eugen Weiss als Oberstaatsanwalt in Freiburg kann als preußisch-konservativ bezeichnet werden. Er war kein typischer NSDAP-Vertreter. So sorgte er 1937 dafür, dass ein wegen Rassenschande verurteilter Jude nach Verbüßung der Strafe nicht wie üblich in ein KZ überführt wurde, sondern in die Schweiz ausreisen konnte. 1940 beschuldigte er die Ehefrau des Oberbürgermeisters, Lore Kerber (1903–1981), Lebensmittel über die ihr aufgrund der Lebensmittelkarten zustehenden Mengen hinaus bezogen zu haben. Das Verfahren wurde dann auf höhere Weisung ohne öffentliche Gerichtsverhandlung mit einer geringen Geldstrafe abgewickelt. Auch in anderen Fällen ermittelte er gegen Mitglieder der NSDAP und scheute dabei nicht den Konflikt mit Parteidienststellen oder

Kapitel 4: Die politische Ausbeutung des Unglücks

Wir haben bereits festgestellt, dass es unter »normalen« Umständen kaum eine solch folgenschwere Verschleppung eines Ermittlungsverfahrens gegen den Lehrer gegeben hätte. Aber die Umstände 1936 waren »nicht normal« und sicher haben sie dazu beigetragen, dass Weiss zunächst zögerte, gegen den Lehrer vorzugehen. Im nationalsozialistischen Deutschland ab 1933 stellte Hitler in seiner ersten großen außenpolitischen Rede vor dem Reichstag am 17. Mai 1933 den Nationalsozialismus als eine Bewegung dar, die einzig dem Frieden verpflichtet sei. Man wolle die bestehenden Verträge achten und nur auf dem Verhandlungswege eine Revision des Versailler Vertrages anstreben. Deutschland, so Hitler, müsse überall da eine politische Stütze suchen, wo sie sich fände. Als eine der wesentlichsten Stützen des »neuen Deutschlands« sah man außenpolitisch das britische Königreich an. Dieses reagierte auf die »Friedensinitiativen« Hitlers mit der sog. »Appeasement-Politik«[91], einer Beschwichtigungspolitik gegenüber den Nationalsozialisten, die Zugeständnisse, Zurückhaltung und Entgegenkommen gegenüber Aggressionen zur Vermeidung eines Krieges mit Deutschland vorsah. Aber was hatte dieses außenpolitische Konstrukt mit dem Schauinsland-Unglück zu tun?
Um dies zu verstehen, muss man sich nach London wenden. Eine Woche vor dem Unglück war hier am 10. April 1936

---

sogar mit Gauleiter und Reichsstatthalter Robert Wagner (1895–1946), der deshalb seine Beförderung zum Landgerichtspräsidenten verhinderte. Vgl. Haumann, Heiko/Schadeck, Hans (Hg): Geschichte der Stadt Freiburg im Breisgau. Bd. 3. Von der badischen Herrschaft bis zur Gegenwart. Stuttgart, 1992, S. 328, 332, 344 und 356.

91 Aus dem Englischen to appease, französisch apaiser, ›besänftigen‹, ›beschwichtigen‹, ›beruhigen‹.

der deutsche Botschafter in London, Leopold von Hoesch, überraschend an einem Herzinfarkt gestorben. Von Hoesch entstammte der deutschen Industriellenfamilie Hoesch und war Sohn des 1912 in den erblichen Adelsstand erhobenen Industriellen Hugo von Hoesch (1850–1916). Er galt unter den deutschen Botschaftern des Nazi-Regimes als der fähigste Diplomat, von dem der englische König Eduard VIII. meinte, er sei ein

> guter diplomatischen Vertreter des deutschen Reiches, aber ein schlechter des ›Dritten Reiches‹ gewesen.[92]

Zu den persönlichen Gegnern des Botschafters zählte nach 1933 Joachim von Ribbentrop – der später als Hauptkriegsverbrecher in Nürnberg hingerichtete Außenminister Hitlers. Kurz nach dem Tod des Botschafters kursierten in der britischen Presse Theorien über einen angeblichen Selbstmord oder über eine Ermordung durch die Geheime Staatspolizei der Nationalsozialisten. Im Sinne ihrer Beschwichtigungspolitik erlaubte die britische Regierung einen pompösen Trauerzug über die Paradestrasse der Monarchie »The Mall« mit den königlich-britischen Horse and Foot Guards und unter Beteiligung Hunderter Zuschauer, die ihre Hand zum Hitlergruß erhoben. Der Sarg wurde auf dem britischen Zerstörer »Scout« von Dover nach Wilhelmshaven gebracht, mit der Hakenkreuzfahne auf Halbmast geflaggt (siehe unterstes Bild rechts auf Seite 110). Die »Scout« war das erste britische Kriegsschiff, das seit dem Ende des 1. Weltkriegs einen deutschen Hafen anlief. Von Wilhelmshaven ging es zur Beerdigung nach Dresden.
Am 18. April 1936, dem Morgen, als das »Engländerunglück am Schauinsland« gerade in den Nachrichten die Runde machte, trafen sich zur Beerdigung in Dresden fast alle Na-

[92] Zitiert aus https://de.wikipedia.org/wiki/Leopold_von_Hoesch.

zigrößen, darunter auch Baldur von Schirach[93] als Reichsführer der Hitlerjugend, mit dem englischen Botschafter Sir Eric Phipps. Was lag näher, um sich als »Dankeschön« für den grandiosen Auftritt der Nationalsozialisten im Herzen des britischen Empire mit einer Totenwache der Hitlerjugend in Freiburg für die verunglückten englischen »Kameraden« zu revanchieren?

Abbildung 29: Trauerzug für Leopold von Hoesch auf »The Mall« in London (vom Balkon oben wird der Hitlergruß gezeigt).

---

[93] Baldur Benedikt von Schirach (* 9. Mai 1907 in Berlin; † 8. August 1974 in Kröv an der Mosel, Rheinland-Pfalz) war zu diesem Zeitpunkt der Reichsjugendführer der NSDAP. Schirach gehörte später zu den 24 im Nürnberger Prozess gegen die Hauptkriegsverbrecher vor dem Internationalen Militärgerichtshof angeklagten Personen und wurde am 1. Oktober 1946 wegen Verbrechens gegen die Menschlichkeit zu 20 Jahren Haft verurteilt, jedoch von der Anklage des Verbrechens gegen den Frieden freigesprochen.

Berlin, 19. April.

Der Reichsjugendführer hat an den englischen Botschafter in Berlin folgendes Telegramm gerichtet:

„Soeben erhalte ich die Nachricht von dem schweren Unglücksfall im Schwarzwald, der fünf englischen Jungen auf einer Wanderung durch Deutschland das Leben kostete. Tief erschüttert bringe ich Euer Exzellenz das herzliche und tiefgefühlte Beileid der gesamten deutschen Jugend zum Ausdruck.

Ich habe den Leiter des Auslandsamtes der Reichsjugendführung, Gebietsführer Schultze, beauftragt, in meinem Namen und im Namen der deutschen Jugend einen Kranz am Orte der Aufbahrung niederzulegen und angeordnet, daß Hitlerjugend des Gebietes Baden an den Bahren der Toten eine Ehrenwache bis zur Überführung in die Heimat stellt.

gez.: Baldur von Schirach.

Die englische Schülergruppe in Freiburg

Freiburg, 19. April.

Die Gruppe der englischen Schüler, die am Freitag auf dem Schauinsland von einem so schrecklichen Unglück betroffen wurde, wurde mit einem Omnibus nach Freiburg gebracht, wo sie vorläufig in der Medizinischen Klinik zur körperlichen Untersuchung Unterkunft fand. Der Abtransport gestaltete sich infolge der riesigen Schneemassen außerordentlich schwierig und mußte teilweise mit Schlitten bewerkstelligt werden.

Die Leichen der tödlich verunglückten Schüler wurden ebenfalls zu Tal gebracht. In Freiburg wurden die toten Jungen in der altkatholischen Kirche aufgebahrt. Hitlerjungen halten dort die Ehrenwache. Dabei sei festgestellt, daß diese englische Jugendgruppe keine Fühlung mit der HJ. oder anderen zuständigen deutschen Stellen aufgenommen hatte. Auf der Wanderung durch den Schwarzwald war sie daher auch ohne deutsche Begleitführung. Diese Feststellung ist notwendig, weil ein ausländischer Rundfunksender auch dieses so bedauerliche Unglück zum Anlaß nimmt, um auf die schändlichste Weise unwahre Behauptungen gegen Deutschland zu verbreiten.

Abbildung 30: In allen überregionalen Tageszeitungen des Deutschen Reiches wurde von Schirachs Telegramm abgedruckt. Hier der »Völkische Beobachter« vom 20. April 1936 (Ausgabe Nord).

Baldur von Schirach fand in der Gauleitung der NSDAP in Karlsruhe unter Gauleiter Robert Wagner[94] einen hilfsbereiten Bundesgenossen, um aus dem Unglück politischen Nutzen zu ziehen. Am 18. April, dem Folgetag des Unglücks, informierte man das Reichsinnenministerium über die Bergungsaktion der Hofsgrunder und bat darum, sofort das Auswärtige Amt und das Propagandaministerium Joseph

[94] Robert Wagner (*13. Oktober 1895 als Robert Heinrich Backfisch in Lindach bei Eberbach am Neckar; †14. August 1946 im Fort Ney nördlich von Straßburg) nahm 1923 am Hitlerputsch teil und war danach maßgeblich am Aufbau der NSDAP in Baden beteiligt. Er war Mitglied des Reichstags, Gauleiter und Reichsstatthalter in Baden, nach dem Einmarsch der deutschen Wehrmacht in Frankreich 1940 außerdem auch Chef der Zivilverwaltung im besetzten Elsass. 1946 wurde er von einem französischen Militärgericht zum Tode verurteilt und hingerichtet.

Goebbels zu verständigen. Schon am 19. April sandte Baldur von Schirach folgendes Telegramm an den englischen Botschafter:

> Soeben erhalte ich die Nachricht von dem schweren Unglücksfall im Schwarzwald, der fünf englischen Jungen auf einer Wanderung durch Deutschland *(was nicht stimmte – d. V.)* das Leben kostete. Tief erschüttert bringe ich Eurer Exzellenz das herzliche und tiefgefühlte Beileid der gesamten deutschen Jugend zum Ausdruck. Ich habe den Leiter des Auslandsamtes der Reichsjugendführung, Gebietsführer Schultze, beauftragt, in meinem Namen und im Namen der deutschen Jugend einen Kranz am Orte der Aufbahrung niederzulegen und angeordnet, dass Hitlerjugend des Gebietes Baden an den Bahren der Toten eine Ehrenwache bis zur Überführung in die Heimat stellt.
> Gez. Baldur von Schirach.[95]

Von Schirach sprach hier noch von einem *Unglücksfall,* aber die Anordnung der »Totenwache« zeigte schon die Richtung, in die man gehen wollte: Man musste dem Unglück am Schauinsland nur noch eine nationalsozialistische Wende geben als ein Teil der »Friedensoffensive« gegenüber dem englischen Königreich. So wurden dann im Sinne nationalsozialistischer Propaganda aus Londoner Schülern (die kein Deutsch sprachen, und weder Pfadfinder noch HJ-Kameraden waren) »gefallene Sportskameraden«, Vorbilder der Jugend in beiden Ländern. Dies passte auch zu den bevorstehenden Olympischen Spielen im selben Jahr in Berlin als »Jugendfriedensfest«. Durch die Appeasement-Politik der englischen Regierung wurde diesen Absichten kein energischer Widerstand entgegengesetzt. Im Gegenteil: Die angeordnete Totenwache und die Inszenierungen in Freiburg für die toten Schüler wurden in England landesweit begrüßt.[96]

---

95 Völkischer Beobachter, 20. April 1936.
96 Siehe Überschrift der Seite der Illustrated London News: »Honouring the Dead. King George; Schoolboys; and an Ambassador«.

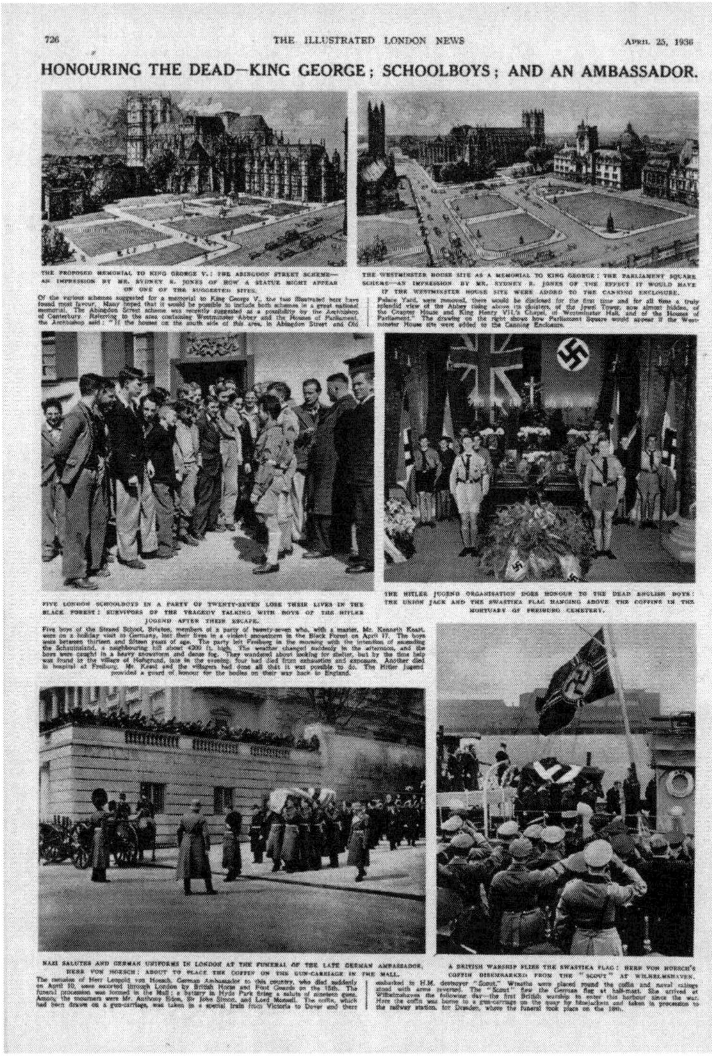

726 THE ILLUSTRATED LONDON NEWS April 25, 1936

HONOURING THE DEAD—KING GEORGE; SCHOOLBOYS; AND AN AMBASSADOR.

THE PROPOSED MEMORIAL TO KING GEORGE V.: THE ABINGDON STREET SCHEME—AN IMPRESSION BY MR. SYDNEY R. JONES OF HOW A STATUE MIGHT APPEAR ON ONE OF THE SUGGESTED SITES.

THE WESTMINSTER HOUSE SITE AS A MEMORIAL TO KING GEORGE: THE PARLIAMENT SQUARE SCHEME—AN IMPRESSION BY MR. SYDNEY R. JONES OF THE EFFECT IT WOULD HAVE IF THE WESTMINSTER HOUSE SITE WERE ADDED TO THE CANNING ENCLOSURE.

Of the various schemes suggested for a memorial to King George V., the two illustrated here have found most favour. Many hoped that it would be possible to include both schemes in a great national memorial. The Abingdon Street scheme was recently suggested as a possibility by the Archbishop of Canterbury. Referring to the area containing Westminster Abbey and the Houses of Parliament, the Archbishop said: "If the houses on the south side of this area, in Abingdon Street and Old Palace Yard, were removed, there would be disclosed for the first time and for all time a truly splendid view of the Abbey rising above its cloisters, of the Jewel Tower, now almost hidden, of the Chapter House and King Henry VII.'s Chapel, of Westminster Hall, and of the Houses of Parliament." The drawing on the right shows how Parliament Square would appear if the Westminster House site were added to the Canning Enclosure.

FIVE LONDON SCHOOLBOYS IN A PARTY OF TWENTY-SEVEN LOSE THEIR LIVES IN THE BLACK FOREST: SURVIVORS OF THE TRAGEDY TALKING WITH BOYS OF THE HITLER JUGEND AFTER THEIR ESCAPE.

THE HITLER JUGEND ORGANISATION DOES HONOUR TO THE DEAD ENGLISH BOYS: THE UNION JACK AND THE SWASTIKA FLAG HANGING ABOVE THE COFFINS IN THE MORTUARY OF FREIBURG CEMETERY.

Five boys of the Strand School, Brixton, members of a party of twenty-seven who, with a master, Mr. Kenneth Keast, were on a holiday visit to Germany, lost their lives in a violent snowstorm in the Black Forest on April 17. The boys were between thirteen and fifteen years of age. The party left Freiburg in the morning with the intention of ascending the Schauinsland, a neighbouring hill about 4200 ft. high. The weather changed suddenly in the afternoon, and the boys were caught in a heavy snowstorm and dense fog. They wandered about looking for shelter, but by the time help was found in the village of Hofsgrund, late in the evening, four had died from exhaustion and exposure. Another died in hospital at Freiburg. Mr. Keast and the villagers had done all that it was possible to do. The Hitler Jugend provided a guard of honour for the bodies on their way back to England.

NAZI SALUTES AND GERMAN UNIFORMS IN LONDON AT THE FUNERAL OF THE LATE GERMAN AMBASSADOR, HERR VON HOESCH: ABOUT TO PLACE THE COFFIN ON THE GUN-CARRIAGE IN THE MALL.

A BRITISH WARSHIP FLIES THE SWASTIKA FLAG: HERR VON HOESCH'S COFFIN DISEMBARKED FROM THE "SCOUT" AT WILHELMSHAVEN.

The remains of Herr Leopold von Hoesch, German Ambassador to this country, who died suddenly on April 10, were escorted through London by British Horse and Foot Guards on the 15th. The funeral procession was formed in the Mall; a battery in Hyde Park firing a salute of nineteen guns. Among the mourners were Mr. Anthony Eden, Sir John Simon, and Lord Monsell. The coffin, which had been drawn on a gun-carriage, was taken in a special train from Victoria to Dover and there embarked in H.M. destroyer "Scout." Wreaths were placed round the coffin and naval ratings stood with arms reversed. The "Scout" flew the German flag at half-mast. She arrived at Wilhelmshaven the following day—the first British warship to enter this harbour since the war. Here the coffin was borne to a gun-carriage on the quay by bluejackets and taken in procession to the railway station for Dresden, where the funeral took place on the 18th.

Abbildung 31: Die Zeitschrift »The Illustrated London News« vom 25. April 1936 stellte den Zusammenhang zwischen der Beerdigung des Botschafters (untere Reihe) und der Totenwache in Freiburg (mittlere Reihe) direkt her.

Obgleich zunächst auch in der lokalen nationalsozialistischen Presse[97] immer wieder zwischen den Zeilen angedeutet worden war, dass kein Einheimischer bei der vorherrschenden unsicheren Witterung es am 17. April gewagt hätte, den Schauinsland über den steilsten Anstieg zu besteigen, wurden dem Lehrer zumindest öffentlich von deutscher Seite keine Vorwürfe gemacht. Man schloss sich der vom Lehrer verbreiteten Version an, allein die unberechenbare Naturkatastrophe sei verantwortlich für das Unglück, nicht der Lehrer, der es zugelassen hatte, dass seine Schüler um diese Jahreszeit ohne die erforderliche Ausrüstung und mit unzweckmäßiger Bekleidung in über 1.200 m Höhe eine Wanderung unternahmen. Der groben Fahrlässigkeit schenkten die deutschen Zeitungen kaum Beachtung, abgesehen von einem leisen Vorwurf:

> Es ist sehr bedauerlich, dass Mr. Keast diese beiden Warnungen nicht beachtet hat und mit einer verhängnisvollen Verkennung der Größe der Gefahr direkt in sie hineingelaufen ist.[98]

Dies geschah allerdings erst im Mai 1936. In den Zeitungsmeldungen unmittelbar nach dem Unglück war von den Warnungen nie die Rede gewesen. Die Freiburger Öffentlichkeit nahm ebenso wie die städtischen Repräsentanten an dem Schicksal der Betroffenen lebhaften Anteil. Nachdem die Leichen der toten Schüler in die Freiburger Friedhofskapelle am Sonntag, 19. April überführt und dort aufgebahrt wurden, nahmen Angehörige der Hitlerjugend vom Bann 113[99] Tag und Nacht ihre Plätze für eine »Ehrenwache« ein, wie es der Reichsjugendführer Baldur von Schirach angewiesen hatte. Natürlich machte die Hintergrund-Drapierung der Särge mit dem »Union Jack« und der »Hakenkreuzfahne« einen großen Eindruck auf die Öffentlichkeit. Die toten Schüler waren damit als »Vertreter des englischen Volkes« vereinnahmt wor-

---

97 Alemanne, 18./19. April 1936.
98 Alemanne, 4. Mai 1936.
99 Der Bann 113 der Hitlerjugend umfasste den Kreis Freiburg und den Landkreis Breisgau-Hochschwarzwald.

den. Bis zum Abtransport der Särge begaben sich viele Freiburger in die Kapelle, um ihrer Anteilnahme Ausdruck zu verleihen. Am Sonntagnachmittag fanden sich u. a. auch der badische Ministerpräsident Walter Köhler, der Gebietsführer der HJ, Friedhelm Kemper, der englische Generalkonsul R. T. Smallbones, der Freiburger Erzbischof Conrad Gröber, der Geistliche der britischen Gemeinde für Freiburg und Basel, R. H. Courtenay, der Freiburger Bürgermeister Hofner, Offiziere der Freiburger Truppen, Vertreter der Freiburger Universität und der nationalsozialistischen Organisationen auf dem Hauptfriedhof ein. Auch Lehrer Keast, der Rektor der »Strand School«, Leonard Dawe und der Vater des toten Jack Alexander Eaton, Jack Eaton, nahmen an der Trauerfeier teil. Gebietsleiter Kemper hielt eine kurze Ansprache, in der er, wie der »Alemanne« am nächsten Tag berichtete, folgendes Bekenntnis ablegte:

> Im Namen der badischen H. J. sprach Gebietsführer Kemper von dem Willen zur Verständigung und zum Frieden, der gerade bei unserer Grenzlandjugend am stärksten ausgeprägt ist. Diese Worte fanden bei den Anwesenden großen Anklang: Alle Hände reckten sich zum deutschen Gruß, mit dem die toten englischen Kameraden geehrt wurden.[100]

A special DAILY SKETCH picture of Mr. Kenneth Keast (in cap), who is still in Germany recovering from his terrible ordeal, out for a drive in Freiburg.

Abbildung 32: Lehrer Keast (links, mit Kappe) mit einem Funktionär der NSDAP-Kreisleitung beim Ausflug an den Kaiserstuhl.

---

[100] Alemanne, 20. April 1936.

Abbildung 33: »Ehrenwache« der Freiburg HJ Bann 113 mit Union Jack und Hakenkreuz in der Freiburger Friedhofskapelle.

South London Press Tuesday April 21st 1936

DEAD SCHOOLBOYS MOURNED BY TWO NATIONS

Church Tributes to Blizzard Victims in Germany and At Home

YOUNG NAZIS GUARD THEIR COFFINS

All Sunday night in the little cemetery chapel at Freiburg four members of the German Youth Movement kept vigil over the coffins of the five boys from Strand School, Brixton, who perished in a blizzard in the Black Forest on Friday.

Two memorial services were held on Sunday—one in the hospital, attended by Mr. Keast, the master in charge, and the survivors of the party, and one in a church in Freiburg, which was attended by the townspeople.

Special prayers for the parents and relatives were said during a civic service at Holy Trinity, Tulse Hill, on Sunday, and at the evening fellowship service at West Norwood Brotherhood Hall.

Abbildung 34: Die britischen Zeitungen zogen nach: »Die toten Schüler wurden von zwei Nationen betrauert«, South London Press am 21. April 1936.

DAILY SKETCH

No. 8,416 MONDAY, APRIL 20, 1936 ONE PENNY

ARTHUR MILLS SERIAL STARTS TO-DAY

NAZI BOYS MOUNT GUARD

In The Chapel Where Blizzard Victims Lie

Abbildung 35: Daily Sketch, 20. April 1936.

Den überlebenden Schülern wurde in der Kapelle des Hauptfriedhofs am Sonntagnachmittag keine Gelegenheit begeben, sich von ihren Schulkameraden zu verabschieden. Die meisten von ihnen erfuhren erst am Sonntagmorgen in der Jugendherberge vom Tod der Mitschüler.[101] Nach einer kurzen Trauerfeier dort fuhr die Schülergruppe auf Einladung der Hitlerjugend zu einem Ausflug an den Kaiserstuhl und nach Breisach. Keast begründete das später damit, er habe die Überlebenden ablenken wollen:

> Mein Job ist es jetzt, die Jungs zu beschäftigen und sie vom Nachdenken über die Tragödie abzuhalten.[102]

Am Montag, 20. April stand ein Spalier aus Schuljugend, Jungvolk, Hitlerjugend, Bund Deutscher Mädel, Studenten-

[101] Der Lehrer hatte bewusst nur den drei ältesten Mitschülern Mortifee, Farrants und Harrison die Todesnachricht mitgeteilt.

[102] Telefoninterview mit der Zeitung »Daily Sketch« am 20. 4. 1936.

abordnungen und weiterer Freiburger zwischen Hauptfriedhof und Bahnhof, wohin unter dem »gedämpften Dröhnen der Landsknechts-Trommeln, angeführt vom Spielmannszug des Jungvolkes die Särge mit »Holz aus Schwarzwaldtannen« überführt wurden. Am Hauptbahnhof war die HJ komplett zu einem »letzten Appell« angetreten, bevor die Särge in einen Sonderwagen der Deutschen Reichsbahn, ausgeschlagen mit Tannengrün und Hakenkreuzbändern (»An unsere englischen Kameraden«) eingeladen wurden. Die Särge waren bedeckt mit dem Union Jack und der Hakenkreuzfahne und dem Namen des Verstorbenen darauf. Eine Gruppe von 20 Freiburger Hitlerjungen als »Ehrengeleit« sollte die Toten bis an die Reichsgrenze nach Aachen begleiten.

Abbildung 36: Die überlebenden Schüler wurden zu Statisten in einem pompösen Totenkult; hier vor der Jugendherberge, 4. von rechts Ken Osborne, ganz links Douglas Mortifee. Bild: Stadtarchiv Freiburg M 75-1 K. 1.

HOME AFTER ORDEAL IN BLIZZARD

Schoolboy Survivors of Forest Tragedy: German Tribute at Service for Victims

While the twenty-two survivors of the party of schoolboys which was overwhelmed by a blizzard in the Black Forest were being

Abbildung 37: Auch englische Zeitungen zeigten groß den Trauermarsch zum Bahnhof.

Die Schilderung dieses Ereignisses wurde in diesem Falle nicht der nationalsozialistischen Zeitung »Der Alemanne« entnommen, sondern der englischen Zeitung »Daily Sketch« vom 22. April 1936, die minutiös über die Abfahrt in Freiburg und die Ankunft von Toten und Lebenden in den Bahnhöfen »Victoria Station« und »Liverpool Street Station« berichtete. Der Bericht endete mit dem Satz:

> Es gab (...) auch für jeden der fünf einen Kranz von Herrn Hitler.[103]

[103] Daily Sketch, 22. April 1936.

Abbildung 38: Das Originalbild: Trauerzug zum Hauptbahnhof Freiburg. Bild: Stadtarchiv Freiburg, M 731-21531-29-30

Abbildung 39: Das Verladen der Särge in die Sonderwaggons der Deutschen Reichsbahn zog viele Zuschauer an. Bild: Stadtarchiv Freiburg, M 75-1-K.1

Das Bergunglück, vor allem aber die »Totenwache« im Hauptfriedhof und das Geleit vom Friedhof zum Sonderwagen der Deutschen Reichsbahn, wurde durch diese Inszenierung der Nationalsozialisten zu einem europäischen »Medienereignis«. Die später durch die deutsche Niederlassung der Agentur Reuters wenige Wochen nach dem Unglück an das Freiburger Bürgermeisteramt gesandte Sammlung englischer Zeitungsausschnitte betrug allein insgesamt 133 Artikel.[104]

Abbildung 40: Propaganda-Bild mit Hitlerjugendlichen vor der Jugendherberge. 5. von links Ken Osborne, 6. von rechts Douglas Mortifee.

Dass das schreckliche Ereignis zum Anlass genommen werden konnte, Kapital für die Ideologie der Nationalsozialisten daraus zu schlagen, war vor allem der Reichsjugendführung der Hitlerjugend zu verdanken. Ihr war es gelungen, aus einem waghalsigen und fehlgeleiteten Wandertrip einen ganz Europa anrührenden nationalsozialistischen Propagandacoup zu machen. Die Meldungen von der angeordneten »Totenwache«, der Abschied der Überlebenden in Freiburg, die »Heldentat« des Lehrers, den Rest der Gruppe zu retten – all das wurde bereitwillig in nahezu allen englischen Zeitungen abgedruckt.[105] Geradezu eine »Bilderflut«

[104] Kuntz, Andreas (2001): Politischer Totenkult auf dem Schauinsland, unveröffentlichtes Manuskript, S. 2.
[105] The People, 19. April 1936.

ergoss sich in die europaweite Öffentlichkeit mit Bildern von der HJ-Totenwache, der Hakenkreuz-Fahne neben dem Union Jack und gestellten Bildern der Begegnung von überlebenden englischen Schülern mit ihren »Kameraden« von der Hitlerjugend. »Gestellte Bilder« deshalb, weil ein genauerer Blick in die Gesichter der Schüler zeigt, wie sehr sie die Todesnachricht getroffen hatte.

Abbildung 41: Betroffenheit nach Erhalt der Nachricht vom Tod ihrer fünf Mitschüler. Geknipst wurde trotzdem. Bild: Stadtarchiv Freiburg, M 731-21531-9.III

Spätestens zu diesem Zeitpunkt waren die Überlebenden Teil der inszenierten Kampagne, die sich noch steigerte, indem man die Toten zu »Gefallenen für die Völkerfreundschaft« verklärte:

> Die fünf englischen Jungen, die das Opfer eines tragischen Unfalles wurden, sind für die Hitler-Jugend im Reich das Symbol jener Jugend des Auslandes, die bereit ist, durch enge Verbindung von Jugend zu

> Jugend auch die Bande von Volk zu Volk enger zu knüpfen. Die jungen (…) Engländer (...) fielen im Kampf für ein offenes, ehrliches und anständiges Verhältnis der Völker untereinander.[106]

Den Eltern der toten Schüler wurde der Abschied von Freiburg dadurch erleichtert, dass die Stadt Freiburg die gesamten Überführungskosten übernommen hatte, auch wenn man sich später darüber stritt, wer welche Kosten aus seinem Etat zu bestreiten habe.[107] Für die Eltern wurden auch die Bilder der Toten in den Särgen gefertigt, die ihnen dann zugeschickt wurden.[108]
Alle diese Bestandteile des außenpolitischen Propaganda-Feldzuges wären nicht möglich gewesen ohne die Zustimmung des Lehrers Keast, der darin die einfachste Möglichkeit sah, von seinen eigenen Verfehlungen abzulenken, bzw. Fragen dazu erst gar nicht aufkommen zu lassen. Lehrer Keast machte keinerlei Anstalten, den Widerspruch zwischen Nazi-Ideologie (»gefallene Sportkameraden«) und Wirklichkeit (»schlecht geplante Tour«) aufzulösen, sondern bestärkte die Absichten der Nationalsozialisten noch in einem späteren Dankesbrief an die Freiburger Führung der Hitlerjugend, den der »Alemanne« abdruckte:

> Wir freuen uns, dass es möglich war, dass sich in einer menschlichen Not die Jugend zweier Länder über Grenzen und Sprachen hinweg verstanden hat. (...) Wir werden euch das nie vergessen. (...) Der Vater eines der Toten sagte mir am Bahnhof, er wünschte, ganz England könne sehen, was sie für uns getan haben und wie sie von unseren toten Kameraden Abschied genommen haben.[109]

---

106 Alemanne, 24. März 1937.

107 Mit den in der Ambulanz nach Hofsgrund mitgefahrenen Helfern gab es eine arbeitsrechtliche Kontroverse darüber, ob man ihnen ihr Arbeitsentgelt nur bis zum Ausstieg in Kirchzarten bezahlen müsse oder bis zum Endpunkt der Ambulanzfahrt an der Freiburger Uniklinik.

108 Abzüge dieser Bilder liegen in einer separaten Schachtel im Freiburger Stadtarchiv. Ich habe aus Respekt vor den Toten auf ihre Veröffentlichung verzichtet.

109 Alemanne, 25. April 1936.

Dass der französische Sender Straßburg die Meldung verbreitet hatte, die Gruppe sei von der HJ unzureichend betreut worden und es gäbe eine Mitschuld der HJ an dem Unglück, war zusätzliches Wasser auf den Mühlen der Propagandamaschine, denn diese Falschmeldung konnte zurecht genüsslich zurückgewiesen werden[110]:

> Wir sehen wieder einmal, dass man kein Mittel unversucht lässt, um die Beziehungen zwischen den beiden Nachbarvölkern immer mehr zu vergiften.[111]

Obwohl es kaum bekannt war, dass am Montagabend, 20. April 1936, die Überlebenden um 18 Uhr ab Freiburg abfahren würden[112], hatte sich erneut eine große Menschenmenge eingefunden, um die Gruppe zu verabschieden. Hier fand der vorerst letzte Akt der Inszenierung statt. Ob über dem Bahnhof tatsächlich Flugzeuge der Wehrmacht kreisten, wie der »Alemanne« schreibt, lässt sich nicht verifizieren, hätte aber durchaus »gepasst«.

Stanley C. Few – einer der Überlebenden – beschrieb die Rückfahrt so:

> Wir wurden während unserer Rückreise dadurch geehrt, dass Herr Hitler einen Sonderzug bereitstellte. Überall in Deutschland warteten an den Bahnhöfen oder Bahngleisen kleine Gruppen von Leuten, die uns Glück wünschten. (...) Sogar nachts standen die Menschen dort, wenn der Zug vorbeifuhr. (...) Es war sehr bewegend.[113]

---

110 Tatsächlich hatte die badische HJ wenige Tage zuvor eine englische Pfadfindergruppe zu Gast gehabt, mit der die Gruppe um Lehrer Keast nichts zu tun hatte.

111 Middendorf (1978), S.109.

112 Der Rücktransport geschah mit Sonderwaggons: Einer mit den Särgen fuhr zur »Liverpool Street Station« in London, der andere mit den Überlebenden zur »Victoria Station«.

113 Few, Stanley C. (1997): Bericht eines Überlebenden, Stadtarchiv Freiburg, C 4/XII, 4/10.

Ähnliche Betrachtungen stellte auch Ken Osborne in seinem Tagebuch an, der die Zuneigung der Bahnhofsbesucher nicht ganz nachvollziehen konnte:

> Wir verließen Freiburg und auf einem Bahnhof warf eine Dame Süßigkeiten in unser Zugfenster.[114]

Die politische Inszenierung fiel in England auf mehr als fruchtbaren Boden. Niemand erhob Einwände dagegen. Weder die Eltern noch die Schulleitung oder der Lehrer Keast protestierte gegen diese Einvernahme der Toten als »englische Kameraden«. Der Lehrer wusste genau, dass an dieser Inszenierung nichts stimmte. Zweifellos war das Mitgefühl der Freiburger ehrlich gemeint. Aber die schnelle und unbürokratische Abwicklung der Formalitäten, die Organisation der Trauerfeier, die Überführung der Särge und letztlich die Bezahlung der Kosten durch die Stadt Freiburg hatten mehr als nur einen Hintergedanken. Die »freundschaftliche« Bande zwischen Hitler-Deutschland und England zu verstärken, war die politische Absicht. Und genau diese Absicht hinterließ in Großbritannien einen äußerst positiven Eindruck. Unter anderem dankte der englische Generalkonsul R. T. Smallbones dem Freiburger Oberbürgermeister Franz Kerber später mit den Worten:

> Die Hilfsbereitschaft im Augenblick der Not und das in der ergreifenden Trauerfeier bewiesene Mitgefühl haben einen tiefen Eindruck in meinem Land hinterlassen.[115]

Dieser Einschätzung entsprachen auch zahlreiche Schreiben an die Stadt Freiburg, die von Angehörigen der Verstorbenen, dem Vorsitzenden des »London County Council«, dem Pfarrer der Guildhouse-Gemeinde und englischen Jugendlichen verfasst worden waren. Der Vater eines der toten Kinder (Thomas G. Witham) hatte sogar persönlich an Adolf

---

[114] Siehe Anhang, Tagebuch Osborne.
[115] Smallbones an Kerber, 26. April 1936 in: StadtAF, C 4/XII/4/10.

Hitler geschrieben, dem er dankte *»for the great kindness your people have shown.«*[116]

Abbildung 42: Ankunft der überlebenden Schüler in London. Vorne rechts mit Kappe und Rucksack Ken Osborne, neben ihm Douglas Mortifee. In der Mitte mit Koffer und Hut der Rektor der »Strand School«, Leonard Dawe.

Ein anderer, Vater eines geretteten Kindes, schrieb an Hitler:

> *Zweifellos werden solche bewunderungswürdigen Handlungen die freundschaftlichen Beziehungen, die seit den letzten Jahren zwischen unseren beiden Nationen, festigen helfen.*[117]

---

[116] Scherb, Ute (2011): Wir bekommen die Denkmäler, die wir verdienen. Freiburger Monumente im 19. und 20. Jahrhundert, Herausgeber: Stadtarchiv Freiburg, S. 172.

[117] Ebenda.

Auch die Stadt Freiburg resümierte die »Vorteile«, die das Vorgehen zeitigte:

> Schließlich darf allerdings auch wieder zugegeben werden, dass die ganze Art der Abwicklung aller Geschäfte und das Gerücht von der Tragung der Kosten durch die Stadt einen sehr guten Eindruck in der englischen Presse und damit der englischen Bevölkerung gemacht hat, dass darin sogar schließlich eine nicht zu unterschätzende Wirkung der englischen Sympathien und des Fremdenverkehrs erblickt werden kann.[118]

Zur Ankunft der Rückkehrer hatte sich am Abend des 22. April in London ebenfalls eine große, fast tausendköpfige Menschenmenge eingefunden. Neben den Angehörigen der Toten und Überlebenden waren dies die Schüler und das Kollegium der »Strand School«, Mitglieder des »London City Council«, der Chief Education Officer des London City Council, und viele mehr.

---

[118] Ebenda.

Kapitel 5: Die Londoner Schulbehörde sah keine Versäumnisse des Lehrers

Das Aufsehen, das das Unglück in England erregte, wurde nicht nur zum Thema in der Öffentlichkeit, sondern rief auch die Schulaufsichtsbehörden in London auf den Plan. Diese gehörten damals zum Stadtrat von Groß-London, dem »London County Council (LCC)«,[119] der die Diensthoheit über die Schulen in seinem Wirkungsbereich innehatte. Der LCC war die größte und wichtigste Institution städtischer Selbstverwaltung innerhalb Großbritanniens mit einer Bevölkerung von ca. acht Millionen Menschen. Der LCC besaß ein »Education Committee«[120], das wiederum ein »Teaching Staff Sub Committee«[121] unterhielt. Ihm wurde die Untersuchung über den Tod der fünf Schüler zugewiesen. Das sachliche Thema lautete: »The Black Forest Accident« – das Unglück im Schwarzwald. Angerufen hatte den Unterausschuss der Erziehungsberechtigte eines der tödlich verunglückten Schüler, der Kaufmann John William Eaton. Am 15. und 16. Mai 1936 tagte dieser Unterausschuss volle acht Stunden lang über das Ereignis. Die Mitglieder des Unterausschusses sowie der Rektor der »Strand School« Leonard Dawe, der Lehrer Keast und die Eltern Eaton hatten vorab am 11. Mai 1936 Unterlagen über die Vorgänge in Freiburg erhalten, die seitens des Britischen Generalkonsulats in Frankfurt übersetzt und dem Foreign Office zugeleitet worden waren. Diese Dokumente enthielten:

- Den Bericht des britischen Generalkonsuls Smallbones an das Foreign Office über die Vorgänge in Freiburg[122];

[119] Stadtrat von London.
[120] Erziehungsausschuß des Londoner Stadtrates.
[121] Unterausschuss für Lehrpersonal.
[122] Siehe Anlage.

- Die Aussagen des Lehrers bei der Vernehmung durch Oberstaatsanwalt Weiss am 20. April 1936;
- Den Bericht des Gendarmeriebezirks Kirchzarten vom 18. April über die Vorgänge in Hofsgrund (sog. »Malsch Report«);
- Den Bericht des Gendarmeriebezirks Kirchzarten vom 20. April über die Vorgänge in Hofsgrund (sog. »Malter Report«) mit den Aussagen von Johanna Gallus, der Magd in der Jugendherberge und Bernhard Lorenz, dem Kaufmann im Dobelbauernhof.

Dem Unterausschuss *nicht* vorgelegt wurden die Übersetzungen aller *späteren* Ermittlungen der Freiburger Staatsanwaltschaft, so u. a. der zusammenfassende Bericht von Oberstaatsanwalt Weiss vom 30. April mit den entscheidenden Zeugenaussagen von Susanna Trenkle und Otto Steiert; auch nicht die Berichte der beiden Ärzte Dr. Kopp und Dr. Krieg. Laut vorhandener Unterlagen der Freiburger Staatsanwaltschaft wurden alle diese Dokumente an das britische Generalkonsulat in Frankfurt rechtzeitig vor der Verhandlung des Unterausschusses am 15. und 16. Mai übersandt, aber nicht berücksichtigt. Es drängt sich der Verdacht auf, dass diese Dokumente bewusst zurückgehalten wurden, weil der Generalkonsul in Frankfurt in seinem Bericht bereits vor der Befragung der Zeugen ein klares Urteil für den Lehrer gefällt hatte:

> Herr Generalkonsul Smallbones geht davon aus, dass die deutschen Behörden dem Lehrer keinerlei Schuld an dem Unglück geben. Er stellt fest, dass er selbst verschiedene einheimische Personen zum Unglück befragt hat, die mit den lokalen Verhältnissen vertraut sind. Sie alle sagen aus, dass der Schneefall am 17. April außergewöhnlich war. Der Generalkonsul ist der Meinung, dass die einzige Frage hinsichtlich der Verantwortlichkeit des Lehrers darin bestehe, ob er hätte umkehren können oder nicht. Die Tatsachen sprechen dafür, dass, als Mr. Keast realisierte, es würde jetzt schwierig, er bereits so weit gegangen war, dass es gefährlicher gewesen wäre, umzukehren, als die Wanderung fortzusetzen. Der Generalkonsul glaubt, dass sich Mr. Keast mit

großer Sicherheit und Tapferkeit verhalten hat und alles getan hat, um das Leben der Schüler in seiner Verantwortung zu retten.[123]

Damit hatte der Generalkonsul vorab den Gang der Untersuchung des LCC-Unterausschusses bereits auf die entscheidende Frage zugespitzt: Hätte der Lehrer im Kappler Tal umkehren sollen oder nicht? Diese Frage stand mehr oder weniger im Mittelpunkt der Verhandlung und ihre Beantwortung führte letztlich dazu, dass der Unterausschusses den Lehrer von jeglicher Schuld freisprach. Diese Entscheidung fiel aber *ohne* Kenntnisnahme der entscheidenden Zeugenaussagen (Steiert/Trenkle) und der weiteren von Eugen Weiss zusammengetragenen Fehlentscheidungen und fahrlässigen Verhaltensweisen des Lehrers in der Vorbereitung und Durchführung der Wanderung. Die Frage der »falschen Kleidung« floss ebenso wenig in die Entscheidung ein, wie die »falsche Karte«, auch nicht die Ortsunkenntnis des Lehrers, seine fehlerhafte Handhabung des Kompasses oder der Führungsfehler, die Gruppe sich am Schauinslandhang zerstreuen zu lassen.
Auch die »Strand School«, bzw. ihr Rektor, Leonard Dawe, strickte an einem »Freispruch« für den Lehrer kräftig mit. Sie bearbeitete die Eltern der toten und der überlebenden Schüler dahingehend, dass den Lehrer keinerlei Schuld treffe. Vor der Sitzung des Untersuchungsausschusses hatte der Rektor der »Strand School« am 11. Mai einen Fragebogen an alle Eltern der teilnehmenden Schüler geschickt:

Es wäre eine beträchtliche Hilfe für Mr. Keast und mich, wenn sie angesichts gewisser Untersuchungen über die unglückliche Tragödie im Schwarzwald Antworten auf die folgenden Fragen geben könnten:
1. Waren Sie sich im Klaren darüber, dass die vorgeschlagene Tour eine Wanderreise im Schwarzwald war?
2. Waren Sie mit den Arrangements für die Wanderreise zufrieden?

---

[123] StAF, A 40/1 Nr. 398, London Council: The Black forest accident, No. K 5014/4500/218. Eaton hatte diese Kopie Eugen Weiss überlassen, der sie zu den Akten nahm.

3. Waren Sie damit einverstanden, dass ihr Sohn an der Tour unter der Führung von Mr. Keast teilnimmt?
4. Hatten Sie und haben Sie jetzt auch noch Vertrauen in Mr. Keasts Eignung zum Führen einer solchen Tour?[124]

Dass diese Beantwortung dieses Fragebogens keine Grundlage für eine ernstgemeinte Untersuchung des tatsächlichen Geschehens darstellen konnte, ist offensichtlich. Die Eltern waren ja nicht dabei gewesen. Er diente lediglich dazu, dass die Eltern versichern sollten, Keast habe alles richtig gemacht. Und der Fragebogen wurde offenbar auch gezielt eingesetzt, um den Vater Eaton mit seinen Anstrengungen für eine Klageerhebung bloßzustellen. Im Nachhinein legte der Rektor der »Strand-School« dem Ausschuss noch ein von den Eltern der anderen vier ums Leben gekommenen Jungen unterzeichnetes Schreiben vor, in dem diese betonten, dass sie mit der bereits stattgefundenen Untersuchung zufriedengestellt seien und keine erneute Eröffnung der Untersuchung wünschten.[125] Die Eltern des tödlich Verunglückten Francis Bourdillon ließen später sogar öffentlich erklären, sie würden jederzeit wieder ihre Kinder mit Keast auf eine Reise schicken und strengten ein Verfahren gegen die Zeitung »Daily Express« an, weil diese das von Jack Eaton in Hofsgrund aufgefundene Tagebuchs ihres Sohnes widerrechtlich verwendet hatte.[126] Vater Eaton war also schon vor der Verhandlung selbst ins Abseits gerückt worden. Eine Frage enthielt der Fragebogen der Schule freilich nicht: »Hat sich ihr Sohn im Nachhinein zum Ablauf ihnen gegenüber geäußert? Fand er die Verhaltensweise des Lehrers am 17. April 1936 richtig?« Davon war nicht die Rede.

---

[124] Brief aus dem Privatarchiv von Bruce/Debra Cadee, Perth, Australien, Nachkommen eines überlebenden Schülers (Donald E. M. Hooke).
[125] Brief des London County Council Rechtsabteilung am 2. Juli 1936 an Mr. Eaton, abgedruckt in dessen Broschüre (siehe Anhang).
[126] The Times, 8. April 1937.

Mr. Blakemore arriving with his son, who was a member of the party. On right: Mr. and Mrs. Eaton leaving home for the inquiry.

Secret Inquiry Into Schoolboy Tour Disaster

Abbildung 43: Auf dem Weg zum Untersuchungsausschuss: links Vater und Sohn Blakemore (einer der älteren Überlebenden und der einzige Schüler, der befragt wurde); daneben Jack Eaton mit Frau.

Obwohl einige Eltern und acht Schüler der Untersuchung beiwohnen konnten, wurde nur einer der Schüler (N. F. Blakemore), der Lehrer Kenneth Keast, der Rektor der »Strand School«, Dawe, die beiden Eltern von Jack Alex Eaton, und der Leiter des »School Travel Service«, Mr. Groves, befragt. Zum Unglück gab der Lehrer einen Bericht ab, der sich mit seinen bereits getroffenen Aussagen gegenüber den Zeitungen nach dem Unglück im Wesentlichen deckte:

> Was das Wetter am 17. und 18. April betraf, sind wir nach Deutschland gefahren und erwarteten eine Wanderung in bestem Frühlingswetter.

> Das ist die allgemeine Erwartung für diese Zeit im Schwarzwald. Der Blizzard, der uns traf, wird von allen deutschen Experten als katastrophal und außerhalb jeder Kalkulation beschrieben. Die Dorfbewohner sagten uns, dass so etwas an Wetter in den letzten vierzig Jahren nicht vorgekommen sei. Die Wanderung (Freiburg – Todtnauberg) wird für gewöhnlich als kurze Tageswanderung unternommen. Ich erinnere mich, als wir in Freiburg am Donnerstagnachmittag ankamen, zeigte ich den Jungs den Feldberggipfel und es lag kein Schnee dort oder sonst irgendwo.[127]

Dass Keast dem Unterausschuss nichts von den Warnungen der Einheimischen berichtete, erstaunt nicht. Was verwundert, ist, dass der Unterausschuss trotz vorliegender Dokumente aus Freiburg und ohne sich vor Ort rückzuversichern, zu folgender Entscheidung kam:

> Ein wichtiger Punkt, der sich aus der Untersuchung ergab, war die Frage, ob es nicht besser gewesen wäre, wenn Mr. Keast umgekehrt wäre, nachdem die Wetterbedingungen gefährlich wurden. Nach sorgfältiger Abwägung aller Fakten kamen wir zu der Ansicht, dass wir Mr. Keasts Entscheidung, vorwärts zu gehen, weil es weniger gefährlich war, als zurückzugehen, billigen müssen. Wir empfehlen dennoch, dass die Vorbereitungen für solche Touren sehr sorgfältig überlegt und alle Vorsichtsmaßnahmen getroffen werden müssen, um ein solches Unglück zu verhindern.[128]

Weil »die sorgfältige Abwägung aller Fakten« darin bestand, gegen den Lehrer sprechende Fakten einfach nicht zur Kenntnis zu nehmen, erscheint der »Freispruch« sachlogisch richtig. Erst im Nachhinein machten sich einige Personen Gedanken darüber, ob diese Entscheidung in Hinsicht auf das Handeln des Lehrers richtig war. Stanley Joseph, ein ehemaliger Schüler der »Strand School« und Klassenkamerad vieler Teilnehmer der Tour, sah das später so:

---

[127] ILEA, London, File 1, Teaching Staff Sub-Committee Report 18. Mai 1936, Seite 304.
[128] Ebenda.

Im Nachhinein wissen wir jetzt, dass Keast über unzulängliche Erfahrungen verfügte und die notwendigen Vorsichtsmaßnahmen fehlen ließ. Mein Freund erinnert sich, dass, als Keast zum ersten Mal nach der Tragödie wieder in die Schule kam, dort eine hundertprozentige Unterstützung sowohl unter den Schülern, den anderen Lehrern, der Presse und selbst unter den Eltern der teilnehmenden Schüler (mit Ausnahme von Mr. Eaton) herrschte. Es war auch keine Rede davon, ihn zu kritisieren, im Gegenteil wurde er als Held betrachtet. Bei einer Trauerfeier in der Schule las Keast auch eine der Fürbitten des Gottesdienstes. Danach nahm er seine Aufgaben an der Schule wieder auf und blieb einer der beliebtesten Lehrer der Schule, bis er sie 1937 verließ und an einer anderen Schule unterrichtete. Den einzig wirklichen Ärger, den er hatte, waren die fortgesetzten Attacken von Mr. Eaton, die bis zu seinem Weggang von der Schule anhielten – Belästigungen bis hin zu seiner Wohnung. Mr. Eaton war ein früherer Arbeiter, der es zu einem erfolgreichen Unternehmer im Baugeschäft gebracht hatte. Er war der Meinung, dass das Unterlassen oder Vertuschen einer amtlichen Untersuchung über Keast's Handlungsweisen bei der Expedition von dem überwiegend von Angehörigen der Mittelklasse besetzten Elternbeirat, der Schulleitung und der Schulbehörde gesteuert war. Ihr Brief hat nun gezeigt, dass Mr. Eaton durchaus gerechtfertigte Gründe hatte, dies so zu sehen. Vielleicht wegen seines aggressiven Verhaltens gegenüber dem so überragend populären Mr. Keast wurden seine Gesichtspunkte jedoch nie in Betracht gezogen.[129]

Es ist fatal, dass Vater Eaton im Nachhinein gesehen durchaus recht hatte mit der Forderung, eine umfassende gerichtliche Untersuchung müsse klären, warum sein Sohn und die vier anderen Schüler ums Leben gekommen waren. Dies zu fordern, erschien aber weder den Eltern der anderen toten Schüler noch der Schulleitung der »Strand School« opportun. Letztlich drückte sich der fundamentale Unterschied in der Beurteilung der Geschehnisse zwischen den Eltern der vier anderen tödlich verunglückten Schüler und Mr. Eaton

---

[129] Auszug aus dem Antwortbrief vom Stanley Joseph an mich. Durch Vermittlung des Stadtarchivs Freiburg stand ich im brieflichen Kontakt mit ihm. Herr Joseph hatte viele Schulfreunde an der »Strand School« die auch von Kenneth Keast unterrichtet wurden.

auch darin aus, dass die Eltern eine eigene Gedenktafel (am Eingang der Kirche von Hofsgrund) in Auftrag gaben, im Gegensatz zu Eaton's Gedenkstein. Doch dazu später.

Es konnte inzwischen weitgehend geklärt werden, warum die Entscheidung des Unterausschusses so gefallen ist, wie sie gefallen ist. Der Lehrer hätte in Freiburg wegen seiner Verfehlungen angeklagt werden müssen. Allerdings hatte ihn die Freiburger Staatsanwaltschaft, auf wessen Weisung auch immer, bereits wieder ausreisen lassen, nachdem er durch Oberstaatsanwalt Weiss einmal verhört worden war. Ihn danach wieder in Deutschland zur Rechenschaft zu ziehen, hätte einiger Umstände bedurft, da es sich um einen britischen Staatsbürger handelte und kein Auslieferungsabkommen mit Deutschland existierte. Außerdem gab das britische Außenministerium (Leitung: Anthony Eden[130], der spätere Premierminister nach Winston Churchill) nach der Entscheidung des Unterausschusses zu verstehen, es gäbe kein öffentliches Interesse daran, die Angelegenheit weiter zu verfolgen. Im Archiv des britischen Außenministeriums befindet sich eine Aktennotiz, die nahelegt, dass Anthony Eden persönlich Einfluss darauf genommen hat, dass die Angelegenheit möglichst geräuschlos zu den Akten gelegt werden sollte. Die Aktennotiz lautet:

> Mr. Eden stimmt zu, dass den Anschuldigungen gegen Mr. Keast, wenn überhaupt, kein großer Raum eingeräumt werden sollte.[131]

[130] Eden war von 1935 bis 1938, von 1940 bis 1945 und von 1951 bis 1955 britischer Außenminister. Nachdem er lange als »zweiter Mann« hinter Churchill hatte zurückstehen müssen, wurde er im April 1955 Premierminister des Vereinigten Königreichs.

[131] National Archives, Kew: Death of five british school boys in Black Forest Apr. 1936. ED 121/206; Brief des Chefs der Konsularabteilung Sir Geoffrey Allchin, an das Generalkonsulat Frankfurt, Generalkonsul R. T. Smallbones, vom 30. Mai 1936: »Mr. Eden aggrees, that no great importance, if any, should be given to the present allegations against Mr. Keast.«

Es würde weiterer Nachforschungen in den Archiven bedürfen, um herauszufinden, welche Veranlassung das Foreign Office hatte, seine schützende Hand über den Lehrer zu halten. Auch die Korrespondenz zwischen dem deutschen Reichsjustizministerium und dem britischen Generalkonsulat in Frankfurt könnte darüber Klarheit verschaffen. Vater Eaton hatte in seiner Broschüre zurecht gefordert, dass die Schreiben zwischen den deutschen und englischen Behörden offengelegt werden sollten. Dies ist nicht geschehen. Er hatte sich darüber hinaus die Frage gestellt, warum es geheime Treffen zwischen den überlebenden Schülern, dem Rektor und dem Lehrer gegeben hatte, die nicht an die Öffentlichkeit gelangten. Eaton vermutete, dass den beteiligten Schülern schon in Freiburg ein Schweigegelöbnis von Lehrer Keast abverlangt wurde, aber das ist Spekulation. Noch ominöser ist die Frage, warum die überlebenden Schüler ihr Leben lang über den Verlauf des verhängnisvollen Tages geschwiegen haben. Von Ken Osborne wissen wir durch den Besuch der Nachkommen in Hofsgrund, dass er jede erdenkliche Unterlage über das Unglück gesammelt und abgeheftet hatte. Auch sein Tagebuch der Tage damals hat er bis zu seinem Tode aufgehoben.[132] Dies haben auch andere Schüler getan, wie wir von Donald Hooke, bzw. dessen Nachkommen in Perth/Australien wissen. Aber eine wenn auch späte Anklage gegen ihren Lehrer haben sie nie erhoben, auch nicht ihre Eltern. Warum? War es das abgegebene Gelöbnis, zu schweigen? War es die Scham, es könnte herauskommen, dass sie einige ihrer Kameraden im Schnee liegen ließen, um sich selbst zu retten? Wir wissen es nicht.

[132] Siehe Anhang.

Kapitel 6: Jack Eaton – Ein Vater auf der Suche nach der Wahrheit

Wenn Lehrer Keast geglaubt hatte, mit seiner Rückkehr nach London sei das Unglück am Schauinsland »abgehakt«, weil er die Öffentlichkeit mit seiner Version des Unglücks genügend gefüttert hatte, täuschte er sich gewaltig. Eine Person, die ihm seine Geschichte vom »unvorhersehbaren Naturereignis« nicht geglaubt hatte, verfolgte auch nach dem »Freispruch« des Unterausschusses hartnäckig das Ziel, die Vorgänge des 17. April zu erhellen. Er machte damit die nächsten Jahre zum Alptraum für den Lehrer: John William Eaton, der seinen Sohn Jack Alexander Eaton als eines der fünf Todesopfer am Schauinsland verloren hatte.[133] Das Schicksal des Ehepaars Eaton stellte eine weitere tragische Zuspitzung der Katastrophe am Schauinland dar. Es verlor nicht nur den einzigen Sohn, sondern auch sich selbst. Die Folgen zerrissen buchstäblich die Familie.

Nach der Veröffentlichung des »Guardian« am 7. Juli 2016 meldete sich aufgrund des Zeitungsartikels bei mir Nancy Wheelan, die Enkelin von Jeannette Eaton, der Ehefrau von John William (Jack) Eaton. Mit Hilfe ihrer Unterlagen lässt sich ein Bild davon zeichnen, was der plötzliche Tod von Jack Alexander im blühenden Alter von 14 Jahren in der Familie Eaton ausgelöst hatte. Sein Vater, John William Eaton, geboren am 14. Dezember 1891, entstammte einer Arbeiterfamilie in Tottenham, Middlesex. Sein Vater, Charles Eaton, firmierte damals im Geburtsregister unter »General Labourer«. John (Jack) Eaton hatte als Kind seinen Vater verloren, arbeitete sich aber aus einfachsten Verhältnissen im Verlaufe seines Lebens in die englische Mittelklasse hinauf.

[133] John William Eaton änderte nach dem Unglück seinen Vornamen in Jack um in Erinnerung an seinen Sohn.

Laut Heiratsregister heiratete er am 1. Juni 1918 die 23 Jahre alte Jeanette Michael. Beide gaben als Beruf »Schauspieler (Actor)« bzw. »Schauspielerin (Actress)« an. Am 16. Juni 1921 kam ihr gemeinsames Kind Jack Alexander zur Welt, da waren die beiden bereits von Tottenham in den wohlhabenden Londoner Stadtteil Chelsea gezogen. Am 17. April 1936 kam eben dieser im Alter von nicht ganz 15 Jahren am Schauinsland zu Tode.

DEATHS within the District of the British Consulate General at Frankfort on Main

1	2	3	4	5	6	7	8	9
When and Where Died.	Name and Surname.	Sex.	Age.	Rank or Profession.	Residence at the time of Death.	Signature, Description and Residence of Informant.	When Registered.	Signature of Consular Officer.
Seventeenth of April 1936 near Schauinsland Baden	Jack Alexander ~~Alexander Jack~~ EATON	Male	14 ~~15~~	Scholar British subject by birth	Freiburg Baden	Letter from General Commissioner of Gendarmeriebezirk Freiburg dated 18th April 1936	Twenty First April 1936	Robert T. Smallbones H. B. M. Consul General

I, A. E. Dowden Esq., Acting, British Consul General at Frankfort on Main do hereby certify, That this is a true copy of the Entry of the Death of Jack Alexander EATON, No. 65 in the Register Book of Deaths kept at this British Consulate General, Frankfort/M. Witness my Hand and Seal, this Fourth day of June 1936.

Acting British Consul General.

Abbildung 44: Sterbeurkunde Jack Alexander Eaton.

Abbildung 45: Jugendbild Jack Alexander Eaton im Belsize Boxing Club.

Abbildung 46: John William Eaton, der Vater.

Abbildung 47: Jeannette Eaton, die Mutter. Deutlich zu sehen ist das Medaillon mit dem Portrait ihres toten Sohnes.

Jack Alexander Eaton war ein aufgeweckter, sehr sportlicher Junge und als Boxchampion der ganze Stolz der Familie. Beide Eltern konnten den Verlust ihres einzigen Kindes schwer überwinden. Eaton war inzwischen Unternehmer geworden, Direktor der »Acme Steel Strapping Co. Ltd.« und hatte von daher auch die finanziellen Ressourcen (im Unterschied zu den Eltern der anderen vier tödlich verunglückten Schüler) der Sache auf den Grund zu gehen. Er flog bereits am Samstag, 18. April 1936, mit Hilfe von Freunden aus der Freimaurer-Gilde in einem Privatflugzeug nach Köln und reiste mit der Bahn weiter nach Freiburg. Dort begann er seine Untersuchungen über das Unglück »auf eigene Faust«. Er lief den letzten Weg ab, den sein Sohn gegangen war, sprach mit dem Herbergsvater Hermann Reichert, Frau Susanna Trenkle von St. Valentin und den Rettern von Hofsgrund. Auch die überlebenden Schüler vor Ort befragte er. Sein erstes Fazit war, dass er nicht ruhen werde, bis eine vollständige öffentliche Untersuchung eingeleitet sei[134], weil er den Aussagen des Lehrers in den englischen Zeitungen keinen Glauben schenkte. Seine Vorwürfe wurden zunächst durch einen Brief seines Rechtsanwaltes vom 2. Mai 1936 an den englischen Generalkonsul in Frankfurt mit Kopie an die Staatsanwaltschaft in Freiburg zusammengefasst. Mr. Eaton wies hier insbesondere darauf hin, dass in Freiburg keinerlei Zeugenbefragung stattgefunden habe und dass die Gruppe mehrmals gewarnt worden sei, weiterzugehen. In einem Statement, das er, datiert vom 4. Mai 1936, dem Untersuchungsausschuss des »London County Council (LCC)« als Vorbereitung zu dessen Sitzung am 16. und 17. Mai vorlegte, erhob Vater Eaton schwere Vorwürfe gegen den Lehrer, aber auch gegen die älteren Schüler, sie hätten u. a. seinen Sohn retten können, dies aber aufgrund ihrer eigenen Flucht nicht getan:

> In erster Linie beschuldige ich Mr. Keast wegen des Verlusts meines Sohnes und seiner Freunde, weil er sie in eine Gefahrenzone hineingeführt hat, welche örtliche Leute in dieser Jahreszeit niemals betreten würden. Ich beschuldige ihn auch, dass er offensichtlich die Kontrolle über die Gruppe verloren hat, obwohl sie unter seiner Aufsicht stand. (…) Die älteren Jugendlichen (mit 4 Ausnahmen) re-

[134] Daily Express, 11. Juni 1936.

agierten nicht auf die Aufforderung von Mr. Keast und wohl auch einiger anderer Jungs, sofort zu ihren weniger glücklichen Kameraden zurückzukehren, nachdem sie die Kirchenglocken gehört hatten und diese Jungs bewiesen durch ihre Flucht, dass sie Feiglinge ersten Grades waren, und der größte Feigling der ganzen Bande auf der wilden Flucht war niemand anders als ihr Lieblingsschüler Mortifee, Herr Keast. (…) Ich habe durch Gespräche mit den Jugendlichen vor Ort (in Freiburg) die Information, dass Mr. Keast sich zurückfallen ließ, um Bourdillon zu helfen und kaum hatte er den älteren Jungs den Rücken zugekehrt, beschlossen diese, mit Ausnahme von Clarke, Harrison, Jacob und Petty, um ihren eigenen Ausdruck zu benutzen, sich zu »verpissen«.[135] In diesem Moment war Mortifee noch bestrebt, meinem Jungen zu helfen, aber sobald ihm bekannt war, dass das Dorf so nahe war, ließ er meinen Sohn zurück und ihn im Schnee sterben, während er sich mit dem Rest der Feiglinge in Sicherheit brachte. (…) Verflucht sollt ihr sein, sage ich, tausendmal verflucht ihr zwei Älteren, und verflucht seien die Feiglinge, die ihr deckt.[136]

Nachdem Vater Eaton mit den Rettern von Hofsgrund persönlich vor Ort gesprochen hatte, lag für ihn auch der Schluss nahe, warum sein Sohn als einer der kräftigsten Jugendlichen zuerst zusammenbrach: Jack Alex Eaton trug offenbar fünf Rucksäcke allein, bis er zusammenbrach. Nachzuprüfen ist diese Vermutung Eatons nicht.[137] Alle seine Vorwürfe gegenüber dem Lehrer hat Eaton später in einer Broschüre zusammengefasst, die er in London verteilen ließ.[138]

Am 2. Juni 1936, vierzehn Tage nachdem der Unterausschuss den Lehrer für sein Verhalten gelobt und nicht verurteilt hatte, kehrte er nochmals nach Freiburg zurück und traf sich mit Oberstaatsanwalt Dr. Weiss, um von ihm Auskünfte über das Ergebnis der Erhebungen zum Tod seines Sohnes zu erhalten.

---

[135] Im Original »scrammed«.

[136] Brief Eaton vom 4. Mai 1936, vorgelegt dem Staff Sub-Committee of Education, Privatarchiv Nancy Wheelan.

[137] Eaton hatte das von den Hofsgrunder Rettern erfahren, weil diese sich gewundert hatten, dass bei Jack Alex Eaton fünf Rucksäcke lagen.

[138] Anhang 3. Ein Exemplar der Broschüre befindet sich bei den Akten im Staatsarchiv.

An einem Punkt waren sich die beiden einig: Weder Eatons eigene Recherche noch die Erhebungen von Eugen Weiss waren der Entscheidung zugrunde gelegt worden. Es hatten allein die Zeugenaussage des Lehrers und eines Schülers gezählt. Der Unterausschuss des »London County Council« hatte lediglich die Empfehlung ausgesprochen, dass künftighin solche Schulveranstaltungen besser geplant werden müssten, vor allem hinsichtlich der Zahl von Begleitpersonen.
Diese Entscheidung hielt Vater Eaton nicht davon ab, weiter in England und Deutschland auf ein Strafverfahren gegen den Lehrer wegen »fahrlässiger Tötung« zu drängen. Er ließ öffentlich Plakate aufstellen, in denen er ein ordentliches Gerichtsverfahren gegen den Lehrer forderte. Er ließ das Plakat auch als Postkarte vervielfältigen und sandte die Postkarten unter anderem an Mitglieder des englischen Parlaments mit den Worten:

> Von einem Kriegsveteranen zum anderen beschwöre ich sie, dafür zu sorgen, dass Gerechtigkeit geübt wird. Keast ist ein Krimineller und sollte als solcher behandelt werden.[139]

Abbildung 48: Plakat von Eaton mit der Forderung nach einem Gerichtsverfahren gegen den Lehrer: »Die Schwarzwaldtragödie – Ich klage Keast wegen des Todes meines Sohnes an.«

[139] Postkarte an den Right Honourable Oliver Stanley, Member of Parliament and President of the Board of Trade and Board of Education vom 24. Dezember 1936, Privatarchiv Nancy Wheelan.

Sein Besuch in Freiburg war der Versuch, das Verfahren in Deutschland voranzutreiben. Für Eugen Weiss hatte er eine »gute Nachricht« dabei. Im Juni 1936 war Eaton bekannt geworden, dass Lehrer Keast im Winter 1936 einen weiteren Schulausflug zum Skifahren in den österreichischen Alpen[140] plante, worüber Eaton jetzt den Oberstaatsanwalt in Freiburg informierte.

Was tun? Es lag durchaus im Interesse des Freiburger Oberstaatsanwaltes, die Sache weiterzuverfolgen, aber mit aller Vorsicht. Deshalb fragte er nach Eatons Besuch bei der Generalstaatsanwaltschaft in Karlsruhe und beim Reichsministerium der Justiz in Berlin nach, was weiter geschehen solle, denn das Ermittlungsverfahren wegen fahrlässiger Tötung der fünf Schüler war in Freiburg »schwebend« gehalten worden, weil sich Keast in England aufhielt.

> Nach Angaben des Herrn Eaton soll der Lehrer Keast die Absicht geäußert haben, in absehbarer Zeit wieder mit einer Schülergruppe eine Wanderung in Deutschland zu machen, sodass bei Betreten desselben auf deutschem Reichsgebiet die Notwendigkeit gegeben wäre, gegen ihn das Verfahren wieder aufzunehmen und auch möglicherweise Haftbefehl zu beantragen. Ich würde das deshalb nicht für erwünscht halten, weil dann die Anklage und voraussichtlich auch das Urteil des deutschen Gerichts sich in Gegensatz setzen würde zu der Auffassung der beteiligten englischen Schulbehörde und der Untersuchungskommission des Stadtrates von London und in dem Verfahren selbst der Lehrer sich wohl auf das Zeugnis einer größeren Anzahl seiner Schüler berufen würde, deren Vernehmung zum mindesten mit großen Umständen und auch Kosten verbunden wäre. Wenn es deshalb dem Herrn Eaton nicht gelingt, bei der zuständigen englischen Behörde die Einleitung eines Strafverfahrens gegen den Lehrer Keast in London durchzusetzen, so wäre die Frage aufzuwerfen, ob es nicht besser wäre, bei der englischen Regierung die Übernahme des hier anhängig gemachten Verfahrens doch

140 Vermutlich nach Alpbach in Tirol.

> zu beantragen, um damit die Notwendigkeit auszuschließen, gegen den Lehrer das Verfahren in Freiburg durchzuführen.[141]

Mit seiner Mitteilung, Keast plane noch im selben Jahr des Unglücks eine weitere Reise durch Deutschland nach Tirol, hatte Jack Eaton die deutschen Behörden in eine ziemliche Zwickmühle gebracht. Das »schwebende Verfahren« wäre beim Grenzübertritt von Keast nicht mehr zu halten gewesen, andererseits hatte das Foreign Office intern klargestellt, an der Weiterverfolgung des Falles kein Interesse zu haben. Der Fall war plötzlich zu einer außenpolitischen Belastung der Beziehungen geworden, die weder von der englischen noch von der deutschen Seite erwünscht war.
Was war zu tun?
Am selben Tag schrieb Oberstaatsanwalt Weiss an Eaton postwendend zurück:

> Ich ersuche um Mitteilung, ob es ihren Bemühungen gelingt, bei der zuständigen Behörde in London die Einleitung eines Verfahrens gegen den Lehrer Keast unter der Beschuldigung der fahrlässigen Tötung durchzusetzen.[142]

Damit wollte Weiss den Fall wieder auf die englische Seite schieben: Sollte es Eaton gelingen, ein Gerichtsverfahren in England gegen Keast anzustrengen, wäre die deutsche Seite aus dem Schneider gewesen. Diesem Zweck scheint auch die Tatsache gedient zu haben, dass er seinen zwanzigseitigen Bericht vom 30. April am 12. Juni 1936 an den Schriftleiter der Zeitung »Daily Express« in Berlin weitergab, mit der Bitte, dieses Schreiben als vertrauliche Mitteilung zu behandeln; für eine Veröffentlichung im Wortlaut sei dieser Bericht nicht bestimmt.[143] Dass Herr Vaughan-

---

[141] StAF, A 40/1 Nr. 398, 1 JS. 235/36 vom 8. Juni 1936. Schreiben an das Reichsjustizministerium.

[142] StAF, A 40/1 Nr. 398, 1 JS. 235/36 vom 8. Juni 1936. Brief an Herrn J. A. Eaton.

[143] StAF, A 40/1 Nr. 398, 2 AR.48/36 vom 12. Juni an den Schriftleiter des »Daily Express« in Berlin. 1 JS. 235/36.

Jones, der Schriftleiter des »Daily Express«, diesen Bericht persönlich in Freiburg abgeholt hat, wie ein Aktenvermerk ausweist, zeigt, dass der »Fall Keast« jetzt immer größere Kreise nach sich zog. Dass ein deutscher Oberstaatsanwalt der englischen Presse freiwillig Unterlagen übergab, um den Druck für ein Gerichtsverfahren dort zu erhöhen, ist ein sehr außergewöhnlicher Schritt, zeigte aber, dass Eugen Weiss durchaus Interesse an einem Verfahren gegen Keast hatte, aber eben nicht auf deutschem Boden. Am 18. Juni 1936 nahm die Karlsruher Generalstaatsanwaltschaft zu dem Vorgang Stellung und gab diese sowohl dem Reichsjustizministerium in Berlin als auch Oberstaatsanwalt Weiss in Freiburg zur Kenntnis:

> Meines Erachtens besteht auch jetzt kein Anlass, bei der englischen Regierung die Übernahme des Strafverfahrens gegen den Lehrer Keast zu beantragen. Wenn der Oberstaatsanwalt (...) das Ermittlungsverfahren ohne Fahndungsmaßnahmen vorläufig einstellt, wird er wohl gar nicht mehr in die Lage kommen, das Verfahren wieder aufnehmen zu müssen. Selbst wenn der Beschuldigte wieder nach Deutschland kommt, wird er von seiner Anwesenheit aller Voraussicht nach gar nichts erfahren. Keinesfalls besteht Anlass zur Beantragung eines Haftbefehls. Meines Erachtens nach kann man die weiteren Maßnahmen ruhig der Zukunft überlassen. Die Erhebung einer Anklage in Freiburg würde jedenfalls die Vernehmung sämtlicher englischer Schüler zur Voraussetzung haben. Die könnte aber nur auf diplomatischem Wege herbeigeführt werden. Wären die Angaben der Schüler nun so belastend, dass der deutsche Oberstaatsanwalt gezwungen wäre, Anklage zu erheben, wenn der Beschuldigte noch auf deutschem Boden wäre, dann bekäme die englische Strafverfolgungsbehörde sicherlich durch Vermittlung des Foreign Office Kenntnis von dem Sachverhalt. Sie würde deshalb wohl von sich aus aufgrund des dann in England vorliegenden Aktenmaterials das Verfahren gegen den Beschuldigten einleiten. Würden die Schüler aber den Beschuldigten entlasten und würde man in England aus diesem oder einem anderen Grunde keinen Anlass zur Einleitung eines Strafverfahrens gegen Lehrer Keast nehmen, dann bestünde auch deutscherseits kein Grund zur Durchführung des Verfahrens. Sollte die Einstellung des Verfahrens nicht materialrechtlich begründet werden

können, so könnte die Durchführung des Verfahrens allemal wegen der prozessrechtlichen Schwierigkeiten unterbleiben.[144]

Am 27. Juni 1936 meldete sich der Generalstaatsanwalt in Karlsruhe nochmals zu Wort und ersuchte die Freiburger Staatsanwaltschaft im Auftrag des Reichsjustizministeriums offiziell, das Ermittlungsverfahren gegen Keast einzustellen:

> Einer Veröffentlichung der ›Times‹ ist zu entnehmen, dass der Lehrer Keast nach dem an den Erziehungsausschuß des Stadtrats in London erstatteten Bericht angegeben hat: auf dem Boden sei wohl Schnee gelegen, aber nichtsdestoweniger sei man in einem Wirtshaus in der Meinung gewesen, dass der Schnee keine Schwierigkeiten bieten würde. Die Angabe, dass Keast mit seinen Schülern während des Schneefalles in einer Wirtschaft[145] eingekehrt sei, erscheint mir neu. Weitere Nachforschungen scheinen mir gleichwohl nicht geboten zu sein. Denn der Herr Reichsminister der Justiz hat die Einstellung des Verfahrens durch folgenden Satz gebilligt: Ihrer Auffassung, dass der Oberstaatsanwalt in Freiburg das Verfahren gemäß § 205 StPO ohne Fahndungsmaßnahmen einstellen kann, trete ich bei.[146]

Am 4. Juli 1936 teilte folgerichtig der Oberstaatsanwalt in Freiburg dem Generalstaatsanwalt in Karlsruhe und dem Reichsjustizministerium Berlin mit, dass das Verfahren gegen Keast eingestellt wurde,

> da der Fortsetzung des Verfahrens die Abwesenheit des Beschuldigten entgegensteht, derselbe englischer Staatangehöriger ist, in London wohnt und sich außerhalb des Reichsgebiets aufhält.[147]

Diese Meldung ging auch an das britische Generalkonsulat in Frankfurt. Damit schien der Vorgang von der deutschen Seite aus abgeschlossen, aber keineswegs für Vater Eaton.

---

[144] StAF, A 40/1 Nr. 398, VIII F 29/36 vom 18. Juni 1936 (Generalstaatsanwalt Karlsruhe an Staatsanwaltschaft Freiburg).

[145] Gemeint ist das Treffen zwischen Keast und Susanna Trenkle in St. Valentin.

[146] StAF, A 40/1 Nr. 398, F 29/38 vom 27. Juni 1936 (Generalstaatsanwalt Karlsruhe an Staatsanwaltschaft Freiburg).

[147] StAF, A 40/1 Nr. 398, 2 AR. 48/36 vom 4. Juli 1936.

Er übergab nun nicht nur seine »Anklageschrift«[148] an Dr. Weiss in Freiburg, sondern intensivierte auch in England seine Bemühungen um ein Gerichtsverfahren mit drastischen Mitteln. So passte er u. a. den Lehrer vor der Eingangstür der »Strand School« ab und kündigte ihm an, er werde unter allen Umständen verhindern, dass weitere Ausflüge mit ihm stattfinden. Aber auch die »Strand School« selbst war Eatons Hassobjekt: Peter Tyreman, ein früherer Schüler der »Strand School« und Kamerad der verunglückten Schüler, erinnerte sich in einem Brief auch 80 Jahre später daran, wie Eaton ihn auf dem Schulweg ansprach und ihn befragte, warum er die Schuluniform einer Schule trage, die seinen Sohn getötet habe.[149]
Am 18. November 1936 unternahm Eaton einen weiteren Versuch, ein Verfahren in Deutschland zu erreichen. Mit Schreiben an Eugen Weiss[150] setzte er ihn davon in Kenntnis, dass Keast beabsichtige, voraussichtlich an Weihnachten 1936 mit Schülern nach Tirol zu fahren. Da er hierbei deutschen Boden betrete, forderte er den Oberstaatsanwalt auf, das Strafverfahren gegen ihn weiterzuführen, bzw. ihn beim Überschreiten der Reichsgrenze festnehmen zu lassen, obwohl er wusste, dass das Verfahren in Deutschland eingestellt worden war. Er bot an, dabei zu sein, wenn Keast auf deutschem Boden festgenommen würde und wäre auch bereit, vor einem deutschen Gericht, egal, wo auf dem Wege nach Tirol, Zeugenschaft gegen ihn abzulegen. Die Kosten für dieses Verfahren, auch für die Herbeischaffung aller notwendigen Zeugen, würde er aus eigener Tasche bezahlen. Dieses Schreiben ging zeitgleich an den britischen Botschaf-

---

[148] Anhang 3.

[149] In einem Brief an Kate Connolly nach der Veröffentlichung des »Guardian«-Artikels.

[150] StAF, A 40/1 Nr. 398, 1 Js. 235/36 vom 21. November 1936 und Originalbrief Eatons an Dr. Weiss vom 21. November 1936.

ter in Deutschland, Sir Eric Phipps.[151] Sollte dieser nicht reagieren, so kündigte Eaton in dem Schreiben an, wäre sein nächster Schritt, den englischen König Edward VIII. einzuschalten.[152]

Damit hatte Vater Eaton die Zwickmühle wieder zurück nach Deutschland geschoben. Eugen Weiss reagierte mit einem Schreiben an die Generalstaatsanwaltschaft in Karlsruhe und bat um Anweisung, wie er auf Eaton's Ansinnen reagieren sollte:

> Ob Keast auf dieser Fahrt nach Tirol wirklich durch Deutschland kommt und nicht über Frankreich und durch die Schweiz fährt, steht zunächst noch nicht fest. Wenn wirklich der Beschuldigte von seiner Schulbehörde und den Eltern wieder Schüler zu einer solchen Fahrt anvertraut bekommt, so geht doch daraus hervor, dass die öffentliche Meinung ihn – nach meiner Ansicht in Unkenntnis der wirklichen Sachlage – nicht für schuldig hält an dem Tod der fünf englischen Schüler auf dem Schauinsland am 17./18. April 1936. Es besteht deshalb umso weniger Anlass, jetzt gegen ihn Haftbefehl zu erwirken und ihn bei Betreten deutschen Bodens festnehmen zu lassen, um dann wegen fünf Engländern ein voraussichtlich kostspieliges und in seiner Wirkung auf die englische Öffentlichkeit unerquickliches Strafverfahren durchzuführen, bei welchem aller Voraussicht nach die als Zeugen in Betracht kommenden älteren Schüler der damaligen Reisegesellschaft für ihren Lehrer eintreten und ihn zu entlasten versuchen werden. Ich beabsichtige deshalb dem Anzeiger Eaton zu erwidern, dass ich von einer Verhaftung des Keast bei gelegentlichem Betreten deutschen Bodens und einer Durchführung des Strafverfahrens absehe, nachdem die zuständigen englischen Behörden es abgelehnt

---

[151] Ebenda.

[152] Dies gelang nicht. Edward VIII. (1894 – 1972) war nach dem Tod seines Vaters George V. im Januar 1936 zehn Monate lang König von Großbritannien und Nordirland. Um Wallis Simpson, seine Geliebte, heiraten zu können, dankte Eduard am 11. Dezember 1936 aufgrund massiven Druckes seitens des britischen Parlaments ab, weil es offiziell nicht möglich war, dass der britische Souverän als Oberhaupt der anglikanischen Kirche eine geschiedene Frau heiraten konnte. Er trug danach den Titel »Duke of Windsor«, der ihm von seinem Bruder, König Georg VI., direkt nach der Abdankung verliehen wurde.

> haben, auf Grund der ihnen mitgeteilten Ergebnisse der hiesigen Erhebungen gegen ihn vorzugehen.[153]

Vater Eaton ließ aber nicht locker. Um seine Absichten rechtlich aufrechtzuerhalten, unternahm er einen weiteren Schritt. Er beauftragte den Rechtsanwalt Dr. Tilly in Köln mit der Vertretung seiner Interessen in Deutschland. Dieser schrieb am 2. Dezember 1936 an Oberstaatsanwalt Weiss:

> Ich teile mit, dass der Beschuldigte am 26. oder 27. Dezember in Deutschland sein wird und zwar in Köln. Ich bitte um gefällige Unterrichtung, ob die Staatsanwaltschaft beabsichtigt, den Beschuldigten zur Durchführung des Strafverfahrens festzuhalten. Herr Eaton wird alsdann rechtzeitig Tag, Stunde und Ort mitteilen, wo Keast zu fassen ist. Er wird sich auch selbst den Beamten zur Verfügung stellen, um ihn zu identifizieren. Keast wird wieder eine Reihe von Schülern zu einer Skiwanderung nach Tirol führen. In England konnte ein Verfahren gegen ihn nicht zur Durchführung gelangen.[154]

Aber zu diesem Zeitpunkt, Anfang Dezember 1936, waren die diplomatischen Würfel in Sachen Keast zwischen dem Reichsjustizministerium und dem Foreign Office bereits gefallen. Man hatte sich hinter den Kulissen darauf geeinigt, Keast einfach nicht reisen zu lassen, um die Affäre »elegant« aus der Welt zu schaffen. Am 30. November 1936 teilte die Generalstaatsanwaltschaft Karlsruhe Eugen Weiss folgendes mit:

> Ich rechne nicht damit, dass der Beschuldigte Keast nach Tirol über deutsches Gebiet reisen wird, nachdem der Reichsminister der Justiz das Auswärtige Amt gebeten hat, die britische Regierung in geeigneter Weise davon zu unterrichten, dass eine Reise des Keast nach Deutschland unerwünschte Folgen oder Zwischenfälle nach sich ziehen könnte.[155]

---

[153] StAF, A 40/1 Nr. 398, 1 JS. 235/36. Schreiben von Dr. Weiss an die Generalstaatsanwaltschaft Karlsruhe vom 21. November 1936.

[154] StAF, A 40/1 Nr. 398, Brief Dr. Tilly vom 2. Dezember 1936 an Dr. Weiss.

[155] StAF, A 40/1 Nr. 398, Brief des Generalstaatsanwalts Karlsruhe an Oberstaatsanwalt Dr. Weiss vom 30. November 1936.

Emil Brettle,[156] der Generalstaatsanwalt, wies den Oberstaatsanwalt an, Eaton folgende Antwort zu geben: Falls der Lehrer deutschen Boden betreten sollte, werde das Verfahren gegen ihn wegen fahrlässiger Tötung fortgesetzt, wobei die Frage der Durchführung des Verfahrens völlig offen bleiben sollte. Man sehe von einer Verhaftung des Lehrers ab. Eine Begründung dafür sei Eaton nicht zu geben. Und tatsächlich konnten die deutschen und englischen Behörden den Vorhang damit schließen: Aufgrund der Intervention des Foreign Office untersagten die Schulbehörden trotz ihres »Freispruchs« vom 15. und 16. Mai dem Lehrer, außerunterrichtliche Veranstaltungen in England oder im Ausland durchzuführen.
Eaton hatte dadurch einen kleinen Erfolg zu verzeichnen und der Lehrer Keast wusste genau, wem er dieses Verbot zu verdanken hatte. In einem Brief an Mary Beaumont Medd,[157] Keast's Freundin zu jener Zeit, beklagte er sich darüber, wie sein Vorgesetzter bei der Schulbehörde, Education Officer Rich, ihm klipp und klar zu verstehen gegeben habe, dass er keine Gruppen mehr bei außerunterrichtlichen Veranstaltungen führen dürfe. Hier die Übersetzung von Ausschnitten des Briefes an Frau Medd, der das ganze Ausmaß der Auseinandersetzung zwischen dem Lehrer und dem Vater Eaton widerspiegelt und zeigt, wie tief auch der Hass des Lehrers auf den unaufhörlich nach Gerechtigkeit für seinen Sohn suchenden Vater Eaton ging.

---

[156] Emil Brettle (* 5. Dezember 1877 in Schatthausen; † Sommer 1945 im Lager Treysa, Schwalmstadt) war Oberreichsanwalt des Deutschen Reichs im Nationalsozialismus. Im August 1933 wurde er endgültig zum Generalstaatsanwalt bestellt.

[157] Mary Beaumont Medd (1907–2005) war später eine bekannte Schularchitektin. Keast kannte sie von der Privatschule Bedales.

2, Montana Road, Upper Tooting, London SW 17

3. Dezember 1936

Meine liebe Mary,

ich bin in einer abscheulichen Stimmung und Niedergeschlagenheit seit letztem Dienstag. (…) Mr. Rich, der Education Officer hat mich am Dienstag abgekanzelt und ganz offen und unverhüllt erklärt, er könne mir nur sehr nachdrücklich empfehlen, mit keinen Schülern der Schule auch nur irgendwo außerhalb der Schule hinzugehen, schon gar nicht ins Ausland. Ich habe ihm meine überzeugenden Argumente dagegen vorgebracht, aber er meinte, er habe keine Zeit, sich das anzuhören und nichts könne ihn von dieser Meinung abbringen. Er erwähnte noch beiläufig, dass auch Mrs. Lowe, die Vorsitzende des Unterausschusses, die ich damals im Mai sehr respektiert habe, dieser Meinung sei. Ich tat dann etwas sehr Feiges: Ich habe den ganzen Trip abgesagt. (…) Ich weiß nicht, wie ich den nächsten Krieg, so er kommen sollte, überstehen kann. (…) Ich habe den Eindruck, dass ich, die Schule und der LCC komplett beherrscht werden von diesem Mann genauso wie die Regierung vom Gangstertum Mussolinis vor einem Jahr beherrscht wurde. (…) Sollte ich an diesem Wochenende wieder von Eaton aufgesucht werden, denn das Wochenende scheint seine Zeit zu sein, werde ich ihn wohl zusammenschlagen und ich glaube, wenn ich ihn umbringen würde, wäre das das beste Ende dieses miserablen Geschäfts.[158]

Vater Eaton ließ nichts unversucht, ihn immer wieder an den 17. April 1936 zu erinnern. Am sechzehnten Geburtstag seines tödlich verunglückten Sohnes wurde Eaton am 16. Juni 1937 zu der Polizeiwache Südwest in London gebracht, weil er, versehen mit einem schwarzen Armband, versucht hatte, einen Trauerkranz an der Türschwelle von Kenneth Keast abzulegen, dabei Beleidigungen ausstieß und über die Straße brüllte: »Mein Sohn ist ermordet worden.« Vor Gericht gebracht wegen »antisozialen Verhaltens« erklärte Eaton, die Familie habe ihr Haus am Clapham Park aufgegeben, weil es voller Erinnerungen an den Sohn sei und sie diese nicht mehr ertragen konnten. Auch wollten

[158] Institute of Education University of London, Ref. No. ME/A/8/4 Title: Ken Keast – Correspondence Date 24 Apr 1936–1998.

sie näher am Friedhof von »Streatham Park« wohnen, wo ihr Sohn begraben sei.[159] Für sein »antisoziales Verhalten« wurde er von einem Londoner Gericht zu einer Geldstrafe verurteilt, was ihn nicht hinderte, den Lehrer Keast weiter zu verfolgen, zum Beispiel mit Verfolgungsfahrten per Auto. Auf dem Streatham-Friedhof hatte der Vater am Grab des Sohnes ein lebensgroßes Portrait von ihm in Stein aufstellen lassen. Aber auch ihr neues Heim in »Crown Lane Gardens« verwandelte sich schnell in einen Totenschrein, der mit Urkunden, Fotos, seiner Cricket-Ausrüstung und den Boxhandschuhen ausgeschmückt war.

Eaton blieb bis zu seinem Tode ein einsamer, beharrlicher Rufer nach Gerechtigkeit. Er starb am 23. Februar 1963 im Royal Masonic Hospital Hammersmith in London, ohne dass der tragische Tod seines Sohnes juristisch aufgearbeitet worden war. Er war bis zu Kriegsbeginn 1939 jedes Jahr nach Hofsgrund zurückgekehrt. Es gelang ihm dort, einen Gedenkstein für seinen Sohn an der Stelle, an der er tot aufgefunden wurde, aufrichten zu lassen, aber nicht mit der Inschrift, die er dafür vorgesehen hatte (siehe Kapitel 9). Vater Eaton hat für seine Suche nach Gerechtigkeit mit dem Verlust seiner Ehe und Familie einen hohen Preis bezahlt: Am 19. Juli 1949 reichte Jeannette Eaton die Scheidung von einem Mann ein, mit dem sie immerhin 31 Jahre lang verheiratet war.

---

[159] Daily Express, 23. Juni 1937.

Kapitel 7: Der Lehrer setzt seine Schulkarriere fort

Im Frühjahr des Jahres 1937 war Keast am Rande eines Nervenzusammenbruchs aufgrund der Nachstellungen Jack Eatons. Er stellte den Antrag, als Austauschlehrer nach Frankreich zu gehen, um der beständigen Konfrontation auszuweichen.[160] Als dieser seitens der Schulbehörde abgelehnt wurde, verließ er die »Strand School« und ging 1937 zur Privatschule Bedales.[161] Sein Grund, den staatlichen Schuldienst zu verlassen, dürfte einerseits im Verbot der Schulbehörde, außerunterrichtliche Veranstaltungen durchzuführen, andererseits in der Auseinandersetzung mit Jack Eaton zu suchen sein. Seine Schulkarriere wurde durch diesen Schritt nicht behindert: An drei berühmten Privatschulen unterrichtete er danach: Von 1937 bis 1947 war er Lehrer an der Privatschule Bedales, wo er zum Abteilungsleiter für »Moderne Sprachen« avancierte. Von 1947 bis 1956 unterrichtete er dann an einer weiteren Privatschule, Frensham Heights in Farnham, Surrey. Hier wurde er Rektor, verließ die Schule aber fluchtartig nach Anschuldigungen von Eltern wegen des Verdachts auf Missbrauch Minderjähriger. Von 1956 bis 1969 unterrichtete er am Marlborough College in Marlborough, Wiltshire. Mit seinem Bruder Alan R. Keast schrieb er 1964 ein Lehrwerk für Deutsch an englischen Schulen mit dem Titel: »Dorf in Tirol« (Drei Bände).

---

[160] Institute of Education, University of London: Application for full time exchange post France, S.I.R. 37A/1937.

[161] Bedales ist eine 1893 gegründete »Independent School« in Petersville, Hampshire.

Abbildung 49: Kenneth Keast im Jahre 1963 im Kreis der Kollegen von Marlborough College (2. von rechts, hinterste Reihe).

1942 hatte Keast in London Diana P. Harman geheiratet. Diana Harman (Jahrgang 1920) war die jüngste Tochter von Martin Coles Harman, der 1925 die im Bristol Channel gelegene Insel Lundy gekauft hatte. Keast muss hier öfters zu Besuch gewesen sein, denn aus Diana Keasts Beitrag im Buch »The Harman Family's Lundy 1925–1969« geht hervor, dass er eine Verbindung zwischen Lundy und dem Tiroler Dorf Alpbach unterhielt, das er vom Skifahren in den 1920er und 1930er Jahren her kannte:

> Ken war ein Pionier des Skifahrens in Alpbach in den 1920er und 30er Jahren und als Resultat der vielen Freundschaften, die er dort schloss, brachte er einige Alpbacher nach Lundy für Sommerarbeiten wie Landwirtschaft, Barbetrieb, Strandpflege. Die Alpbacher waren unkomplizierte biertrinkende Männer, die uns eine großartige Zeit bescherten, wenn wir im Winter zu ihnen zurückkehrten.[162]

Über Keast's Verhalten als Lehrer an den drei Privatschulen erreichten Kate Connolly zahlreiche Leserbriefe von ehemaligen Kollegen und Schülern nach der Veröffentlichung ihres längeren Textes in der Zeitung »The Guardian«[163] im Juli 2016. Hier einige Auszüge stellvertretend für mehr als 300 Kommentare zum Artikel von Kate Connolly:

> Ich habe eine klare Erinnerung an den Lehrer Kenneth Keast, der mich von 1961 bis 1964 unterrichtete. Im System Marlborough hatten wir immer zwei Lehrer in Deutsch. (...) Ich erinnere mich an KK als steif, formell und distanziert. (...) Er fuhr einen Rolls Royce, der zu seinem Gehabe, seinem elitären Anspruch an die Welt, passte. Er nahm mich und andere Jungs in seinem Rolls Royce zu einem deutschen Vorlesewettbewerb in Bristol mit. Seither saß ich nie wieder in einem solchen.[164]

Die meisten ehemaligen Schüler/innen, die Leserbriefe an den »Guardian« geschrieben haben, erwähnten diesen Rolls

---

[162] Keast, Diana (2015): The Harman Family's Lundy 1925–1969, S. 55 ff.
[163] Kate Connolly: The fatal hike that became a Nazi propaganda coup, The Guardian, 6. Juli 2016.
[164] Leserbrief von J. G. an Kate Connolly, Juli 2016.

Royce, in dem sie Keast öfters mitnahm. Aber sie erinnerten sich nicht nur an das Auto: Sie berichteten auch, dass Keast an den jeweiligen Schulen, vor allem als Rektor von Frensham Heights, sexueller Missbrauch mit minderjährigen Schülerinnen vorgeworfen wurde. Dies ist zumindest im Fall von Hannah Gavron durch das Buch ihres Sohnes aus dem Jahre 2015 dokumentiert.[165] Jeremy Gavron ging der Frage nach, warum seine Mutter am 14. Dezember 1965 in ihrer Londoner Wohnung Suizid beging, als er vier Jahre alt war. Bei seiner Suche nach den möglichen Ursachen stieß er auf Briefe seiner Mutter, die diese während ihrer Schulzeit in Frensham Heights an Freundinnen geschrieben hatte und in denen ihr sexuelles Verhältnis mit dem damaligen Rektor der Schule zur Sprache kam. Jeremy Gavron nennt diesen Rektor »Headmaster K.« und wusste zum Zeitpunkt der Veröffentlichung seines Buches nicht, dass es dieselbe Person ist, mit der wir in diesem Buch zu tun haben: Headmaster K. war Kenneth Keast. Hier ein Auszug aus seinem Buch, ein Gespräch mit einer Schulfreundin seiner Mutter über die Zeit von Hannah Gavron in Frensham Heights:

> Ich glaube, sie war fasziniert von K.(enneth), aber gleichzeitig auch verwirrt. (…) Ich denke, sie war 14 Jahre alt, als es anfing. In meinem letzten Jahr in Frensham waren wir auf einem Skilager in Österreich.[166] Hannah begann, mir zu vertrauen. Ich erinnere mich, dass ich in ihr Hotelzimmer ging und Hannah sagte mir, dass K. hereinkam und ihr sexuelle Avancen machte. Ich musste mich schützend vor sie stellen, denn eines Nachmittags machte er ihr den Vorschlag, sie mit in die Berge zu nehmen und ich sagte: ›Ich gehe mit‹. Es war schon ziemlich spät, als wir starteten und als wir umkehrten, war es schon dunkel und Hannah war ziemlich ärgerlich. Ich konnte schon Skifahren, aber für sie war es das erste Mal. Sie wurde grün im Gesicht, musste sich schütteln und sie sagte, sie könne da jetzt nicht run-

---

[165] Jeremy Gavron (2015): A Woman on the edge of Time: a son's search for his mother, Brunswick /Australia/ London, S. 39ff.

[166] Vermutlich in Alpbach in Tirol, das Keast sehr gut kannte. Einige Bewohner waren regelmäßig zu Gast auf der Insel Lundy gewesen.

ter. Was passierte? K. redete unaufhörlich auf sie ein, zwang sie mehr oder weniger zur Abfahrt.[167]

Es fällt an dieser Beschreibung eines Skiausflugs von Keast mit der minderjährigen Hannah Gavron und ihrer Freundin auf, dass Grundmuster seines verantwortungslosen Verhaltens erkennbar sind, die auch am Schauinsland vorhanden waren. Das Mädchen, dem er sexuelle Avancen machte und die er wohl auch missbrauchte,[168] will nicht den Hang hinunterfahren, bis Keast solange auf sie einschwätzt, dass sie es doch tut bei einbrechender Dunkelheit. ›*K. talked her down*‹ – dasselbe hatte er wohl auch getan mit denjenigen Schülern, die an der Kappler Wand nicht mehr konnten und ihn vermutlich baten, umzudrehen.

Eine andere Schülerin von Frensham Heights schrieb am 10. Juli 2016 an den »Guardian«:

> Im oberen Stockbett nahe an Keasts Wohnraum im Schlafraum liegend, erinnere ich mich gut, wie er öfters in unseren Schlafraum schlich, als wir uns zum Schlafen fertig machten. Er sagte, er wolle bei einer von uns nochmal nachfragen über etwas, das er überhört hatte, ihm aber eine Idee für den »Morning Talk« gegeben habe. Rückwirkend gesehen, war es komplett unnötig, in diesem Moment in unseren Mädchen-Schlafsaal zu kommen. Der »Morning Talk« war die tägliche Schulversammlung. Immer wenn ich in der vordersten Reihe der Gruppe I bei den »Morning Talks« war, saß ich buchstäblich auf seinen penibel geputzten Schuhen, von denen ich wusste, dass sie aus handverarbeitetem Leder waren. (…) Nach seinem mysteriösen Verschwinden aus Frensham hörte ich meine Mutter sagen: ›Er ist besser bei Jungens aufgehoben‹.[169]

Jeremy Gavron hält Kenneth Keast für mitverantwortlich am Tod seiner Mutter aufgrund des Missbrauchs an der Minderjährigen, über den wie in vielen anderen englischen und auch deutschen Privatschulen erst heute einige Opfer

[167] Gavron, Jeremy (2015), S. 41 ff.
[168] Nach Gavrons Aussage dauerte die Beziehung mehr als zwei Jahre.
[169] J. L. Leserbrief an Kate Connolly am 10. Juli 2016.

berichten können, wie der Fall »Odenwaldschule« zeigt. Wir können der Frage nicht weiter nachgehen, warum Keast als Rektor der »Frensham Height« – Privatschule diese von einem Tag auf den anderen verlassen musste. Diese wie viele andere Fragen könnten nur in England selbst und nach Durchsicht der dortigen Schularchive geklärt werden. Leider sind alle Privatschulen, an denen Keast unterrichtete, in Hinsicht auf Einsicht in ihre Schularchive nicht sehr kooperativ, wohl fürchtend, dass der Fall Hannah Gavron weitere Kreise ziehen könnte.
Kenneth Keast starb am 3. August 1971 in Marlborough in der Grafschaft Wiltshire mit 63 Jahren.[170]

Abbildung 50: Hannah Gavron auf einem Skilager in Alpbach.

[170] Nach der Veröffentlichung des Artikels von Kate Connolly im Juli 2016 meldeten sich beim »Guardian« zahlreiche ehemalige Lehrerkollegen und Schüler, die Keast kannten. Ihren Aussagen war gemeinsam, dass niemand etwas über seine Vergangenheit wusste.

Kapitel 8: »Spyclists«– Die Hitlerjugend erhält mit der »Rettung« der englischen Schüler Eintritt in englische Privatschulen und Pfadfinder-Gruppen.

Stellen wir uns einen Moment vor, das »Engländerunglück« am 17. April 1936 hätte sich am 17. April 2025 am Schauinsland ereignet. Hätte ein englischer Lehrer dann auch nur den Hauch einer Chance gehabt, einem Ermittlungsverfahren der deutschen und englischen Staatsanwaltschaft zu entgehen? Wäre er heute – so wie es tatsächlich 1936 geschah – als Held gefeiert worden, obwohl er für den Tod von fünf seiner Schüler aufgrund seines Handelns verantwortlich war? Warum Lehrer Kenneth Keast nach dem Unglück seinen Aufstieg im englischen Schulwesen bis hin zur Leitung einer berühmten Privatschule fortsetzen konnte, ist eine der noch offenen Fragestellungen in der Recherche des Unglücks. Wer hat in England und Deutschland seine »schützende« Hand über ihn gehalten, indem die Tatsachen verdreht, die Aussagen der überlebenden Schüler nicht angehört und Dokumente der Freiburger Staatsanwaltschaft unterschlagen wurden?

Unter »normalen« Umständen hätte es auch 1936 keine solche folgenschwere Verschleppung eines Ermittlungsverfahrens gegen den Lehrer gegeben. Aber die Umstände waren 1936 »nicht normal« und haben dazu beigetragen, dass Ende 1936 sowohl auf der englischen als auch auf der deutschen Seite der gesamte Vorgang zu den Akten gelegt wurde, ohne strafrechtliche Konsequenzen für den Lehrer. Rückt man das Unglück in den Kontext der deutsch-britischen Außenpolitik damals, wird schnell deutlich, warum dies überhaupt möglich war.

Fünf Wochen vor dem Unglück, am 7. März 1936 überquerten insgesamt 30.000 Soldaten der Wehrmacht die Rheinbrücken und begannen damit den deutschen Einmarsch in das entmilitarisierte Rheinland. Mit der Besetzung der 50 Kilometer breiten Zone hatte das Deutsche Reich sowohl den Versailler Vertrag von 1919 als auch den Locarno-Pakt aus dem Jahr 1925 gebrochen. Adolf Hitler rechtfertigte den Vertragsbruch mit dem Verweis auf das deutsche »Selbstbestimmungsrecht«. Dabei war die Besetzung äußerst riskant: Eine militärische Gegenaktion der damals überlegenen Westmächte England und Frankreich hätte die deutschen Truppen sofort zum Rückzug gezwungen. Beide begnügten sich aber mit harscher verbaler Kritik und einer Verurteilung Deutschlands vor dem Völkerbundsrat. Nicht zum letzten Male hatte Hitler mit seiner Politik der Ausnutzung von Differenzen unter den Westmächten, der Kombination aus friedliebender Rhetorik und aggressiven Maßnahmen, Erfolg gehabt. Der Einmarsch im Rheinland war ein enormer Prestigegewinn für Hitler und bestärkte ihn in der Annahme, die Staaten Europas würden seine Expansionspolitik zumindest tolerieren. In England führte er dazu, dass die bereits existierenden pro-nationalsozialistischen Kreise der englischen Oberschicht ihre Bemühungen verstärken konnten, Freundschaft mit Hitler zu fordern und auch zu vollziehen. In zwei Untersuchungen jüngeren Datums[171] kann man detailgetreu nachvollziehen, was Repräsentanten des englischen Hochadels, Teile des britischen Ober- und Unterhauses, Vertreter der britischen Wirtschaft oder den größten Zeitungsverleger Englands, 1. Viscount Rothermere, dazu antrieb, Gespräche auf dem Obersalzberg oder in Berlin mit Hitler und seinen Gesinnungsgenossen zu suchen, die Olympischen Spiele in Berlin in höchsten Tönen zu feiern und zu besuchen. Es wurde sogar erwogen, ob man Hitler

[171] Bouverie, Tim (2021): Mit Hitler reden. Der Weg vom Appeasement zum Zweiten Weltkrieg, Hamburg; und Storey, Neil R. (2021): Beating the Nazi Invader. Hitlers spies, saboteurs and secrets in Britain 1940, Barnsley, South Yorkshire.

nicht zu einem Staatsbesuch nach England einladen könne. Auch das englische Könighaus hegte große Sympathien mit dem Nationalsozialismus. Der »Prince of Wales« (ab dem 30. Januar 1936 König Edward VIII.) hatte schon 1933 deutlich gemacht, dass es nicht Sache Großbritanniens sei, sich in die inneren Angelegenheiten Deutschlands einzumischen, weder in Bezug auf die Juden noch in Bezug auf alles andere. Im Oktober 1935 hatte sich die Organisation »Anglo-German Fellowship (AGF)« neu gegründet, nachdem sich die Vorgängerorganisation, die »Anglo-German Association« nach einer Auseinandersetzung über jüdische Mitgliedschaften 1934 aufgelöst hatte. Zur Zeit des Engländerunglücks zählte die AGF 24 Lords, 17 Abgeordnete von Unter- und Oberhaus zu ihren Mitgliedern, sowie zahlreiche Bankiers, Geschäftsleute, Generäle, Admiräle und Firmenvertreter von großen Konzernen wie Thomas Cook, Dunlop Rubber, Price Waterhouse und Unilever. Ziel der AGF war es, die deutsch-britischen Annäherungen zu fördern. Winston Churchill war einer der wenigen Politiker Großbritanniens, der ständig vor dem »Bund mit dem Teufel« warnte. Dies ist die eine Seite der Medaille: In England gab es eine große Anzahl von »Hitler-Freunden«. Die andere Seite der Medaille löst die Frage, warum die Führung der Reichsjugendführung der Hitlerjugend so vehement darauf bestanden hatte, dass ihr Freiburger Ableger die Schüler am Berg gerettet hatte, obwohl jeder wusste, dass es die Hofsgrunder waren, die ihr Leben einsetzten. Der Zweck dieses Lügengebildes erschließt sich, wenn wir einen Blick die englische Schullandschaft werfen. Hier gibt es seit Jahrhunderten die sog. »Public Schools« (Privatschulen), denen die britische Oberschicht ihre Kinder anvertrauen.[172] Die Nationalsozialisten nahmen sich diese »Elite-Schulen« zum

[172] Der zukünftige britische König William und seine Frau Kate haben ihre Kinder zum Beispiel im Marlborough College einschreiben lassen, wo Lehrer Keast unterrichtete.

Vorbild für ihre »Nationalpolitischen Erziehungsanstalten« (amtlich NPEA, auch Napola – Nationalpolitische Lehranstalt). Diese waren Internatsoberschulen (insgesamt über 40 im ganzen Reich), die nach der nationalsozialistischen Machtübernahme 1933 als »Gemeinschaftserziehungsstätten« gegründet wurden. Ein ähnliches Konzept verfolgten die etwas später (1937) gegründeten, doch organisatorisch getrennten Adolf-Hitler-Schulen (AHS). Bei den NPEA war der Besuch ab Vollendung des 10. Lebensjahrs möglich, bei den AHS ab dem vollendeten 12. Lebensjahr. Der Schulbesuch führte jeweils zur Hochschulreife und endete gewöhnlich mit Vollendung des 18. Lebensjahrs. Gemeinsames Ziel dieser Eliteschulen war die Heranbildung des nationalsozialistischen Führernachwuchses. Und genau hier lag der Schnittpunkt zwischen den englischen »Public Schools« und den NAPOLA's, wie eine neue Studie zeigt.[173] Die Eliteschulen Nazideutschlands nutzten ab den 1933er Jahren britische Privatschulen als »Modelle« und pflegten durch eine Reihe von Schüler- und Personalaustauschen die Verbindungen zu ihnen. Helen Roche's Veröffentlichung zeigt, dass die britischen Public Schools lange Zeit als wichtiges Vorbild für die Napola's galten. Die Napola-Behörden wollten vom britischen System lernen, hofften aber letztlich, ein besseres Modell für ihre eigenen Schulen zu schaffen. Der zweite Inspektor der NPEA, August Heißmeyer hob die »charakterbildende« Ausbildung der britischen Privatschulen als Vorbild für die Napola's hervor. Die ersten drei Napola's wurden 1933 als Geburtstagsgeschenk für Hitler vom damaligen preußischen Kultusminister Bernhard Rust ins Leben gerufen. Bis 1945 gab es im gesamten Großdeutschen Reich über 40 Napola-Schulen, darunter vier für Mädchen.

[173] Roche, Helen (2021): The Third Reich's Elite Schools. A history of the NAPOLAS, Oxford.

Das Engländerunglück beförderte diese Austausche zwischen Mitte 1936 bis zum Kriegsausbruch 1939 in einem unerwarteten Umfang. Als Eintrittskarte in die vornehmen englischen Privatschulen – und in die Padfindervereinigungen wie die Boy Scouts eignete sich nichts besser als die angebliche »Rettung« der Engländer am Schauinsland durch die Hitlerjugend.[174] Nahezu alle Public Schools beteiligten sich an diesen Unternehmungen, die sowohl Austausche ihrer Schüler mit Einheiten der Hitlerjugend in beiden Ländern beinhalteten, als auch Lehrer- und Referendarsaustausche. Dazu gehörten u. a. die Public Schools Eton, Harrow, Winchester, Westminster, Marlborough College, Rugby und die Leys School in Cambridge. Wie solche Austausche aussahen, hat die Schularchivarin der Sherborne Public School in Sherborne (Dorset), Rachel Hassall, beschrieben.[175] Sherborne School ist eine unabhängige Internatsschule und beherbergt derzeit rund 570 Jungen von 13 bis 18 Jahren und 96 Lehrer. Sie wurde 1550 von Edward VI. gegründet und steht bis heute in einer Reihe berühmter Privatschulen. Rachel beschrieb in ihrem Artikel, dass das von den Nazis finanzierte Anglo-German Academic Bureau mit Sitz in der Gower Street in London ab 1933 bis 1939 Schüler- und Lehreraustauschmaßnahmen zwischen Deutschland und Großbritannien organisierte – angeblich um eine neue Freundschaft zwischen den jüngeren Generationen beider Länder aufzubauen, in Wirklichkeit jedoch um die Propaganda der NSDAP zu verbreiten. Im April 1935 fand an der Bryanston School in Dorset das erste deutsch-britische Camp Englands

[174] Das Nationalarchiv in Kew hält bis heute eine Akte, die lautet: Rescue by the Hitler Youth of four British school boys in Black Forest. Date: 1937 Held by: The National Archives, Kew. Former reference in its original department: 241/26

[175] Hassall, Rachel (2021): A visit by the Hitler youth to Sherborne School on July 17th 1935, https://oldshirburnian.org.uk/a-visit-by-the-hitler-youth-to-sherborne-school-on-17-july-1935.

statt.[176] Organisiert von Joachim Benemann vom Deutsch-britischen Akademischen Büro und mit Genehmigung des Schulleiters von Bryanston, Herrn TF Coade, nahmen jeweils dreißig deutsche und dreißig englische Jungen an einem dreiwöchigen Camp auf dem Schulgelände teil. Jeden Morgen verrichteten sie »nützliche Arbeiten« (sie hoben einen halben kleinen Hügel ab, um Platz für Fahrradschuppen zu schaffen) und verbrachten den Rest des Tages mit Spielen, Wandern und der Teilnahme an Vorträgen und Diskussionen. Joachim Benemann war im Stab der Reichsführung der Hitlerjugend in Berlin tätig und wurde schon damals vom Geheimdienst MI 5 verdächtigt, die Hitlerjugend in England einzuschleusen und z. B. auch mit den britischen Pfadfindern Absprachen über Austausche zu treffen. Es ist daher nicht überraschend, dass Benemann am 5. April 1935 einen Besuch der deutschen Jungen aus dem Lager Bryanston in Dorchester arrangierte, wo sie die 5. Pfadfindertruppe von Dorchester (Mill Street Mission) trafen. Er legte am deutschen Denkmal auf dem Friedhof von Fordington einen Kranz nieder, über dem er den Nazigruß machte und anschließend eine Rede hielt, in der er sagte: »Die deutsche Jugend von heute ist bereit … nicht nur, mit allen gute Freundschaft zu pflegen, sondern auch so eng wie möglich mit Ihnen zusammenzuarbeiten, um alles zu tun, was wir können, um zum Verständnis anderer Nationen beizutragen und zur Wahrung des Friedens in der Welt beizutragen.«[177] Im Juli 1935 besuchten zehn deutsche Jungen (im Alter zwischen 15 und 19 Jahren) der Napola Oranienstein und ihr Schulleiter Herr Friedrich Lübbert zehn englische Privatschulen, darunter Rugby, die Henry Thornton School in Clapham, die Kingswood School in Bath, die St. Paul's

[176] Western Gazette (1935): German Boys in Dorset. First Anglo-German Camp in England. Digging Holiday«, 5. April 1935.

[177] Joanna Davis (2021): »German friends. The Hitler Youth invited to Dorchester«, Dorset Echo, 1. Mai 2021.

School in London und die Sherborne School in Dorset. Dort im Freibad der Schule fand ein Schwimmturnier statt. Zu Beginn des Turniers stellten sich die deutschen Jungen am Beckenrand auf und riefen feierlich »Heil Hitler«, bevor sie Sherborne in fast allen Disziplinen schlugen und mit 25 zu 5 Punkten gewannen. Alle diese Besuche sind damals in den örtlichen Zeitungen beschrieben worden. Während ihres Besuchs in Sherborne erhielten die deutschen Jungen einen Rundgang durch die Schule und zeigten »großes Interesse an allem, was sie sahen«. Sie trafen auch die Geschichtsklasse und beantworteten Fragen »zum Umfang und den Zielen der Bestrebungen Nazi-Deutschlands«. Schulleiter AR Wallace beschrieb den Besuch als

> außerordentlich wertvoll, zum einen aus pädagogischer Sicht und zum anderen, weil er dazu beitrug, die freundschaftlichen Beziehungen zwischen unseren eigenen Jungen und denen der heranwachsenden Generation in anderen Ländern zu stärken.

Die Austauschbesuche zwischen deutschen und englischen Schulen wurden in den Jahren 1936 bis 1939 auf noch größerer Stufenleiter als 1935 fortgesetzt. Dies war neben der Tatsache, dass in Berlin die Olympiade stattfand unter anderem ein Resultat des Propaganda-Coups der Reichsjugendführung der HJ im Zusammenhang mit dem Engländerunglück. Ein Amateurfilm, der von einem Unterstützer oder Mitglied der Britannia Youth Movement (BYM) gedreht wurde, dokumentierte 1936 formelle und informelle Szenen während ihres Aufenthalts im Dymchurch Holiday Camp (St Mary's Bay, Kent) mit fünfzig Hitlerjugend (HJ)-Mitgliedern, einschließlich der Kranzniederlegung am Cenotaph (Kriegsdenkmal in Whitehall London – d. V.) am 1. August 1936 und zeigte u. a. die Hitlerjugend bei einem Besuch in Canterbury. Die HJ zog mit der Hakenkreuzfahne voran durch die Straßen von Canterbury; die Jugendlichen stellten sich gemeinsam mit dem Britannia Youth Movement zur Parade vor der Kathedrale von Canterbury auf. Der 2. Teil des

Films behandelte den Gegenbesuch von fünfzig BYM-Jungen in Deutschland, um eine Woche in Silschede im Ruhrgebiet zu verbringen, dann die Olympischen Spiele und andere Attraktionen in Berlin zu sehen, den Reichsarbeitsdienst bei der Forstarbeit und den Nürnberger Parteitag im September 1936.[178] Im März 1937 besuchte eine Gruppe deutscher Jungen der NPEAs Oranienstein und Stuhm England, um Fußballspiele gegen verschiedene öffentliche Schulen zu bestreiten, darunter Charterhouse, Eton und Shrewsbury. Im Eton College wurden ihnen der Prügelblock, der Schulkiosk und der Zapfhahn gezeigt, bevor sie die Fußballmannschaft von Eton mit 3:1 besiegten.[179] Waren die Begegnungen bisher überwiegend Schwimmwettbewerbe und Fußballturniere gewesen, änderte sich die Zielrichtung ab 1937 auf vormilitärische Trainingscamps mit z. B. Segelflug-Turnieren, wie der folgende Bericht zeigt:[180]

> Deutsch-Englischer Kreis, 45 Russel Square
>
> A.V.S. Lochhead
>
> Im Juli letzten Jahres gingen zwanzig britische Piloten auf Einladung der Reichsjugendführung und des Deutschen Luftsportverbandes nach Deutschland zum ersten deutsch-englischen Segelfluglager. Sie fand auf den Hügeln oberhalb des westfälischen Siegens statt. Im Gegenzug kamen in diesem Jahr dreiundzwanzig Deutsche zu einem deutsch-englischen Gliding-Camp, das vom 11. bis 31. August auf dem Gelände des Londoner Segelflugclubs in Dunstable stattfand. Das deutsche Kontingent wurde von Jochen Benemann ausgewählt und nach England gebracht. Es war das zweiundzwanzigste Deutsch-Englische Lager, das von A.V.S. Lochhead und Benemann organisiert wurde. Der London Gliding Club profitierte von den Erfahrungen des Anglo-German Circle bei der Gestaltung hervor-

---

[178] Imperial War Museums (1936) IWM (MGH 6876): Britannia Youth Movement welcomes Hitler Youth to England before visiting Nuremberg Party Rallye, 1936 https://www.iwm.org.uk › object

[179] Belfast News-Letter (1937): »Deutsche schlagen Eton«, 5. März 1937.

[180] Anglo German Review Nr. 11 Oktober 1937, London

ragender Arrangements. Die Beziehungen zwischen der britischen und der deutschen Segelflugbewegung sind erst in jüngster Zeit enger und freundschaftlicher geworden. Als Ergebnis dieses Camps wurden nicht nur viele Zertifikate erworben, sondern auch viele enge Freundschaften geschlossen. Für 1938 wurden zwei weitere Deutsch-Englische Segelfluglager ausgeschrieben, die in England und Deutschland stattfinden sollten.

Quelle: German Review Nr. 11 Oktober 1937

Daneben waren es vor allem Radfahrgruppen, die England besuchen wollten. Ihre Rundreisen erregten aber von den Zielen her bald die Aufmerksamkeit des englischen Geheimdienstes MI 5. Erst 2010, als am 8. März Dokumente des MI 5 den National Archives in KEW übergeben wurden und seither öffentlich zugängig sind,[181] wurde klar, dass die HJ-Gruppen kein Interesse an historischen Gebäuden Englands hatten, sondern an Industrieanlagen, Häfen, Brücken, Wasserwerken, Elektrizitätswerke, Flugplätzen etc.[182]
Im Juli 1937 bereisten 22 junge Deutsche, die sich als Universitätsstudenten ausgaben und alle schwarz gekleidet waren, Lincolnshire und wurden vom Rotary Club Spalding unterhalten, der ihnen ein Abendessen mit Wurst und Kartoffelpüree servierte. In einem Brief des Polizeipräsidenten von Lincolnshire an die Sondereinheit des MI 5 hieß es, die 22 Jugendlichen seien Mitglieder der südbayerischen Hitlerjugend gewesen. Eine weitere Radtour sorgte in Sheffield für Aufsehen, da »die Lehrer und einige Jungen dabei erwischt wurden, wie sie Fotos von der umliegenden Landschaft machten … und dies wurde von den Anwohnern übelgenommen.«[183]

---

[181] National Archives Kew: KV2/3270 – 1 und 2 (Benemann, Joachim (Jochen); KV5/85; KV 5/87 Hitler Jugend. Andere Dokumente sind noch bis 2048 gesperrt.

[182] https://www.dailymail.co.uk/news/article-1256241(2010)The-Hitler-Youth-plot-tried-worm-way-Scout-movement.html

[183] National Archives Kew, Dokument KV2/3270 – 1 und 2 (Benemann, Joachim (Jochen);

Bei dieser Fahrradtour blieb es nicht. 1937 fanden insgesamt 12 Fahrradtouren der HJ in England statt, zumeist in Südengland. Der Start war in Hafenstädten wie Grimsby, Southampton, Harwich und Liverpool. Die Touren führten meistens ins industrielle Herzgebiet Englands, nach Birmingham, Leeds, Sheffield, Manchester. Es wurde für den MI 5 immer offensichtlicher, dass es nicht um sportliche Herausforderungen handelte, sondern um handfeste Spionageaktionen zur Vorbereitung einer Invasion. Jede HJ-Gruppe führte Kameras mit sich, mit der der Weg dokumentiert wurde. Zahlreiche britische pro-Nazi Gruppen unterstützten die Touren: Die League of Nations Youth Groups, Youth Hostel Association, YMCA und Boys Scout -Gruppen. Finanzielle Unterstützung leisteten örtliche Rotary Clubs, die auch die Zugänge zu örtlichen Industrieanlagen vermittelten. Ein typischer Bericht, den Detective Sergeant Leonard Ward an den Chef der Polizei von Sheffield sandte, lautete wie folgt:

> Am 2. Juli 1937 kamen 37 deutsche Schuljungen aus Berlin bei uns an. Die Verantwortung für die Gruppe hatten zwei Lehrer, Herr Friedrich und Herr Hahn. Die Jugendlichen waren zwischen 15 und 18 Jahren alt. Unterteilt in zwei Gruppen, 14 unter der Leitung von Herrn Friedrich und 23 unter der Leitung von Herrn Hahn waren in der Firth Park Sekundarschule untergebracht. Von hier aus besuchten sie lokale Fabriken wie Bayley's Steel Works Ltd. In Sheffield, Daniel Doncaster & Sons Ltd. und das Elektrizitätswerk Blackburn Meadows. Am Dienstag, 20. Juli wurde die Gruppe vom Oberbürgermeister in Sheffield empfangen. (...) Es ist bekannt, dass die Lehrer und mehrere Jugendliche Kameras besitzen und es ist bekannt, dass Herr Hahn ertappt wurde, wie er bei einer Tour nach Edale Fotos machte, sehr zum Ärger der Einheimischen.[184]

[184] Storey (2021) S. 39. Dokument KV 5/85 National Archives Kew.

Abbildung 51: HJ-Gruppe auf Fahrradtour in England 1937, abgedruckt in Storey (2021) S. 40

Die Spionage-Aktivitäten der HJ wurden erstmals öffentlich sichtbar, als der Daily Herald am 24. Mai 1937 darüber berichtete: »Nazis Must be Spyclists«.[185] Aus diesem Zeitungsbericht resultierte danach der Begriff »Spyclists«, der spätestens seit der Freigabe der Dokumente 2010 im allgemeinen Gebrauch für diese Art von Amateurspionage ist.

Die neu freigegebenen Akten enthüllten auch, wie die Führung der Hitlerjugend versuchte, bestimmte Briten davon zu überzeugen, dass sie einer friedlichen Organisation angehörten. Der Geheimdienst fand heraus, dass der Chef-Scout Lord Baden-Powell 1938 in London zwei Hitlerjugendführer, Hartmann Lautenbacher und Jochen Beneman, sowie den damaligen deutschen Botschafter Joachim von Ribbentrop – später Hitlers Außenminister – getroffen hatte. In

[185] Ebenda, S. 40.

einem Brief an Ribbentrop, der später abgefangen wurde, schrieb Baden-Powell:

> Ich möchte Ihnen meinen herzlichen Dank für Ihre Freundlichkeit aussprechen, mich gestern empfangen und mir die Gelegenheit gegeben zu haben, Herrn Beneman und Herrn Hartmann Lautenbacher kennenzulernen.[186] Ganz besonders bin ich dankbar für das freundliche Gespräch, das Sie mir ermöglicht haben. Es hat mir die Augen für die Gefühle Ihres Landes gegenüber Großbritannien geöffnet, die, wie ich sagen darf, genau meinen Gefühlen gegenüber Deutschland entsprechen.[187]

Interessanterweise unternahm der Geheimdienst zwischen 1937 und 1939 nichts, um dieses Gebaren der HJ abzustellen. Erst kurz vor Kriegsausbruch wurden die deutschen Büros in London geschlossen und ihre Vertreter wie Benemann ausgewiesen. Wie lange die Auswirkungen des Engländerunglücks auch in Freiburg die Hitlerjugend beschäftigte, zeigt der Zeitungsausschnitt aus dem »Alemannen« Nr. 19 vom 19. Januar 1939. Dieses Skigemeinschaftslager in Feldberg-Bärental dürfte das letzte Lager gewesen sein, das im Auftrag der Appeasement-Politik zwischen beiden Ländern durchgeführt wurde. Am 1. September 1939 begann der 2. Weltkrieg, in dem sich die deutschen und englischen Jugendlichen in unterschiedlichen Schützengräben wiederfanden.

---

[186] Ebenda.

[187] https://www.dailymail.co.uk/news/article-1256241(2010)The-Hitler-Youth-plot-tried-worm-way-Scout-movement.html

Ausklang eines Skigemeinschaftslagers

Nachträglich erfahren wir, daß die englischen Teilnehmer des deutsch-englischen Skigemeinschaftslagers im Bärental, das auf Einladung der Auslandsabteilung der Hitlerjugend und der Deutsch-Englischen Gesellschaft 15 Tage lang veranstaltet wurde, vor ihrer Abreise über Heidelberg auch einen Tag in Freiburg weilten. Dort wurden sie sowohl durch Verkehrsdirektor Denzlinger sowie später selbst noch durch Bürgermeister Dr. Hofner namens des Oberbürgermeisters begrüßt. Am Mittag dieses Tages waren die Teilnehmer nach einer Rundfahrt durch die Stadt und über die Waldstraßen Gäste der Deutsch-Englischen Gesellschaft im „Jägerhäusle" und fuhren später auf Einladung der Stadt auf den Schauinsland zum Besuch des Denkmals für die den Weißen Tod gestorbenen englischen Schüler sowie zu einer kurzen Kaffeepause vor der abendlichen Abfahrt. Die englischen Teilnehmer waren restlos aufgeräumt und ehrlich begeistert von den herrlichen Tagen im Schwarzwald, in denen sie herzliche Kameradschaft mit den Kameraden der Hitlerjugend gefunden hatten.

Abbildung 52: Zeitungsausschnitt aus dem »Alemannen« Nr. 19 vom 19. Januar 1939.

Kapitel 9: Drei Formen von »Erinnerungskultur« am selben Berghang.

Aleida Assmann[188] sieht drei wesentliche Funktionen des Begriffs »Erinnerungskultur«: Die erste als Sammelbegriff für die »Pluralisierung und Intensivierung der Zugänge zur Vergangenheit«; die zweite als »die Aneignung der Vergangenheit durch eine Gruppe« mit identitätsstiftender Wirkung; die dritte Funktion ist für sie »die ethische Erinnerungskultur« als kritische Auseinandersetzung mit Staats- und Gesellschaftsverbrechen, wobei besonders die Opferperspektive zum Tragen kommt. Es ist selten, dass man diese drei verschiedene Formen von Erinnerungskultur gleichzeitig verstreut auf einem Berghang im südlichen Schwarzwald findet. Und doch ist dies bei den »Engländerdenkmalen« am Hang oberhalb von Hofsgrund der Fall. Ausgeschildert ist amtlicherseits nur das »Engländerdenkmal«, daneben gibt es aber mit dem »Eaton Gedenkstein« und der »Elternplakette« am Eingang der Hofsgrunder Kirche tatsächlich drei Orte, die an das selbe Ereignis am 17. April 1936 erinnern. Es ist für den Betrachter unschwer zu erkennen, dass das »amtliche« Engländerdenkmal zu den Erinnerungsorten zählt, mit denen eine Gruppe die Erinnerung an das Unglück für sich vereinnahmen wollte – die Nationalsozialisten. Die »Pluralisierung und Intensivierung der Zugänge zur Vergangenheit« drücken hingegen die beiden anderen Denkmale aus: In der »Elternplakette« drückten die Eltern der verstorbenen und überlebenden Schüler ihren Dank an die Hofsgrunder Bevölkerung für die Rettungsaktion aus, versinnbildlicht in der Kirche, deren Glockenklang das Überleben der 22 Schüler mitverursacht hatte. Im »Eaton

[188] Assmann, Aleida (2013): Das neue Unbehagen an der Erinnerungskultur. Eine Intervention. München, 2. Aufl. 2016 S. 32–33.

Gedenkstein« drückte ein Vater seine Trauer über den Verlust seines einzigen Kindes an der Stelle aus, wo es gestorben war, verbunden mit einer Anklage gegen den Verursacher, die aber amtlicherseits nicht zugelassen wurde. Was fehlt, folgen wir der Überlegung von Aleida Assmann, ist ein Denkmal als »ethische Erinnerungskultur«, das als kritische Auseinandersetzung mit einer ungesühnten »fahrlässigen Tötung von Schutzbefohlenen« darauf hinweisen müsste, warum und wie alle drei vorhandenen Denkmale miteinander zusammenhängen und sich gegenseitig bedingen. Dies wird zumindest an den beiden neuen Hinweistafeln seit 2017 versucht. Dennoch bleibt zum Beispiel die »unethische Handlungsweise« des Londoner Untersuchungsausschusses ebenso ausgeblendet wie die Verschleierungstaktik des Foreign Office und des Reichsjustizministeriums. Es bleibt ein gewisses »Unbehagen« an der vorhandenen Erinnerungskultur. Wir folgen in der Darstellung der Entstehungsgeschichte der drei »Engländerdenkmale« einerseits den Recherchen von Ute Scherb und eigenen Recherchen.[189]

9. 1. Die »Elternplakette« am Kircheneingang von St. Laurentius in Hofsgrund

Diese Plakette war die erste, die als Erinnerung an das Unglück in der Hofsgrunder Kirche angebracht wurde. Der Initiator war der Vater eines der überlebenden Schüler, H.W. Mitchell, der sich an den Pfarrer von Hofsgrund, C.R. Lehrmann gewandt hatte, nachdem er von seinem Sohn die Geschichte der Glocke von Hofsgrund erfahren hatte. Er fragte in einem Brief am 15. Mai 1936 an, ob es möglich wäre, eine Dankesplakette an der Kirche in Hofsgrund anzubringen.

[189] Scherb, Ute (2011): Wir bekommen die Denkmäler, die wir verdienen, S. 171-177.

Der Antwortbrief des Pfarrers Lehrmann vom 20. Mai 1936 ist im Privatarchiv von Lou Harris, einer Verwandten des überlebenden Schülers Norman J.S. Hearn, erhalten:

> In Antwort auf ihre Frage vom 15. Mai habe ich die Freude, sie darüber zu informieren, dass die Plakette, die als Erinnerung an das Läuten der Glocke von Hofsgrund, die das Leben vieler Schüler gerettet hat, an meine Adresse gesandt werden kann. Die Plakette wird an der östlichen Wand der Kirche neben dem kleinen Glockenturm platziert werden. Die Pfarrei wird ein Foto davon machen und es ihnen zusenden. In Ergänzung dazu werde ich als Nächstes an ihre Adresse eine Reihe von Postkarten schicken, die die kleine Bergkirche von Hofsgrund mitten in der verschneiten Landschaft zeigt. Diese Kirche, wie sie vielleicht schon wissen, ist die höchstgelegene Pfarrkirche nicht nur im Schwarzwald, sondern in allen Gebirgsgegenden in Deutschland. Eine der Postkarten geben sie bitte an jeden Schüler als eine kleine Erinnerung an die Kirche, deren Glocke die Verlorenen den Weg wies an diesem stürmischen Abend. Sicherlich wurden sie informiert aus Freiburg, dass der lokale Ski-Club (The Schauinsland Skirunners Association, Hofsgrund) als Vertreter der ganzen deutschen Jugend handelnd, beschlossen hat, als Zeichen der Kameradschaft für die fünf, die ihr Leben verloren haben, eine Inschrift auf einen Stein nahe des Orts der Katastrophe zu setzen. Darüber werden sie bald nähere Informationen erhalten. Bitte glauben Sie mir, Sir, dass ich ihre tiefen Gefühle von Kameradschaft in Erinnerung an diese furchtbare Nacht, wo ich gerufen wurde zu den unglücklichen Jungen, für die ich nicht mehr tun konnte, als den Toten friedlich einen priesterlichen Gottessegen zu geben.[190]

Bereits am 27. Mai hatten sich mehr als 20 Eltern bereit erklärt, den Text und die Bezahlung der Plakette zu unterstützen. Wir können davon ausgehen, dass einer der wenigen Eltern die die Plakette nicht unterstützten, die Familie Eaton war, die ihren einzigen Sohn verloren hatte. Die Gedenkplakette wurde Ende 1936 in der Hofsgrunder Kirche angebracht. Es ist das einzige Denkmal, das die Rolle der Hofsgrunder Bevölkerung bei der Rettung ihrer Kinder

[190] Abschrift des Briefes von Pfarrer C. R. Lehmann aus Hofsgrund an W.H. Mitchell vom 20. Mai 1936, Privatarchiv Lou Harris.

hervorhebt und daran erinnert, dass das Läuten der Glocke dieser Kirche den entscheidenden Hinweis für die vorausgehende Schülergruppe um Douglas Mortifee gegeben hat, in Richtung Hofsgrund einzuschwenken und dort Hilfe zu finden.

Die Inschrift in Deutsch und Englisch auf der Tafel am Eingang der Kirche lautet:

> Der Abendruf des Glöckleins dieser Kirche führte in dieses Dorf herunter eine Gruppe englischer Schüler, die sich am 17. April 1936 in dem schrecklichen Schneesturm auf dem Schauinsland verirrt hatten, wobei auch fünf ihrer Kameraden das Leben verloren. Die Eltern der Schüler wünschen hiermit den Bewohnern von Hofsgrund für die in jenem Augenblick der Not so bereitwillig gewährten Hilfe, Rettung und Gastfreundschaft ein Zeichen ihrer Dankbarkeit zu geben.

Abbildung 53: Elternplakette am Eingang der Hofsgrunder Kirche.

Entworfen hatte den Text der Vater eines der überlebenden Jungen, H.W. Mitchell. Er sandte den Text allen Eltern und bat um Zustimmung zum Text.[191] Gleichzeitig fragte er beim

[191] Die Kopie des Textes befindet sich auch im Privatarchiv von Lou Harris.

Stadtrat von London nach, ob dieser bereit wäre, die Finanzierung der Plakette zu übernehmen. Der Stadtrat stimmte diesem Vorschlag zu und finanzierte die Plakette mit.

Parallel zum Vorgehen der Eltern tauchte am 13. Mai 1936 in einem Artikel im »Alemannen« der Gedanke auf, die Geschehnisse vom 17. April in Form einer Erinnerung der Nachwelt zu überliefern. Das Unglück beschäftigte die Bewohner im ganzen Südschwarzwald so nachhaltig, dass schon bald Stimmen laut wurden, die den Bau eines Denkmals anregten. Die erste Initiative für ein Erinnerungsmal am Unglücksort entstand in Hofsgrund und wurde unterstützt durch den Pfarrer von Hofsgrund und die dortige »Skiläufervereinigung Schauinsland«. Sie informierte im Mai 1936 den Freiburger Verkehrsdirektor Albert Denzlinger über ihre Absicht, in einen an Ort und Stelle gewachsenen Felsen eine Inschrift einzulassen, die an das Unglück und die Rettungsaktion der Hofsgrunder Bevölkerung erinnern sollte. Dies entsprach den schlichten Tatsachen. Denzlinger unterstützte sofort das Anliegen, fürchtete aber, dass die geplante Ehrerweisung zu »bescheiden« ausfallen könnte. Gegenüber dem Freiburger Oberbürgermeister Franz Kerber erläuterte er: So schön der Vorschlag von Hofsgrund sei, so glaube er doch, dass es besser sei, wenn die Angelegenheit auf breitere Schultern verteilt wird und dass lieber gar nichts gemacht wird als etwas Halbes. Er plädierte dafür, unter Mithilfe der Stadt am Hohfelsen auf dem Schauinsland eine Bronzetafel anzubringen, in der nicht nur die Hofsgrunder Skiläufervereinigung, sondern auch die HJ genannt werden sollte. Man könne aber auch, so sein Alternativvorschlag, eine kleine Kapelle errichten, die sicher auch immer wieder von Engländern aufgesucht werden würde. Er wollte in jedem Fall vermeiden, dass etwas verkehrt gemacht wird, das schon aus außenpolitischen Gründen eine Angelegenheit des deutschen Volkes ist.[192] Während

[192] Scherb, Ute (2011) S. 173.

zwischen dem Freiburger Verkehrsamt, der Stadtverwaltung Freiburg, Oberbürgermeister Franz Kerber[193] und der Skiläufervereinigung Schauinsland die Debatte sich im Kreise drehte, hatte ein anderer Betroffener bereits die Initiative ergriffen: Jack Eaton, der Vater eines der ums Leben gekommenen Schüler.

9. 2. Der Eaton-Gedenkstein.

Zum ersten Jahrestag des Gedenkens an den Tod seines Sohnes hatte Vater Jack Eaton einen Gedenkstein beim Freiburger Bildhauer Gustav Messerschmid in Auftrag gegeben, den er dort aufstellen lassen wollte, wo sein Sohn gestorben war. Der Gedenkstein in Form eines Kreuzes sollte am Sockel die Inschrift tragen:

> Dieser Stein ist meinem geliebten Sohn Jack Alexander gewidmet, der im Alter von 14 Jahren und 10 Monaten im Blizzard vom 17. April 1936 gemeinsam mit vier jüngeren Kameraden der Strand Schule London sein Leben verlor. Ihr Führer versagte in der Stunde der Bewährung.[194]

[193] Franz Anton Josef Kerber (* 25. Februar 1901 in Freiburg im Breisgau; † zwischen April und 4. September 1945) war von 1933 bis 1945 Oberbürgermeister der Stadt Freiburg im Breisgau. Kerbers Amtszeit endete mit der Besetzung Freiburgs durch französische Truppen im April 1945. Kerber wurde von der französischen Militärregierung interniert und am 4. September 1945 im Wald am Schauinsland bei der Holzschlägermatte erschossen aufgefunden. Die genauen Umstände seines Todes konnten bis heute nicht geklärt werden.

[194] Scherb, Ute (2011) S. 175.

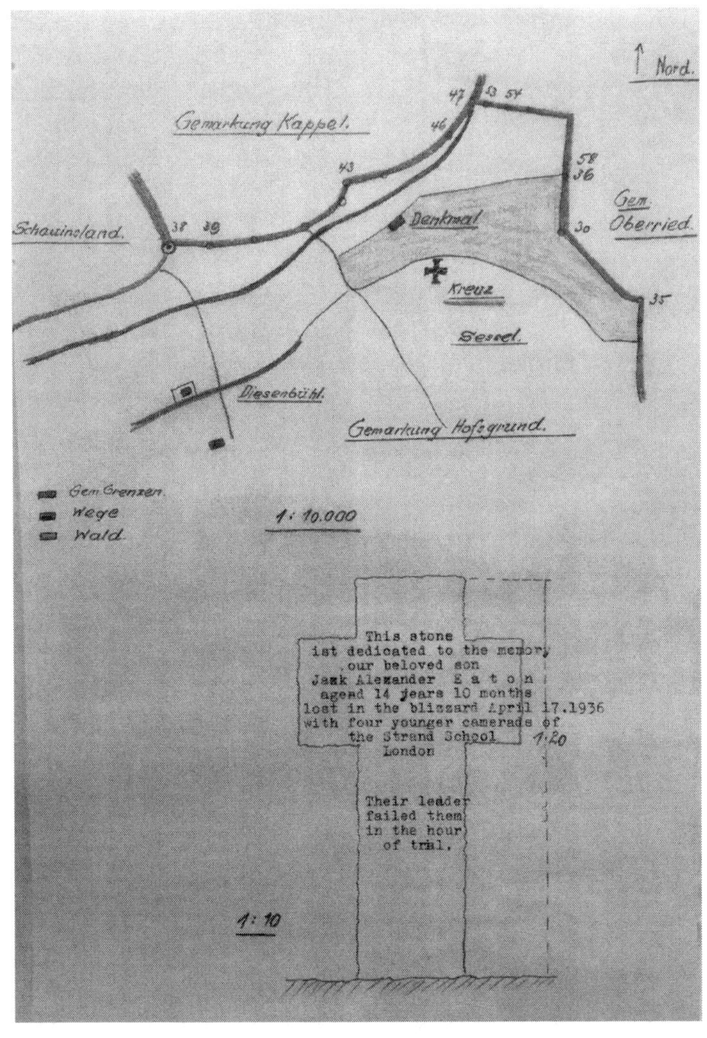

Abbildung 54: Der Eaton-Gedenkstein als Entwurf,
Skizze von Bildhauer Messerschmidt, Freiburg.[195]

[195] Stadtarchiv Freiburg, C4/XIII/32/3 Naturereignisse, Unglücksfälle und Witterungsverhältnisse. Betreff: Unglücksfall englischer Schüler auf dem Schauinsland am 18. April 1936.

Den ersten Hinweis, dass Eaton plante, einen Stein errichten zu lassen, kam erstaunlicherweise vom britischen Generalkonsul Smallbones in Frankfurt. Er fragte am 11. März 1937 bei Oberbürgermeister Kerber nach, ob es stimme, dass

> Mr. J.A. Eaton (...) am Jahrestag des Unglücksfalles einen Gedenkstein errichten wird und dass Sie bei der Enthüllung des Denkmals zugegen sein werden. Ich bin beauftragt worden, wenn möglich, den Wortlaut der Inschrift festzustellen, welche auf dem Denkmal erscheinen soll. (...) Vertraulich gestatte ich mir hinzuzufügen, dass Mr. Eaton durch das Unglück sein seelisches Gleichgewicht etwas verloren zu haben scheint und es handelt sich darum festzustellen, ob die fragliche Inschrift in glücklicher Weise gewählt ist[196]

Man kann sich gut vorstellen, dass dieser Brief aus Frankfurt wie eine Bombe in Freiburg einschlug, denn am 18. März 1937 ließ OB Kerber antworten:

> Es wird hierher festgestellt, dass der Stadtverwaltung bisher von der Errichtung eines Sonderdenkmals durch Mr. Eaton nichts bekannt war. Durch Rückfrage beim Herrn Landeskommissär konnte in Erfahrung gebracht werden, dass eine solche Angelegenheit tatsächlich schwebt und in Behandlung durch Landrat Groß sich befindet. Landrat Gross teilt auf Anfrage mit, dass ein Gesuch für Errichtung eines Steinkreuzes tatsächlich eingekommen sei, von ihm aber wegen des Inhalts der beabsichtigten Inschrift habe abgelehnt werden müssen. Ebenso sei ein abgeänderter Zusatz von ihm abgelehnt worden«.[197]

Eaton hatte offenbar unter Umgehung der Freiburger Stadtverwaltung versucht, direkt über das Landratsamt sein Anliegen vorzubringen: Der Hang, wo man seinen Sohn aufgefunden hatte, liegt auf der Gemarkung Hofsgrund, also nicht auf Freiburger Gebiet. Er wollte mit dem Stein nicht

---

[196] Stadtarchiv Freiburg, C4/XIII/32/3 Naturereignisse, Unglücksfälle und Witterungsverhältnisse. Betreff: Unglücksfall englischer Schüler auf dem Schauinsland am 18. April 1936.

[197] Stadtarchiv Freiburg, C4/XIII/32/3 Naturereignisse, Unglücksfälle und Witterungsverhältnisse. Betreff: Unglücksfall englischer Schüler auf dem Schauinsland am 18. April 1936.

nur seiner Trauer über den Verlust seines einzigen Kindes Ausdruck verleihen, sondern öffentlich zum Ausdruck bringen, dass Lehrer Keast zumindest eine Mitschuld am Tod seines Sohnes trug, was nach dem jetzigen Stand der Dinge den Tatsachen entsprach. Das Anbringen dieser Inschrift wurde vom Badischen Bezirksamt, mit Schreiben des Landrates Groß vom 11. 2. 1937 an den Bildhauer, förmlich untersagt. Die Inschrift sei geeignet, »Anstoß zu erregen« und entspräche nicht den Tatsachen. Der englische Generalkonsul in Frankfurt, über diesen Beschluss in Kenntnis gesetzt, schrieb zurück, Mr. Eaton sei wohl seit dem Tod seines Sohnes »etwas wirr im Kopf«. Dieser war bereit, den letzten Teil der Inschrift abzuändern, der jetzt lauten sollte:

> »He died that others might live« (Er starb, damit andere weiterleben konnten).[198]

Der Satz entsprach insoweit der Wahrheit, weil Jack Alex Eaton sich wohl zu sehr verausgabt hatte, andere durch den Schnee zu schleppen und fünf Rucksäcke zusätzlich getragen hatte, wie Hofsgrunder Retter später zu Protokoll gaben. Eaton's neuer Text wiederum wurde abgelehnt mit der Begründung, der Text widerspräche dem tatsächlichen Verlauf des Geschehens. In dieser Situation – entweder ein Stein ohne kompromittierende Inschrift oder gar keinen – entschied sich die Familie Eaton für den Stein ohne die Inschrift. Bis heute sind aber die Spuren der wieder ausgemeißelten Worte auf dem Eaton-Gedenkstein deutlich sichtbar.

---

[198] Scherb, ebenda.

Abbildung 55: Der Gedenkstein (im Volksmund: kleines Engländerdenkmal), heute. Man sieht deutlich, dass die Inschrift ursprünglich länger war und auf Befehl der Nationalsozialisten ausgemeißelt werden musste.

Der Eaton – Gedenkstein wurde im Mai 1937 ohne offizielle Feiern aufgestellt.[199] Zum ersten Jahrestag des Unglücks hatte hingegen Oberbürgermeister Kerber verfügt (Schreiben vom 15. April 1937):

> Nach Rücksprache mit dem Oberbürgermeister soll nur eine schlichte Kranzniederlegung an dem englischen Gedenkstein, der in der Kapelle von Hofsgrund eingelassen ist, ohne besondere Feierlichkeiten stattfinden. Zu diesem Zwecke ist durch das Verkehrsamt unter Verrechnung der Mittel auf die Stadtkasse ein Kranz mit städtischer Schleife und folgender Widmung zu besorgen:
> Den jugendlichen Opfern des Schneesturms vom 17. April 1936 am ersten Jahrestag – gewidmet von der Stadt Freiburg im Breisgau.
> Die Niederlegung des Kranzes soll durch einen Beamten des Forstamts erfolgen.[200]

Damit hatte die Stadt Freiburg schon am ersten Jahrestag des Unglücks festgestellt, dass es nur eine offizielle Form der Erinnerungsarbeit am Schauinsland geben sollte: die der Nationalsozialisten, unabhängig von den englischen Eltern und auch unabhängig von der Trauer des Vaters Eaton. Nur: Wer sollte die Führung über diese nationalsozialistische Form von »Erinnerungskultur« übernehmen?

[199] Die Koordinaten des »Eaton Gedenksteins« sind: 47.911970,7.909969. Vom Kammweg unterhalb der Bergstation Richtung Rappenecker Hütte gehen, bis man den Platzhürst mit vielen Wegweiser erreicht (Sonnenobservatorium 1237 m). Den Weg Richtung Sessel, Hofsgrund und Steinwasenpark nehmen. Entlang des Wegs gehen, bis man den Wald verlässt. Auf der rechten Seite ca. 20 Meter bergab ist der Eaton-Gedenkstein. Am Weg eine neue Hinweistafel.

[200] Stadtarchiv Freiburg, C4/XIII/32/3 Naturereignisse, Unglücksfälle und Witterungsverhältnisse. Betreff: Unglücksfall englischer Schüler auf dem Schauinsland am 18. April 1936.

9. 3. Das Nazi-Denkmal am Schauinsland – ein Fake der besonderen Art.

Jeder Besucher des dritten Gedenkortes am Schauinsland wird vermutlich den Eindruck haben, dies sei das »offizielle« Denkmal für das Engländerunglück. Mehr wird auch nicht durch die amtlichen Hinweisschilder auf das »Engländerdenkmal« ausgedrückt. Man hat den Eindruck, als hätten die Denkmalbehörden des Landkreises Breisgau-Hochschwarzwald – zu deren Einzugsbereich es gehört – noch nie etwas von der wirklichen Geschichte der drei Denkmäler zur Kenntnis genommen. Tatsache ist, dass sie bis heute in keinen unmittelbar zwingenden Zusammenhang gestellt werden. Eine humanitäre Geste der Hofsgrunder Bevölkerung für eine verantwortungslos begonnene und letztlich gescheiterte Wanderung wurde nolens volens in einen außenpolitischen Wink mit dem Zaunpfahl an die Adresse Englands verkehrt und wirkt bis heute fort. Was mit dem weltweit gestreuten Bild der Totenwache der Hitlerjugend vor dem Hakenkreuz und dem Union Jack begonnen hatte, manifestiert sich bis heute im Engländer-Denkmal selbst als Willkommensgruß der Nationalsozialisten für alle Jugendlichen Europas, sich ihren Ideen anzuschließen. Für England war das 1936 unmissverständlich gemünzt auf die britischen Nationalsozialisten und ihre Jugendorganisationen, aber auch auf weitere Kleingruppen von Nazi-Unterstützern.[201] Für die Einbeziehung der HJ beim Denkmal mußte man

[201] In Großbritannien existierte während der 1930er Jahre die British Union of Fascists (BUF), eine faschistische Partei, die von Oswald Mosley gegründet wurde. Zunächst vom italienischen Faschismus inspiriert, orientierte sie sich ab 1936 zunehmend am Nationalsozialismus. Die BUF war antikommunistisch, protektionistisch und entwickelte ab 1936 eine antisemitische Programmatik. Im Mai 1940 wurden zahlreiche Mitglieder der BUF, darunter auch Mosley, von der britischen Regierung unter Winston Churchill interniert. Wenig später wurde die Partei offiziell verboten. Man rechnete damit, dass man den weltberühmten Gründer und Führer der

freilich vorab die Tatsache erfinden, dass die Hitlerjugend an der Rettung der Schüler beteiligt gewesen war, was nicht stimmte:

> Gemeinsam mit der Bevölkerung beteiligte sich die HJ an den Rettungsarbeiten, jedoch hatten 5 junge Engländer den Tod gefunden.[202]

Vom 26. – 29. Oktober 1936 weilte Reichsjugendführer Baldur von Schirach im Rahmen einer HJ-Führertagung im »Hotel Jägerhäusle« über der Stadt.

Großkundg~ung
auf dem Freiburger Münsterplatz

Heute abend 19.30 Uhr spricht

Reichsjugendführer Baldur v. Schirach

auf einer **Großkundgebung** auf dem Freiburger Münsterplatz. Die Volksgenossen von Freiburg und Umgebung bekunden ihre restlose Solidarität mit der **Jugend Adolf Hitlers.** Im Geist der **Einheit der Jugend** marschieren alle Schaffenden Freiburgs.

Keiner fehlt! **Erscheint in Massen!**

Bei schlechter Witterung findet die Kundebung in der Städt. Festhalle statt

Abbildung 56: Aufruf zur Großkundgebung mit Baldur von Schirach, dem Reichsführer der HJ auf dem Freiburger Münsterplatz am 27. Oktober 1937

In einer programmatischen Rede auf dem Münsterplatz setzte er seinen Schwerpunkt auf die Verständigung zwischen den Jugendlichen in Europa im Sinne des Nationalsozialismus. Was die »Alten« nicht geschafft haben, könnten die Jungen bewirken durch ihren Kampf und Einsatz. Da Oberbürgermeister Franz Kerber offenbar zögerte, diesen Absichten in Hinsicht auf das zukünftige Denkmal Taten

britischen Pfadfinderschaft Lord Robert Stephenson Smyth Baden-Powell für die Eröffnungsfeier des Denkmals gewinnen könnte.

202 Volksjugend (1936) Das Kampfblatt der badischen Hitlerjugend, 4. Jahrgang, Folge 5, Mai 1936.

folgen zu lassen, schaltete sich von Schirach im Januar 1937 noch einmal persönlich ein und informierte OB Kerber über seine Absicht, die Hitlerjugend des Bannes 113 ein Denkmal für die »verunglückten englischen Kameraden« errichten zu lassen.

Dieses sollte am zweiten Jahrestag der Katastrophe eingeweiht werden. Sein Druck zur baldigen Errichtung eines Denkmals passte durchaus in die außenpolitische Strategie der Reichsjugendführung der Hitlerjugend. Man wusste auch, dass Vater Eaton ein eigenes Denkmal in Auftrag gegeben hatte. Im Gegenzug wollte man ein »offizielles« Denkmal und unternahm große Anstrengungen, die Pfadfinder-Bewegung Englands und ihren Führer Lord Baden-Powell für die Eröffnung des Denkmals zu gewinnen. Lord Baden-Powell traf 1938 in London zwei Bevollmächtigte der Reichsführung der Hitlerjugend, Hartmann Lautenbacher und Jochen Beneman, die ihm eine Einladung nach Berlin zum Treffen mit dem »Führer« höchstpersönlich überreichten. Baden-Powell dankte und schrieb zurück, auch er glaube, dass die Gefühle von beiden Seiten echt seien.[203]

Die Denkmalplanungen verliefen nun mehrgleisig, zum Teil auch entgegengesetzt: Die Hofsgrunder Bevölkerung hielt zusammen mit der Skizunft weiterhin an ihrem ursprünglichen Vorhaben fest, einen Felsblock mit einer Inschrift zu versehen, die auf das Unglück selbst, seine Opfer sowie auf die Denkmalstifter verweisen sollte. Als Schmuckelemente waren ein Hakenkreuz und ein Bronzerelief geplant, das eine Glocke zeigen sollte. Baldur von Schirach konnte diese Entwicklung außerhalb seines Wirkungsbereiches keineswegs gefallen. Anfang März 1937 sprach sein Gebietsführer Friedhelm Kemper bei der Stadt vor und bestand auf der Errichtung eines Denkmals durch die Hitlerjugend. Die

[203] Zitiert nach http://www.dailymail.co.uk/news/article-1256241/The-Hitler-Youth-plot-tried-worm-way-Scout-movement.html#ixzz3rD1bWxT1

nationalsozialistische Presse unterstützte das Vorhaben der Hitlerjugend bereits enthusiastisch:

> Die fünf englischen Jungen, die das Opfer eines tragischen Unfalles wurden, sind für die Hitler-Jugend im Reich das Symbol jener Jugend des Auslandes, die bereit ist, durch enge Verbindung von Jugend zu Jugend auch die Bande von Volk zu Volk enger zu knüpfen. Die jungen (...) Engländer (...) fielen im Kampf für ein offenes, ehrliches und anständiges Verhältnis der Völker untereinander.[204]

Weder waren die Schüler der Strand-Schule auf »Staatsbesuch« bei der Hitlerjugend Baden gewesen, noch waren sie »gefallen«, sondern durch die Fehler ihres Lehrers elendiglich zu Tode gekommen.

Dass die Auseinandersetzung um die Zielrichtung des geplanten Denkmals zu einem handfesten Streit zwischen der Hofsgrunder Bevölkerung, der Stadt Freiburg und der Reichsführung der Hitlerjugend auszuarten drohte, hing auch ursächlich damit zusammen, dass die Freiburger HJ im April 1937 nach Querelen innerhalb ihrer Führung einen neuen Bannführer erhalten hatte: Heinrich (Heiner) Bieg.[205] Er sah es als sein oberstes Ziel gegenüber dem Freiburger NS-Oberbürgermeister Franz Kerber an, die Hitlerjugend zur Speerspitze der nationalsozialistischen Bewegung in Freiburg und Umland auszubauen, und zwar mit allen Mitteln: Das Engländerunglück und seine propagandistische Wirkung kam ihm da sehr gelegen.[206] Das Jahr 1938 wurde landesweit seitens der Reichsjugendführung zum »Jahr der Verständigung der europäischen Völker« ausgerufen, in

---

[204] Der Alemanne, 24. 3. 1937

[205] Heinrich Bieg (1912 – 1987) wurde im April 1937 als Bannführer der 113er (Freiburger Hitlerjugend) berufen. 1941 wurde er der Führer der »Reichsdeutschen Jugend« in der Schweiz mit der Maßgabe, möglichst viele deutsche Jugendliche, die in der Schweiz ansässig waren, zum freiwilligen Eintritt in die Wehrmacht zu gewinnen. Siehe auch Haumann, Heiko (2009): Heinrich Bieg – ein deutscher Nazi in der Schweiz; in: Schweizerische Zeitschrift für Geschichte, Volume 59, Nr. 3; und Hainmüller (1988).

[206] Hainmüller (1988) S. 53 ff.

dessen Verlauf dann das Schauinsland-Denkmal eingeweiht werden sollte.

Abbildung 57: Heinrich Bieg (Mitte) Bannführer der Hitlerjugend Freiburg, Bann 113 war der Vollstrecker des Parteiwillens: Die HJ baute 1938 das Denkmal am Schauinsland.

In dieser Konzeption blieben für die eigentlichen Retter in Hofsgrund natürlich nur noch Statistenrollen übrig. Im April 1937, ein Jahr nach dem Unglück, setzte die HJ dann alle Hebel in Bewegung, um das Denkmalprojekt endlich nach ihren Vorstellungen zu verwirklichen. Baldur von Schirach ließ über Gebietsführer Kemper den Verantwortlichen mitteilen, dass er die lokale Planung, einen vorhandenen Felsblock mit einer Inschrift zu versehen, als »ärmlich« erachtete und deshalb nicht befürworten könne. Er habe inzwischen den namhaften Karlsruher Kunstprofessor Hermann Alker beauftragt, sich mit der Gestaltung des Projekts zu befassen, die letzte Entscheidung über die Ausführung des Denkmals

behalte er sich aber ausdrücklich vor. Um den Stellenwert des Vorhabens zu unterstreichen, drohte der Reichsjugendführer damit, *dass der Führer selbst (...) mit der Angelegenheit befasst werden solle.*[207] Es kann hier noch einmal betont werden, dass entgegen ihrer Behauptung, sie habe an der Rettungsaktion in Hofsgrund mitgewirkt, die Freiburger Hitlerjugend zu keinem Zeitpunkt irgend einen Anteil an der Rettung der englischen Schüler für sich beanspruchen konnte. Sie wurde als reines Propaganda-Instrument benutzt, wenngleich bei vielen Hitlerjungen eine emotionale Beziehung zu dem tragischen Unglück vorhanden war. Am 8. Mai 1938 fand eine Vor-Ort-Besichtigung statt, an der hochrangige Führer der Hitlerjugend aus Berlin teilnahmen. Die Zeit drängte jetzt, denn zum ersten Jahrestag des Gedenkens an den Tod seines Sohnes hatte Vater Jack Eaton seinen Gedenkstein dort aufstellen lassen, wo sein Sohn gestorben war.
Der Eaton – Gedenkstein wurde im Mai 1937 aufgestellt.[208] Das heutige »Engländerdenkmal« wurde erst ein Jahr später nach Beendigung der Querelen zwischen der Stadt und der Hitlerjugend fertiggestellt. Man einigte sich, ohne Berücksichtigung des Vorschlags der Skiläufer-Vereinigung Hofsgrund (Felsblock mit Inschrift) und eines Alternativvorschlags des Freiburger Oberbaudirektors Schlippe (Vorschlag: Denkmalweg mit fünf Gedenksteinen an den jeweiligen Fundstellen der Opfer bis zur Hofsgrunder Kirche), auf die Planungen des Karlsruher Architekten Alker, der

---

[207] Mitteilungen vom 24. 4. 1937 und 8. 5. 1937, Stadtarchiv Freiburg C4/XII/4/10.

[208] Die Koordinaten des »Eaton Gedenksteins« sind: 47.911970,7.909969. Vom Kammweg unterhalb der Bergstation Richtung Rappenecker Hütte gehen, bis man den Platzhürst mit vielen Wegweiser erreicht (Sonnenobservatorium 1237 m). Den Weg Richtung Sessel, Hofsgrund und Steinwasenpark nehmen. Entlang des Wegs gehen, bis man den Wald verlässt. Auf der rechten Seite ca. 20 Meter bergab ist der Eaton-Gedenkstein. Am Weg eine neue Hinweistafel.

ein Denkmal auf einem eigens erstellten Plateau[209] vorsah – Baldur von Schirach hatte sich wohl durchgesetzt. Im Sommer 1938 wurde das Denkmal nach aufwendigen Planierungsarbeiten durch die Hitlerjugend aufgebaut. Am 12. Oktober 1938 wollte der Reichsjugendführer persönlich gemeinsam mit einem hochrangigen Mitglied des britischen Könighauses, Vertretern der Pfadfinderschaft Englands oder zumindest des britischen Botschafters in Berlin, Sir Neville Henderson, das Denkmal einweihen, um mit diesem feierlichen Akt erneut die Völker- und Jugendfreundschaft Deutschlands und Englands zu beschwören. Die ursprüngliche Inschrift auf dem Denkmal verwies zwar auf das Naturereignis, führte aber gleichzeitig die Legende von den »gefallenen Kameraden« weiter:
Sie lautete auf Deutsch wie folgt:

> 27 englische Kameraden kamen am 17. April 1936 auf der östlich nach Hofsgrund abfallenden Halde durch nächtlichen Schneesturm und Nebel in Bergnot. In völliger Erschöpfung starben hier:
>
> Francis Bourdillon, 15. 10. 1923
> Alex Jack Eaton, 16. 6. 1921
> Peter Ellercamp, 8.5. 1922
> Stanley M. Lyons, 30. 4. 1922
> Roy Martin Witham, 15.11. 1921
>
> Die Jugend Adolf Hitlers ehrt das Gedächtnis der englischen Sportkameraden durch dieses Denkmal.[210]

Der englische Text hingegen führte nicht nur die Sportskameraden (Sport comrades – ein solches Wort gibt es im Englischen gar nicht) ein, sondern ergänzte sie durch »The English Boyscouts« – die Strand Schüler waren aber nachweislich keine Pfadfinder. Dies war offensichtlich auf die Boys Scouts von Baden-Powell gemünzt, der das Denkmal

---

[209] Das Plateau entspricht nicht dem Unglücksort, dieser war viel weiter nördlich Richtung Observatorium.
[210] Scherb, S. 175.

mit eröffnen sollte. Die Sudetenkrise, der das Münchner Abkommen vom 30. September 1938 folgte, versenkte das Denkmal in die Bedeutungslosigkeit.[211] In England war den Zeitungen nach der Fertigstellung des Denkmals dieses Ereignis nur noch wenige Zeilen wert.[212] Mit dem Eintritt Englands in den Krieg 1939 begann kaum ein Jahr nach der Fertigstellung bereits die Demontage des Engländerdenkmals, das niemals offiziell eingeweiht wurde.[213]
Die Inschrift auf dem Denkmal wurde bereits während der Naziherrschaft »von Unbekannten« ausgemeißelt, das NS-Hoheitszeichen mit Hakenkreuz beließ man. Am 9. Mai 1945, also einen Tag nach der bedingungslosen Kapitulation Deutschland gegenüber den Alliierten geschah in Freiburg ein letzter Akt, um sich vom Propaganda-Coup der Nationalsozialisten endgültig zu lösen. In einem Beschluss der neuen kommissarischen Leitung der Stadtverwaltung wurde das Städtische Gartenamt angewiesen:

> Auch das Denkmal der fünf englischen Schüler auf dem Schauinsland ist zu überprüfen.[214]

---

[211] Das Münchner Abkommen wurde in der Nacht zum 30. September 1938 von den Regierungschefs Großbritanniens, Frankreichs, Italiens und des Deutschen Reiches unterzeichnet und sah die Eingliederung des Sudentenlandes an das Deutsche Reich vor. Mit ihm war die Annäherung Hitlers an die Westmächte beendet.

[212] The Times (London, England), Wednesday, Dec 07, 1938; pg. 9; Issue 48171. German Memorial to London boys.

[213] Obwohl das Engländerdenkmal eigentlich in der Rechtsnachfolge der Reichsjugendführung der Hitlerjugend ein dem Bund gehörendes Denkmal ist, wird es bis heute von Freiwilligen aus Hofsgrund ehrenamtlich erhalten.

[214] Stadtarchiv Freiburg, C4/XIII/32/3 Naturereignisse, Unglücksfälle und Witterungsverhältnisse. Betreff: Unglücksfall englischer Schüler auf dem Schauinsland am 18. April 1936.

Abbildung 58: Das ursprüngliche Engländerdenkmal 1938.[215]

Man kann sich kaum vorstellen, dass die provisorische neue Stadtverwaltung, eingesetzt von den französischen Besatzungsbehörden, angesichts der komplett zerstörten Innenstadt mit Ausgebombten und Traumatisierten offen-

[215] Scherb (2011) S. 176, Abbildung 113.

bar nichts Besseres zu tun hatte, als sich der Vergangenheit sofort zu entledigen. Am 30. Juni 1945 führte das Städtische Forstamt eine Begehung des Denkmals durch und stellte fest:

> Das Denkmal befindet sich baulich noch in gutem Zustand. (...) Die Inschrift über den Unfall und die Namen der ums Leben gekommenen Schüler sind aber kaum mehr leserlich. (...) Der Kopf des Denkmals wird durch einen überlebensgroßen Hoheitsadler gekrönt, von dem mindestens das Hakenkreuz im Kranze entfernt werden müßte.[216]

Am 31. August 1945 reagierte das Städtische Hochbauamt in Form von Oberbaudirektor Schlippe[217] mit einem Schreiben an den Oberbürgermeister:

> An dem Denkmal für die Ende April 1936 im Schneesturm auf dem Schauinsland verunglückten Schülern soll sich ein Hoheitszeichen befinden, das sofort zu entfernen ist.[218]

Oberbaudirektor Schlippe ließ es sich auch nicht nehmen, am 10. Oktober 1945 das Denkmal zu besuchen und schrieb anschließend an den Oberbürgermeister:

> Am 10. Oktober habe ich gemeinsam mit Herrn Oberforstrat Dr. Schweigler das Denkmal auf dem Schauinsland besichtigt. (...) Wie Oberforstrat Dr. Schweigler am 30.6.45 schon berichtet hat, ist die Inschrift völlig unleserlich gemacht worden, weil man zu Kriegsbeginn die Erinnerung an den Vorgang und an die damalige Solidarität gegenüber einer solchen Katastrophe anscheinend auslöschen wollte. Es müßte u. E. festgestellt werden, wie die Inschrift gelautet hat. Alsdann sollte sie nach Möglichkeit an dem Denkmal wieder angebracht

---

[216] Stadtarchiv Freiburg, C4/XIII/32/3 Naturereignisse, Unglücksfälle und Witterungsverhältnisse. Betreff: Unglücksfall englischer Schüler auf dem Schauinsland am 18. April 1936.

[217] Joseph Schlippe (1885 - 1970) war Architekt, Stadtplaner und Baubeamter. Er war als Oberbaudirektor der Stadt Freiburg im Breisgau 1945 nahtlos in die neue Stadtverwaltung überführt worden.

[218] Stadtarchiv Freiburg, C4/XIII/32/3 Naturereignisse, Unglücksfälle und Witterungsverhältnisse. Betreff: Unglücksfall englischer Schüler auf dem Schauinsland am 18. April 1936.

werden. Der Hinweis auf die H.J. die u. W. das Denkmal seinerzeit in Bestellung gegeben hat, darf nicht wiederholt werden, zumal sie bei der Rettung der überlebenden Schüler ja gar nicht beteiligt war, sondern nachträglich sich mit der Angelegenheit befaßt hat. Der Anregung des Herrn Oberforstrats, das Hoheitszeichen zu entfernen, muß stattgegeben werden. Zumindest müßte das Hakenkreuz in dem Kranz auf dem Hoheitszeichen abgemeißelt werden, u. E. genügt dies aber nicht. (...) Wir bitten um Zustimmung zu diesem Vorschlag und um Angabe, auf welches Konto die dadurch entstehenden Kosten verrechnet werden sollen.[219]

Man kann also feststellen, dass immerhin nur neun Jahre nach dem Unglück ein ranghoher Vertreter der Stadt Freiburg zugibt, die Hitlerjugend habe mit der Rettung der Engländer gar nichts zu tun gehabt. Das wusste zwar jeder Freiburger auch, es durfte aber bis zum Ende der Nazi-Herrschaft nicht öffentlich gesagt werden.
Der Reichsadler mit dem Hakenkreuz wurde kurz danach abgeschlagen und man brachte den Text der Inschrift wieder an, allerdings mit dem feinen Unterschied, dass aus der *»Jugend Adolf Hitlers«* als Errichter des Denkmals nun die *»Deutsche Jugend«* wurde. Besucher können noch heute ohne Mühe die Originalschrift lesen, sowohl beim englischen wie auch beim deutschen Text. Bei einer Renovierung im Jahre 2003 wurde auf der deutschen Textseite, versehentlich oder nicht, die alte Inschrift wiederhergestellt (»die Jugend Adolf Hitlers«). Die Frage, warum man die Inschrift wiederherstellte, ob dies rechtslastige Personen bewusst getan hatten, oder ob es einfach ein Planungsfehler war, ist bis heute ungeklärt. 2004 jedenfalls wurde das Denkmal ein drittes Mal »gesäubert«. Jetzt heißt es nur noch im Text: »Die Jugend ehrt das Gedächtnis der englischen Sportskameraden«. Es gibt Hinweise von Verwandten, dass einige Überlebende später – vor allem nach dem Krieg – das »Engländerdenk-

[219] Stadtarchiv Freiburg, C4/XIII/32/3 Naturereignisse, Unglücksfälle und Witterungsverhältnisse. Betreff: Unglücksfall englischer Schüler auf dem Schauinsland am 18. April 1936.

mal« in Hofsgrund besucht haben. Bei den Dreharbeiten mit einem Team des SWR am 17. April 2016 lag ein Kranz der »Old Strandian Association«, der Gesellschaft ehemaliger Strand-Schüler aus London, am Denkmal.

Kapitel 10: Schlussbemerkungen

Als ich meine Recherche zum Engländer-Denkmal im Jahre 2001 startete, stolperte ich über die dortige Hinweistafel und das Wort »plötzlicher Blizzard«. Ein »Blizzard« am Schauinsland, dem Freiburger Hausberg? Wer hatte diesen Begriff Blizzard erfunden? Es war der Lehrer selbst, der ihn zuerst an die Presse gab. Tatsächlich war es ein Schneesturm, entstanden aus einer Schlechtwetterlage, der sowohl in Freiburg wie auch auf dem Schauinsland Schnee in beträchtlichen Mengen hinterließ. Jeder Freiburger weiß, dass wenn es in Freiburg Schnee grieselt, auf dem Hausberg die Hölle los sein kann, mit Windgeschwindigkeiten von 100 km pro Stunde und Schneeverwehungen von einem Meter oder mehr. Aber einen »plötzlichen Blizzard«, der einem »überfällt«, wie ihn Lehrer Keast so unermüdlich schilderte, gab es am Schauinsland nicht. In einen Schneesturm läuft man hinein, wenn man nicht sofort aus der Höhe absteigt. Im Stadtarchiv Freiburg fand ich die Bestätigung durch den kurzen Bericht von Stanley C. Few, der schilderte, wie die Gruppe in die »Hölle« hineingelaufen war, von 268 Meter Meereshöhe in Freiburg auf 1.200 Meter Meereshöhe nahe des Schauinslandgipfels.[220] Mir drängte sich der Verdacht auf, dass hier jemand schreckliche Fehler begangen haben musste, um in eine solche Situation hinein zu kommen. Dazu fand ich aber im Stadtarchiv keine weiteren Unterlagen. Alles sei im Feuersturm des 27. November 1944 verbrannt worden, mit Ausnahme des städtischen Schriftverkehrs darüber. Die damaligen Tageszeitungen berichteten über den Schneesturm und die Rettung der 22 Schüler, aber nichts darüber, wer und vor allem warum die Gruppe in diese Situation gebracht hatte. Ich kontaktierte die Deutschland-Kor-

[220] Stadtarchiv Freiburg M 2/104 Bericht Stanley C. Few.

respondentin des britischen »Guardian«, Kate Connolly, wegen Hilfe bei der Suche nach Dokumenten. Sie öffnete mir die Türen zu den englischen Archiven und dort fand ich die übersetzten deutschen Original-Dokumente, die mir die Komplexität des Geschehens erst eröffneten. Jetzt wurde die Sicht klarer. Mindestens vier Ereignisse waren zusammengekommen:

- Erstens der Tod von fünf englischen Jugendlichen am 17. April 1936 am Schauinsland, hervorgerufen durch die grobe Fahrlässigkeit des Lehrers Keast;
- zweitens der Missbrauch des Unglücks durch die nationalsozialistische Propaganda, bei der die Verunglückten in eine staatspolitische Rolle hineinversetzt wurden, die sie nie besaßen;
- drittens der verzweifelte Versuch des Vaters Jack Eaton, die Wahrheit herauszufinden;
- viertens das Zusammenwirken von amtlichen britischen und deutschen Seiten, den wirklichen Sachverhalt durch Vertuschung ungesühnt stehen zu lassen.

Aber es fehlten immer noch die deutschen Originalakten, die angeblich verbrannt waren. Ich fand sie 2020 per Zufall im Staatsarchiv Freiburg, verborgen unter der Signaturbezeichnung »Tod von fünf englischen Schülern in einem Schneesturm im Schauinsland« unter einem Stapel Zeitungsmeldungen zum Unglück. Jetzt konnte ich sortieren: Wie hatte man in Freiburg ermittelt, was hatte man nach England geschickt, was hatte dort man mit diesen Unterlagen getan? Nach dem Vergleich wurde mir klar, dass entgegen meiner ursprünglichen Annahme die Staatsanwaltschaft Freiburg gute Ermittlungsarbeit geleistet hatte, aber die englische Seite diese an den entscheidenden Punkten ignorierte. Warum sie das tat, geht aus den deutschen Akten nicht hervor. Dazu müssten die Akten des Foreign Office durchforstet werden. Es bleibt offen, wie viele Winter noch ins Land gehen müssen, bis sich das ereignet, was Leonardo da Vinci über die Entlarvung der Lüge bemerkt:

> Alles, was im Winter versteckt ist und unter dem Schnee liegt, wird im Sommer aufgedeckt sein und offen daliegen. Gesagt für die Lüge, die nicht verborgen bleiben kann.[221]

Legt man hinter das Geschehen am Schauinsland 1936 die historische Folie des Verlaufs der Beziehungen zwischen Deutschland und England vor und nach dem Unglück, lässt sich ermessen, welche verhängnisvolle Fehleinschätzung die englische Appeasement-Politik darstellte und damit auch die Einschätzung des britischen Außenministeriums, das Unglück sei »ohne Belang« und die Nachverfolgung der Fehler des Lehrers unnötig. Kaum drei Jahre später waren die meisten überlebenden Schüler im wehrfähigen Alter und mussten gegen Nazi-Deutschland kämpfen. Maurice ›Boy‹ Harrison, »Lance Sergeant« im Ersten Bataillon der »Queen's Westminsters« starb mit 20 Jahren am 28. März 1942 und wurde auf dem Escoublac – Kriegsgräberfriedhof in Frankreich begraben. Stanley C. Few weigerte sich, auf europäischem Boden gegen die Deutschen zu kämpfen und ließ sich bewusst in Indochina einsetzen, wo er den Krieg überlebte. Donald E. M. Hooke, ein weiterer Überlebender, kämpfte gegen die deutsche Wehrmacht in Nordafrika. Er wanderte später nach Perth, Australien, aus.[222]
Viele Freiburger hielten die Rettungsaktion nach dem Engländer-Unglück für eine Ursache, dass Freiburg während des Krieges zunächst wenig bombardiert worden war. Dieses Gerücht war ein folgenschwerer Irrtum, denn zwischen 19:58 Uhr und 20:18 Uhr traf am 27. November 1944 die »Operation Tigerfish« Freiburg im Breisgau. »Tigerfish« war

[221] Leonardo da Vinci (2003): Die Aphorismen, Rätsel und Prophezeiungen, München, S. 91.
[222] Unterlagen zur Verfügung gestellt von Bruce and Debra Cadee aus Perth, Australien.

der militärische Codename für den mit Abstand schwersten Luftangriff der »Royal Air Force« auf Freiburg, dem rund 2.800 Menschen zum Opfer fielen. Die Bezeichnung »Tigerfish« ging auf Air Vice Marshal Robert Saundby zurück, der als begeisterter Angler alle für Flächenbombardements »geeigneten« deutschen Städte mit einem »Fish code« versehen hatte. Durch 292 Lancaster-Bomber der No. 1 Bomber Group, welche 3.002 Sprengbomben, 11.523 Brandbomben und 266 Tonnen Markierungsbomben abwarfen, ging der historische Altstadtkern in Flammen auf. In den Stadtteilen Neuburg, Betzenhausen und Mooswald sowie im nördlichen Teil des Stühlingers wurden rund 30 % aller Wohnungen zerstört oder schwer beschädigt. Nur das Freiburger Münster ragte am Ende fast unbeschädigt aus der Trümmerwüste.
Es gibt noch einen Mosaikstein des Engländer – Unglücks, der für diejenigen, die in der Arbeit mit »Schutzbefohlenen« stehen, von besonderer Bedeutung ist: Das Bergunglück am Schauinsland ist nicht das einzige Unglück, das auf das Fehlverhalten von Lehrern oder Erziehungspersonen zurückzuführen ist, weder in Deutschland noch in England.
Nicht umsonst hat man die »richtigen« Verhaltensweisen im Umgang mit außerunterrichtlichen Veranstaltungen inzwischen in Verordnungen und Handlungsanweisungen niedergelegt (verstärkt immer nach Unglücken!). Laut einer Übersicht von BBC 4 sind aber dennoch im Vereinigten Königreich zwischen 2002 und 2015 sieben Schulkinder bei Ausflügen ums Leben gekommen[223]. Der extremste Fall hierbei ist sicher der Tod des 17 Jahre alten Eton-Schülers Horatio Chapple, der 2011 bei einer Schulfahrt nach Spitzbergen von einem Eisbär getötet wurde. Auch in Deutschland sind solche Ereignisse nicht selten. Was im Volksmund heute noch als »Engländerunglück« tituliert wird, ist später

[223] BBC News, 23. Juli 2015, https://www.bbc.com/news/uk-england-33634567

Abbildung 59: Das Freiburger Münster nach der Operation »Tigerfish« am 27. November 1944.[224]

von vielen Zeitgenossen mit der »Tragödie am Dachstein« vom 15. April (auch ein Apriltag) 1954 verglichen worden. Hier hatten sich zehn deutsche Schüler und vier Lehrkräfte aus Heilbronn im Dachsteingebirge in einem Schneesturm verirrt und waren erfroren. Auch beim Dachstein-Unglück spielte die Hauptrolle der Tragödie die Tatsache, dass der verantwortliche Lehrer Hans Georg Seiler trotz ungünstiger Wetterlage mit einer 14köpfigen Gruppe (zehn Schüler und vier Lehrer) am 15. April 1954, dem Gründonnerstag, eine Bergwanderung unternahm, unterwegs mehrfach ge-

[224] https://de.wikipedia.org/wiki/Operation_Tigerfish

warnt wurde (so unter anderem von der Hüttenwirtin der Schönbergalm und zwei Arbeitern der Materialseilbahn), aber trotzdem weiter unbeirrt aufstieg, statt abzusteigen. Nachdem die Gruppe am Abend nicht in ihre Unterkunft zurückgekehrt war, wurde noch in der Nacht eine Suchaktion gestartet. Da der Lehrer Seiler dem Herbergsvater gegenüber eine falsche Routenangabe gemacht hatte, fand man erst am Osterdienstag erste Spuren der Gruppe, am darauffolgenden Wochenende die ersten Toten und nach rund eineinhalb Monaten die letzten. Die Suchaktion war eine der größten der alpinen Geschichte mit über 400 Bergrettern, Alpingendarmen und freiwilligen Helfern. Die Lehrerin Hildegard Mattes überlebte als Einzige das Unglück, da sie nach zwei Stunden Fußmarsch umgekehrt war.[225] Direkt nach der »Dachsteintragödie« hatten die Heilbronner Schulbehörden die Unterlagen der Freiburger Staatsanwaltschaft zum Engländerunglück angefordert und auch bekommen.[226] Die Parallelität war offensichtlich. Im Falle des Engländerunglücks wurden bisher keine Bilder des direkten Geschehens am 17. April 1936 gefunden. Beim »Dachstein-Unglück« hingegen fanden die Rettungsmannschaften in der Kamera eines der tödlich verunglückten Schüler zwei Aufnahmen von den letzten Stunden dieser Schülergruppe in einer ausweglosen Situation. Mit ein wenig Phantasie kann man sich gut vorstellen, dass es am Schauinsland-Kammweg am 17. April gegen 19 Uhr ähnlich aussah.

[225] Schrenk, Christhard (Hg), (2004): Das Heilbronner Dachsteinunglück 1954, Stadtarchiv Heilbronn, S. 23 ff.

[226] StAF A 40/1 Nr. 398, Schreiben der Schulbehörde Heilbronn, 20. Mai 1954.

Abbildung 60: Das vorletzte Bild aus der Kamera eines tödlich verunglückten Schülers des Dachsteinunglücks 1954 zeigt den Lehrer Sailer (rechts), wie er immer noch aufwärts gehend bis zu den Knien im Schnee pflügt.[227]

Abbildung 61: Das letzte Bild der Heilbronner Schülergruppe – der Nebel hat sie eingehüllt, so wie auch die englische Gruppe am Schauinsland.[228]

[227] Schrenk, Christhard, (Hg.) (2004): Das Heilbronner Dachsteinunglück 1954. Zehn Schülöer und dreii Lehrer verlieren am Karfreitag ihr Leben. Stadtarchiv Heilbronn, S. 23.

[228] Schrenk, Christhard, (Hg.) (2004): Das Heilbronner Dachsteinunglück 1954. Zehn Schülöer und dreii Lehrer verlieren am Karfreitag ihr Leben. Stadtarchiv Heilbronn, S. 24.

Wenn wir auf den Berghang am Schauinsland heute blicken und die drei Denkmale betrachten, drängt sich die Frage auf: Können/wollen wir die Natur »bezwingen«, wie es Lehrer Keast auf Kosten seiner Schüler versucht hat? Niemand würde heute diese Frage nach dem Dargelegten mit »Ja« beantworten. Dennoch muss sich jeder zukünftige Lehrer die Frage stellen: Was ist verantwortliches pädagogisches Handeln heute und in Zukunft? Die Philosophin Martha Nussbaum sagt: »Education is cultivating humanity«[229]. »Humanity« bedeutet beides: die Menschheit und Menschlichkeit; »cultivating« hat einen klaren landwirtschaftlichen Beiklang: Wie ein guter Wein gepflegt wird, so soll das mit den jungen Menschen geschehen. Die Entfaltung menschliches Gedeihens ist – um mit Bertold Brecht zu sprechen – das Einfache, das schwer zu machen ist. Nur der, dem die Werkzeuge an die Hand gegeben werden, aus seinen Befähigungen, seinen Potentialen, seinen Kompetenzen, seinen Träumen und seinen Hoffnungen etwas für sich Passendes machen zu können, kann in sich wohnen, häuslich werden und sich in der menschlichen Gesellschaft niederlassen. Er kann nur dann zum tätig werdenden Mitglied einer Globalgesellschaft werden, wenn er sich als Teil einer solidarischen Welt erfahren hat, die ihm zur Seite gesprungen ist, als er in Not war. Nur dann wird er die Leuchtkraft einer Human- und Zivilgesellschaft weitertragen.
Unglücke wie am Schauinsland sind verbunden mit traumatischen Erfahrungen, die Beteiligte oft ein Leben lang schwer belasten. Das ist auch das Fazit vieler Nachkommen, mit denen wir gesprochen haben. Ihre Großväter hatten keine Chance, die schrecklichen Stunden zu verdauen und mussten damit leben, davongekommen zu sein, während andere untergingen. Die meisten reagierten mit Schweigen; eine kollektive Beschäftigung mit dem Geschehen hat nicht

[229] Nussbaum, Martha (1997), S. 23 ff.

stattgefunden. Nichts lässt sich ungeschehen machen, doch eine sorgfältige Aufarbeitung ist auch posthum sinnvoll, bringt Licht in dunkle Ecken, kann echte Trauerarbeit ermöglichen und zukunftsweisende Impulse setzen.

Anhänge

Anhang 1: Brief des englischen Generalkonsuls Smallbones in Frankfurt an das Foreign Office, London vom 27. April 1936[230]

Britisches Generalkonsulat,
Frankfurt am Main.

27. April 1936

Sir,
Ich habe die Ehre, auf meine Aufzeichnungen zu den Ereignissen des 18ten Bezug zu nehmen, die meinen telefonischen Bericht an die Konsulatsabteilung hinsichtlich des Todes fünf englischer Schüler bei Freiburg bestätigen.

1. Mir liegen mittlerweile Abschriften der Berichte über das Unglück vor, die von den örtlichen Behörden zur Berichterstattung an ihre vorgesetzten Stellen angefertigt worden sind. Von folgenden Dokumenten habe ich Übersetzungen erstellen lassen und füge sie bei:
Anlage 1, ein Bericht des Polizeikommissars in Freiburg. Anlage 2, ein Bericht des Kommissars in Kirchzarten. Anlage 3, ein Brief des Freiburger Staatsanwaltes an mich einschließlich einer Aussage von Mr. Keast, dem leitenden Lehrer der Gruppe.

2. Ihnen wird auffallen, dass die deutschen Behörden gegen Mr. Keast keinerlei Vorwürfe mehr erheben. Ich teile diese Ansicht. Ich habe mit mehreren Personen in Freiburg gesprochen, die mit dem Unglück befasst waren und mit den örtlichen Verhältnissen vertraut sind. Dr. Kopp, der den Jun-

230 London County Council, Education Committee, Teaching Staff Sub-Committee, 15. Mai 1936, The Black Forest Accident; Kopie No. K 5014/4500/218 Foreign Office, 11. Mai 1936. Kopie in: StAF, A 40/1 Nr. 398.

gen Erste Hilfe geleistet hat, hat mich aufgesucht und mir seine Ansicht mitgeteilt. Er stammt gebürtig aus Freiburg, und obwohl er mittlerweile als Kassenarzt in Frankfurt tätig ist, verbringt er seine Urlaube seit 47 Jahren regelmäßig auf der Halde, nahe dem Ort des Unglücks. Ein solcher Schneefall um diese Jahreszeit hat sich in der Gegend wohl noch nie ereignet. Der Schnee kam so massiv und plötzlich, dass sogar Hirsche von den Wildhütern freigeschaufelt werden mussten; der Schnee lag so tief und weich, dass auch Ski nichts nützten. Man musste »Schneeschuhe« einsetzen, hölzerne, mit festem Netzwerk bespannte Rahmen, um sich auf dem Schnee fortzubewegen. Die einzige wesentliche Frage scheint mir zu sein, ob Mr. Keast früher hätte umkehren müssen. Die Faktenlage deutet darauf hin, dass es in dem Moment, in dem ihm die Gefahr bewusst wurde, gefährlicher gewesen wäre, umzukehren als weiterzugehen. Allgemein heißt es, dass er sehr besonnen und tapfer gehandelt und alles in seiner Macht Stehende unternommen hat, um das Leben der ihm anvertrauten Jungen zu retten.

3. Möglicherweise hätte das Unglück abgewendet werden können, wenn die Gruppe sich mit deutschen Jugendorganisationen in Verbindung gesetzt hätte. Dadurch hätten sie Begleitung gehabt, und ihr Führer hätte vor dem Aufbruch Erkundigungen bezüglich des Wetters eingeholt, auch hätte er die Gruppe im Schneesturm mit höherer Wahrscheinlichkeit in Sicherheit bringen können. Die deutschen Jugendorganisationen sind in solchen Fällen gern zur Kooperation bereit, und ich lege Ihnen nahe, diese Bereitschaft allen Organisatoren solcher Fahrten im Vereinigten Königreich bekannt zu machen. Allerdings waren einige in der Gruppe unzureichend bekleidet. Um diese Jahreszeit sind leichtes Schuhwerk, kurze Hosen und freie Knie für Wanderungen in deutschen Gebirgen nicht angemessen.

4. Die deutschen Stellen haben alles ihnen Mögliche getan, um die Gruppe – sobald sie von der Notlage erfahren hatten

– in Sicherheit zu bringen und das Leben der erschöpften Jungen zu retten. Die Überlebenden wurden gut versorgt, den Verstorbenen wurden großer Respekt und Mitgefühl entgegengebracht. Die Hitlerjugend stellte eine Wache, die an den Särgen Posten bezog. Dem von Reverend Richard H. Courtenay abgehaltenen Gottesdienst wohnten Delegierte des Reiches sowie von örtlichen zivilen und militärischen Einrichtungen bei. Die Straße von der Leichenhalle zum Bahnhof war von Angehörigen der Deutschen Jugend gesäumt. Gemäß den Anweisungen des Berliner Botschafters Seiner Majestät war ich dabei auch anwesend. Eine Abteilung von 25 Hitlerjungen gab bis zur deutschen Grenze das Grabgeleit.
5. Die Frage, wer für die Kosten der Überführung der Leichen nach England aufkommt, hat für einige Verwirrung gesorgt. Soweit mir bekannt ist, hat die deutsche Regierung sich dazu bereit erklärt, die Kosten bis zur deutschen Grenze zu übernehmen. Die Stadt Freiburg hat bereits die gesamte Strecke bis London bezahlt, allerdings in der Erwartung, diese Kosten erstattet zu bekommen. Ich stehe diesbezüglich noch mit Mr. L. S. Dawe, dem Direktor der Strand School, in Kontakt, und habe ihm angekündigt, dass ich ihm zu gegebener Zeit durch das Außenministerium einen Bericht über das Unglück zukommen lassen werde.
Eine Kopie dieses Schreibens geht an den Botschafter Seiner Majestät in Berlin.

Ich verbleibe, Sir, Ihr untertänigster, ergebenster Diener,
(Sd) R.T. Smallbones.

Anhang 2: Brief des Oberstaatsanwalts Eugen Weiss an das Reichsjustizministerium in Berlin, an das Britische Generalkonsulat Frankfurt, weiterzuleiten an den School Travel Service (Mr. Groves) und das Foreign Office, London.

2 AR 48/36 Freiburg, 30. April 1936

Der Tod von 5 englischen Schülern im Schauinslandgebiet betreffend.

– An den Reichsinnenminister der Justiz in Berlin durch den Herrn Generalstaatsanwalt in Karlsruhe –

Die gemäß §§ 153, 160 St.P.O in Verbindung mit § 4 der Richtlinien für das Strafverfahren gemachten Erhebungen über den Tod der 5 englischen Schüler im Schauinslandgebiet am 17. bzw. 18. April 1936 hatten folgendes Ergebnis: Der am 1.6.1908 in Mitcham Surrey geborene Kenneth Keast, Lehrer an der »Strand-Schule« in London war als alleiniger Führer von 27 Schülern dieser Schule im Alter von 12 1/2 bis 18 Jahren unmittelbar von London mit der Bahn am Donnerstag, den 16. April 1936 (Osterwoche) morgens in Freiburg eingetroffen, um von hier aus am Freitag, den 17. April vormittags eine Fußwanderung durch den südlichen Schwarzwald anzutreten. Der Plan zu dieser Wanderung, auf welcher regelmäßig in Jugendherbergen übernachtet werden sollte, war von der Firma »School Travel Service« in London, Inhaber Viktor Groves, ausgearbeitet worden und sollte am dritten Tag, also am ersten Wandertag, von Freiburg über den Schauinsland und dem Gasthaus zum Notschrei nach der Jugendherberge nach Todtnauberg führen und dann an weiteren 5 Tagen über Todtmoos-Feldberg-Titisee nach Himmelreich (Station der Höllentalbahn Freiburg-Neustadt) führen, von wo aus am 23. April mit der Bahn die Rückreise angetreten werden sollte mit nochmali-

gem Übernachten in der Jugendherberge in Freiburg in der Nacht vom 23. auf 24. April.
Nach Angaben des Lehrers Keast war er mit seinen 27 Schülern nach der Ankunft in Freiburg am Donnerstag Morgen zunächst in die Jugendherberge am Peterhof gegangen, wo nach der Bahnfahrt gefrühstückt wurde und einige Schüler sich auch zum Schlafen niederlegten; im Übrigen war dieser Tag der Besichtigung der Stadt, des Münsters und der allernächsten Umgebung (Schlossberg) gewidmet. Es wurde auch an diesem Abend nach Angabe des Lehrers sehr früh zu Bett gegangen, sodass gesagt werden kann, dass die Schüler ausgeruht am Vormittag des 17. April die Fußwanderung antraten.
Der von dem »School Travel Service« ausgearbeitete Reise- und Wanderplan war gut; die einzelnen Tageswanderungen waren an sich ohne Überanstrengung und auch ohne örtliche Führung leicht und ohne jegliche Gefahr auszuführen, selbst wenn es sonst in dieser Jahreszeit vorzukommen pflegt, dass in höheren Lagen an der Nord- und Nordwestseite der Berge Schnee liegt. In diesem Jahr waren aber die für die Wanderung in Aussicht genommenen Wege schon vor Ostern durchweg frei von Altschnee. Auch die von dem »School Travel Service« dem Lehrer Keast nach seiner Angabe zugleich mit dem Reiseplan übergebene »Paasche's Schwarzwald Wanderkarte Blatt 3 für den südlichen Schwarzwald« im Maßstab 1:100.000, auf welcher die beiden großen Höhenwege über den Schwarzwald Pforzheim – Basel und Pforzheim – Waldshut sowie die wichtigsten Zugangswege zu diesen Höhenwegen und auch sonstige Wanderwege eingezeichnet sind, war durchaus genügend, um unter gewöhnlichen Verhältnissen angesichts der durchweg ausgezeichneten Wegmarkierungen im ganzen Feldberggebiet ein Verirren auszuschließen. Diese Karte kann aber nicht als ausreichend angesehen werden, um im Schnee abseits der markierten Wege durch Wald und Felsgeröll eigene

Pfade zu suchen. Besser wäre es jedenfalls gewesen, wenn Lehrer Keast im Besitz der vom Schwarzwald-Verein bearbeiteten und herausgegebenen Karte im Maßstab 1:50.000 gewesen wäre; aus einer solchen Karte hätte er vielleicht eher erkannt, dass der von ihm gewählte Weg auf den Schauinsland unter den gegebenen Witterungs- und Zeitverhältnissen nicht der richtige war und hätte ihn vielleicht weiter veranlasst, zur rechten Zeit umzukehren und nicht zu versuchen, ohne Rücksichtnahme auf die ihm anvertrauten, diesen Verhältnissen oder auch ihren Körperkräften noch nach ihrer Kleidung und Ausrüstung gewachsenen Kinder den Naturgewalten zu trotzen. (...)
Der Schauinsland ist das beliebteste und besuchteste Ausflugsgebiet der Freiburger Bevölkerung, insbesondere auch der minderbemittelten Teile und der Freiburger Jugend, weil er ohne jegliche Fahrtkosten auf gut unterhaltenen, zum Teil parkähnlichen Wegen, die ausgezeichnet mit deutlicher Markierung und Wegweisern, größtenteils mit genauer Entfernungsangabe in Kilometern versehen sind, erreicht werden kann.
Der Besuch des Schauinsland auch durch Fremde im Sommer wie im Winter hat zugenommen, seit von den mit dem Stadtinnern durch die Strassenbahn verbundenen Vorort Günterstal aus, bzw. von der hinter dem Ort Günterstal durch Kraftwagenverkehr verbundenen Talstation aus eine Bergbahn (Seilbahn) auf den Schauinsland fährt, welche westlich unterhalb des Gipfels in Höhe von 1.196 m endigt. Bis zu dieser Bergstation, welche mit einem Gasthaus verbunden ist und noch über diese hinaus reicht der Waldbestand; nur der von der Bergstation aus bequem in einer Viertelstunde auf gepflegten Wegen erreichbare Gipfel ist baumfrei und bietet einen prächtigen Ausblick auf die Stadt Freiburg selbst, die Rheinebene mit dem Kaiserstuhl und dahinter die Vogesen, gegen Nordosten, Osten und Süden auf die Berge des Schwarzwaldes mit Kandel, Feldberg und

Belchen und weiter bei guter Sicht auf die Schweizer Alpen. Bekannt ist die vom Schauinsland nach Freiburg herunterführende Rennstrecke, eine sehr gut gehaltene, breite Strasse mit vielen Kehren, die sich in der Hauptsache an der Westseite des vom Schauinsland in fast nördlicher Richtung gegen Freiburg ziehenden Bergrücken hält, dessen höchste Erhebung der Kybfelsen (839 m) ist und unmittelbar über der Stadt der Brombergkopf. Über diesen Höhenzug führt einer der verschiedenen Zugangswege zum Höhenweg I Pforzheim – Basel, welcher sich über den Feldberg – Stübenwasen zum Notschrei nach dem Belchen zieht und den Höhenweg I beim Notschrei (1121 m) erreicht, über welchen der in Aussicht genommene Weg den Lehrer Keast mit seinen Schülern am ersten Wandertag nach Todtnauberg hätte führen sollen.
Ein Orts- und Wegekundiger hätte dem Lehrer Keast angesichts der Witterungsverhältnisse nicht empfohlen, diesen von ihm gewählten Zugangsweg zu benutzen, weil er kilometrisch erheblich weiter ist dadurch, dass man auf diesem Weg in die Höhe und den Schwarzwaldgipfeln näher kommt, dabei aber stets dem Südwestwind ausgesetzt ist und dann im letzten Teil einen entsprechend stärkeren Höhenunterschied überwinden muss, was Lehrer Keast auch aus der Schwarzwaldvereinskarte leichter hätte erkennen können, als aus der von ihm zur Verfügung stehenden Wanderkarte von Paasche. In dem von dem »Travel School Service« gefertigten Wanderplan findet sich nun für diesen ersten Tag »Freiburg – Günterstal – Schauinsland – Notschrei – Todtnauberg« der Zusatz: ›Walking may be lessened by taking tram to Güntherstal and cable railway to Schauinsland‹. Es ist also hier empfohlen, zur Abkürzung des Weges mit der Straßenbahn vom Stadtinnern nach Günterstal zu fahren und dann von der Talstation aus (nach welcher Kraftwagenverkehr eingerichtet ist auf der etwa 3 km langen Talstrasse) mit der Seilschwebebahn zu der 1.196 m hoch gelegenen

Bergstation. Von dort aus hätte dann leicht der Schauinslandgipfel und nach etwa 3 km leicht absteigend das 1.147 m hoch gelegene Gasthaus zur Halde erreicht werden können und nach weiteren 2,5 km auf guter Höhenstrasse das Hotel zum Notschrei (1.121 m) und nach einer weiteren kleinen Wegstunde die oberhalb von Todtnauberg gelegene Jugendherberge, sofern nicht durch starken Sturm und Neuschnee auch dieser Weg unmöglich gemacht worden wäre.
Es kann nun aber dem Lehrer Keast sicherlich daraus kein Vorwurf gemacht werden, dass er den ganzen Weg ohne Straßenbahn, ohne Kraftwagen und ohne Bergbahn mit seinen Schülern zu Fuß machen wollte. Bei gutem Wetter hätte er die Jugendherberge in Todtnauberg über den Schauinsland, Halde und Notschrei bequem in 5 bis 6 Stunden erreichen können; die Wegstrecke beträgt dabei etwa 25 km, wobei allerdings ein Höhenunterschied von rund 1.000 m überwunden werden muss. Unter allen Umständen wäre es aber geboten gewesen, sich in Freiburg selbst, wozu Lehrer Keast ja den ganzen Donnerstag über Zeit gehabt hätte, durch Vermittlung des Herbergsvaters oder auch ohne diesen selbst unmittelbar beim Verkehrsamt der Stadt Freiburg oder beim Anführer der Hitlerjugend über den zu wählenden Aufstieg sich zu erkundigen, was er zugegebenermaßen nicht getan hat.
Nach den eigenen Angaben des Lehrers Keast und auch nach den Aussagen der gehörten Zeugen muss als erwiesen angesehen werden, dass Lehrer Keast schon am Morgen des 17. April Bedenken hatte, ob er die Wanderung werde durchführen können, weil in der Nacht von Donnerstag bis Freitag ein Wetterumschwung eingetreten war und bereits um 8 Uhr früh, als er mit seinen Schülern von der Jugendherberge in Freiburg weggehen wollte, in der Stadt ein mit Schnee vermischter Regen niederging bei ziemlichem Wind, woraus ohne weiteres erkennbar war, dass es bereits auf den an das unmittelbare Stadtgebiet grenzenden Höhen

schneite. Aber auch daraus soll dem Lehrer Keast kein Vorwurf gemacht werden, dass er sich durch diesen Aprilschnee nicht abhalten ließ, die für diesen Tag geplante Wanderung bis zur Jugendherberge nach Todtnauberg anzutreten; er konnte sicherlich nicht voraussehen, zumal er gänzlich ortsunkundig war, dass der Wind und Schnee so zunehmen würden oder könnten, dass eine solche für diese Jahreszeit auch im Schwarzwald in Höhenlagen aussergewöhnlich große Menge Schnee bis zum Abend niedergehen werde.
Er ist dann vormittag etwa um 8 ½ Uhr mit den Schülern von der Stadtgrenze am Sternwaldeck (289 m) aus zunächst 3 km bis unterhalb des St. Valentinhofs (430 m) gegangen, welcher von der Endstation der elektrischen Straßenbahn im Mittelpunkt des Vorortes Günterstal nur etwa 20 Minuten entfernt liegt, von den oberen Villen um Günterstal herum sogar nur etwa 10 Minuten. Nach der Bekundung des Revierförsters a. D. Mathias Trenkle, dessen Sohn und Schwiegertochter in diesem der Stadtgemeinde Freiburg gehörenden St. Valentinshof ein kleines, im Sommer von Spaziergängern viel besuchtes Kaffee betreiben, und nach den Angaben des Sohnes Fritz Trenkle und dessen Ehefrau Susanna, geborene Drexler, muss angenommen werden, dass Lehrer Keast mit seinen Schülern von etwa 9 ½ Uhr vormittags fast 2 Stunden unterhalb dieses St. Valentinhofes unter schützenden Tannen und neben aufgeschichtetem Holz vor dem inzwischen stärker gewordenen Schneetreiben Deckung gesucht hatte und Lehrer Keast erst etwa um 11 ½ Uhr in das Haus selbst kam, um sich nach dem Weg und zwar nach dem zunächst von ihm gesuchten »Sohlacker« (Höhe 691 m auf dem Zugangsweg IV zum Schauinsland) zu erkundigen. Zu dieser Zeit lag in St. Valentin (also auf Höhe 430 m über dem Meer) um 11 ½ Uhr vormittags schon etwa 30 cm nasser Neuschnee, sodass jeder Natur- und Wetterkundige sich sagen musste, dass auf dem baumfreien, dem schneebringenden Südwestwind ausgesetzten Höhenrücken des Schauinsland in Höhe von über

1.200 m insbesondere auf der Strecke vom Schauinslandgipfel hinüber nach der Halde und zum Notschrei der Schnee mindestens doppelt so hoch liegen musste und an den Stellen, an denen Schneeverwehungen möglich sind, noch höher und dass dann weder Weg noch Landstrasse noch Wegweiser oder Wegmarkierung erkennbar sind, zumal bei dem Schneetreiben kaum auf 2 m weit Sicht war.
Die Frau Susanna Trenkle, geb. Drexler, 28 Jahre alt, Schwiegertochter des schon erwähnten Revierförsters Mathias Trenkle in St. Valentin, hat deshalb mit vollem Recht, wie sie angibt, bereits in der Zeit von etwa 11 ½ Uhr in St. Valentin dem Lehrer Keast, als er nach dem Weg auf den Schauinsland frug, dringend abgeraten, angesichts des herrschenden Schneetreibens dieses Vorhaben auszuführen; dabei wusste sie nicht, dass Lehrer Keast noch Schüler bei sich hatte, weil diese unterhalb des Hauses unter den Tannen warteten. Frau Trenkle sagte dem Lehrer auch ganz richtig, dass er nicht den geeigneten Weg eingeschlagen habe und dass er sich bei diesem Schneegestöber nicht zurecht finden werde und bis er zum Sohlacker komme, bestimmt keinen Wegweiser mehr werde lesen können. Seine Erwiderung war darauf, dass er die »Wegweiser abputzen werde«. Trotz wiederholten Abratens durch die ortskundige Frau Trenkle hat Lehrer Keast mit seinen Schülern den Weg über St. Valentin hinaus fortgesetzt, und er ist auch zum sog. Sohlacker (631 m) gekommen. Es kann auch angenommen werden, dass er auch, wenn er sich auch nach eigener Angabe unterhalb des Kybfelsens einmal verirrt hatte, schließlich doch noch zur Kohlerhau (827 m) oder wenigstens in die Nähe dieses Punktes gekommen ist. Der Zugangsweg IV zum Höhenweg führt von hier aus steil aufwärts oberhalb der sog. Kapplerwand und tatsächlich in etwa 3,3 km zum Schauinslandgipfel. Da die Kohlerhau aber nur 827 m hoch liegt und der Schauinslandgipfel 1.286 m, so muss auf dieser Strecke ein Höhenunterschied von rund 460 m

überwunden werden, wobei der Weg über den Kamm des Bergrückens führt, was bei gutem Wetter natürlich nichts macht, aber bei schlechtem Wetter den Nachteil hat, dass der Wanderer dem Wind und Schneetreiben ausgesetzt ist. Ein Ortskundiger wählt allerdings für diesen letzten Aufstieg üblicherweise nicht diesen Weg, sondern geht von der Kohlerhau über die Holzschlägermatte (955 m), wo im bewohnten Forsthaus im Notfall ein Unterkommen gefunden werden kann und wobei die Rennstrecke, an welcher auch das Forsthaus liegt, also die breite gut gehaltene Fahrstrasse wiederholt berührt bzw. überschritten wird. Dieser Weg bietet auch die Möglichkeit, im Wald windgeschützt bis auf die Höhe zu kommen. Ob Lehrer Keast wirklich an dem Punkt Kohlerhau auf Höhe 827 war, ließ sich bis jetzt einwandfrei nicht feststellen; nach eigener Angabe ist er angeblich, um vor dem Wind mehr Schutz zu haben und um Holzhauer nach dem Weg zu fragen, eine größere Strecke vom Höhenweg IV (Zugangsweg) abwärts gegangen und durch Zeugenaussagen steht fest, dass er dabei in das obere Kapplertal unterhalb des Bergmannsheim gekommen ist und dann an diesem vorbei teilweise an der Rodelbahn und dann ohne Weg durch den Wald durch den sog. Grubendobel in die Höhe stieg.
Spätestens in der Höhe der Kohlerhau bzw. im oberen Kapplertal unterhalb des Bergwerkzechenhauses, welches auch in der von ihm benutzten Karte eingezeichnet ist, hätte Lehrer Keast, auch wenn er die Warnungen von Frau Trenkle als übertrieben ängstlich und unbegründet angesehen hatte, von sich aus erkennen müssen, dass er bei diesem Schneetreiben mit einem nun schon seit 6 Stunden unterwegs befindlichen Kindern nicht mehr über den Schauinslandgipfel bzw. über die freie Höhe über die Halde und Notschrei nach Todtnauberg kommen würde und dass es das einzig richtige in diesem Fall gewesen wäre, umzukehren und auf einen der zahlreichen zu Tal führenden Wegen nach Günterstal, bzw.

zur Talstation der Bergbahn oder zunächst zur Rennstrecke, die in seiner Karte deutlich (gelb) eingezeichnet ist, hinunterzugehen. Wenn er aber von sich aus nicht so einsichtig war, so hätte er unbedingt auf die eindringliche Warnung hören müssen, welche ihm der 50 Jahre alte Postschaffner Otto Steiert aus Kappel, Briefträger beim Postamt Littenweiler, erteilte, der auf dem Rückweg von einem Bestellgang im Bergwerkszechenheim etwa 100 m unterhalb desselben nachmittags etwa um 15 ¼ Uhr mit der Wandergruppe zusammentraf und dem Lehrer Keast dringend abriet, den Weg fortzusetzen, mit dem ausdrücklichen Anfügen, er komme bei diesem Schneetreiben nicht durch. Es wäre nun dem Lehrer Keast ein Leichtes gewesen, unter Führung des Postschaffners Steiert nach dem Dorf Kappel bzw. dem Vorort Littenweiler und Freiburg zurückzukehren; nach spätestens einer Stunde abwärts wäre er mit den Kindern aus der Gefahrenzone heraus gewesen. Auch in dem Bergwerkszechenheim, das auf seiner Karte eingezeichnet ist, hätte er, wie der Direktor des Bergwerks es versichert hat, mit allen seinen 27 Schülern auch über Nacht Unterkunft und Verpflegung finden können; statt dessen ging er, obwohl es bereits 15 ½ Uhr geworden war und somit seine Schüler schon über 6 Stunden im Schneetreiben unterwegs waren, trotz den erhaltenen Warnungen und ohne dort oder in einem der in der Nähe gelegenen Häuser einzukehren und zu fragen, weiter und zwar jetzt ohne Weg durch den Wald hinauf, in welchem der Schnee mindestens 50 cm hoch lag.
Die Zeitangaben, die Lehrer Keast bei seiner nachträglichen Vernehmung bei der Staatsanwaltschaft in Freiburg am 20. April gemacht hat, sind nach den getroffenen Feststellungen offenbar unrichtig. Er ist in St. Valentin erst nach 11 Uhr weg und war etwa 15 ¼ Uhr im oberen Kapplertal, noch unterhalb des Bergmannsheim, wo er mit dem Postschaffner Steiert zusammentraf, welchen er seinerseits als einen »Bahnbeamten« ansah. Dagegen kann möglich sein,

dass es etwa 17,30 Uhr war, als er an den Wegweiser kam, welcher einerseits nach dem Schauinslandgipfel wies, andererseits nach Oberried, wenn auch die Wahrscheinlichkeit dafür spricht, dass es bereits später war, als er hier ankam. In dieser Tatsache aber, dass er an einen Wegweiser kam, der nach Oberried wies, muss geschlossen werden, dass Lehrer Keast auf die in der Karte eingetragene Höhe 1.201 m zwischen Schauinslandgipfel und dem sog. Hunderücken gekommen sein muss und damit weit ab nach Osten vom Schauinslandgipfel weg über die Höhe des Steilabfalls über dem unterhalb des Dorfes Hofsgrund gelegenen Steinwasen. Tatsächlich sind dann auch die von dem Lehrer Keast vorausgesandten 17 Schüler zunächst in den etwa 1 ½ km unterhalb der Kirche und des Wirtshauses von Hofsgrund an der Strasse oberhalb des sog. Steinwasens gelegenen Anwesen des Dobelbauern Lorenz gekommen. Wenn Lehrer Keast auch behauptet, er habe sich mit Hilfe des Kompasses nach dem Dorf Hofsgrund durchgefunden, so ist es wahrscheinlicher, dass die Kirchenglocken von Hofsgrund, welche nach 7 Uhr läuteten, und dann das Licht aus dem Hause des Dobelbauer Lorenz die Wandergruppe in letzter Stunde den Weg hinab nach Hofsgrund hat finden lassen. Wären sie nur wenig weiter östlich gekommen gegen Ochsenläger oder Rappeneck hin, so wäre ohne Zweifel die ganze Wandergruppe verloren gegangen.
Bei seiner Vernehmung in Freiburg am 20. April konnten dem Lehrer Keast die Angaben der erst später ermittelten und vernommenen Zeugen, insbesondere der Frau Trenkle und des Postschaffners Steiert nicht vorgehalten werden; er selbst hat mit keinem Wort von den ihn von diesen beiden Zeugen zuteil gewordenen Warnungen etwas gesagt. Nach der bestimmten Angabe des Zeugen, Postschaffner Steiert, war es für diesen bereits bei der Begegnung unterhalb des Bergwerkzechenheims nachmittags 15 ½ Uhr deutlich erkennbar, wie die Knaben durch den bereits 6-stündigen

Marsch in Schnee und Wind gelitten hatten; sie machten bereits einen erschöpften Eindruck und insbesondere ein am Schlusse der Kolonne gehender kleinerer Junge, welcher hinkte. Auch 2 weitere Zeugen, welche kurz danach die Schüler bei ihrem weiteren Vorbeimarsch unterhalb und oberhalb des Bergwerkszechenheims sahen, der Schlosser Leopold Reiner beim Bergwerk Kappel und die Steigersfrau Thekla Pfeifer daselbst, haben angegeben, dass ihnen der erschöpfte Zustand der völlig durchnässten Kinder und ihre durch Kälte und Schnee geröteten nackten Beine aufgefallen waren und dass sie sich wunderten, dass die Wandergruppe trotz des Schnees den Marsch bergauf fortsetzte.
Es kann richtig sein, dass dem Lehrer Keast erst etwa um 17 Uhr nachmittags bei diesem letzten Aufstieg oberhalb des Bergwerkszechenheims durch den Wald erstmals von zwei Knaben – nach seiner Angabe von einem derjenigen, die nachher gestorben sind und dem, welcher dann in die Klinik nach Freiburg gebracht und gerettet wurde – gesagt worden sei, dass sie am Ende ihrer Kräfte seien. So gut aber die unbeteiligten Zeugen den wirklichen Zustand der Kinder schon etwa 1 ½ bis 2 Stunden vorher und vor diesem letzten sicher außerordentlich anstrengenden Aufstieg ohne Weg hatten erkennen können, hätte er es als Lehrer und Führer auch sehen können und müssen.
Unverständlich ist, wenigstens für einen Berg- und Ortskundigen, die Angabe des Lehrer Keast, er sei deshalb weiter nach oben gegangen, weil er den weiteren Rückweg in das Tal, sei es nach Günterstal oder in das Kapplertal, gefürchtet habe. Jeder Weg abwärts hätte ihn alsbald auf eine Strasse und nach mindestens einer Stunde zu Wohnungen und Menschen geführt, wo nötigenfalls fernmündlich aus Freiburg Hilfe (Krankenwagen oder sonstige Kraftwagen, Verpflegung und Arzt) hätte angefordert werden können. Er brauchte ja hier im Schwarzwald nicht wie in den Alpen befürchten, beim Abwärtsgehen an eine Felswand zu kom-

men, über welche Absturzgefahr war. Dagegen musste er sich sagen, dass jede hundert Meter höher hinauf ohne Weg durch Schnee die körperliche Anstrengung erhöhen und auch Sturm und Schnee stärker und höher werden.
Mit der Erreichung des Gipfels des Schauinsland wäre aber gar nichts erreicht gewesen; das kleine Gasthaus liegt westlich unterhalb, also in entgegengesetzter Richtung und vom Gipfel nach dem Gasthaus zur Halde hätte er bei durchweg 1,20 m – 1,30 m Neuschnee am Abend des 17. April nicht mehr kommen können und selbstverständlich auch nicht mehr weiter über den Notschrei nach der Jugendherberge in Todtnauberg. Im Übrigen hätte er auch aus der zur Verfügung stehenden Karte erkennen können und müssen, dass vom Bergwerkszechenheim aus der Höhenunterschied bis zum Schauinslandgipfel noch nahezu 400 m beträgt und dass er von nachmittags 4 Uhr an mit den bereits erschöpften Kindern bei dieser Schneehöhe vor Einbruch der Dunkelheit das nicht mehr schaffen kann. Auch um nach dem etwa aus 25 zerstreut liegenden Bauernhöfen und Bergarbeiterhäusern bestehenden Dorf Hofsgrund zu gelangen, dessen Kirche 1.013 m hoch liegt, musste Lehrer Keast vom Kapplertal (Bergwerkszechenhaus) den vom Schauinslandgipfel nach Nordosten ziehenden Höhenrücken gegen Rappeneck zu mit Höhe 1.201 m überwinden und dann weglos den Steilabhang hinunter gegen Hofsgrund gehen.
Es kann angenommen werden, dass schon bei oder nach Überwindung dieser letzten Höhe die ersten drei Schüler aus Erschöpfung trotz aller Bemühungen (Einreiben mit Schnee, künstliche Atmung usw.) gestorben sind, während der vierte erst nach Verbringung in das Haus des Dobelbauer und Kaufmann Lorenz verstarb und der fünfte (Roy Martin Witham) erst am Samstag, den 18. April, vormittags 7,30 Uhr in der Klinik in Freiburg.

Lehrer Keast hat bei seiner Vernehmung vor der Staatsanwaltschaft in Freiburg am Montag, den 20. April darüber angegeben:
»Etwa um ½ 6 Uhr nachmittags kamen wir wieder zu einem Wegweiser, der einerseits nach dem Schauinslandgipfel wies, andernteils nach Oberried. Der Schnee lag dort etwa 1 m hoch, wir konnten den Wegweiser nur schwer lesen. Der Sturm hatte inzwischen sich verstärkt, es kam dichtes Schneegestöber und Nebel, sodass man kaum mehr auf 2 m sehen konnte. Nach Orientierung auf der Karte und mit dem Kompass entschloss ich mich, nach Hofsgrund zu gehen, weil das die nächste Ortschaft war und ich glaubte, dort vom Wind geschützt hinkommen zu können. Etwa um ½ 8 Uhr hörten wir Kirchenglocken und sahen dann auch ein Licht, und auf dieses hielten wir zu. Schon vorher hatten wir 2 der Knaben tragen müssen, 2 mussten geführt werden, während das Gepäck von den älteren getragen wurde. Während nun die älteren bei mir mit den schwächsten zurückblieben, gingen die mittleren, etwa 17 an der Zahl, auf mein Geheiß gegen das Dorf zu, um dort Hilfe zu holen. Meiner Schätzung nach müssen sie dort zwischen 8 und 9 Uhr abends angelangt sein. Von den Ortsbewohnern von Hofsgrund kamen die ersten auf Skiern etwa um 9 ½ Uhr bei mir oben an. In dieser Zeit bis dahin hatte ich mit den 4 schwächsten Atmungsübungen gemacht, sie mit Schnee eingerieben und versucht, sie am Leben zu erhalten. Ich glaube aber, dass bis dahin schon 3 gestorben waren, während der 4. dann erst nach der Verbringung nach Hofsgrund starb. Genau sagen kann ich das nicht. Als die Bewohner von Hofsgrund auf Skiern zu mir kamen zu der Stelle, an welcher ich mit den schwächsten zurückgeblieben war, mag es etwa 9 ½ Uhr (21 ½ Uhr) gewesen sein. Da sie sahen, dass sie die schwächsten nicht weiter bringen konnten, fuhren sie zunächst wieder zurück und holten Schlitten und fuhren mit diesen einmal die ersten 2 hinunter und dann noch einmal 2. Es war etwa ½ 12 Uhr, als ich mei-

nerseits als letzter in einen Bauernhof in Hofsgrund kam. Inzwischen waren die ersten 17 bereits in die Wirtschaft gelangt und dort versorgt worden. Etwa eine halbe Stunde, nachdem ich in den Bauernhof zu Lorenz gelangt bin, kam auch ein Arzt, der von der Halde herbeigerufen worden war. Unter Hilfe des Arztes wurden Wiederbelebungsversuche gemacht, doch mussten wir bald einsehen, dass sie erfolglos waren. Dann wurden auch die größeren, die noch bei mir zurückgeblieben waren, in die Wirtschaft gebracht, während ich in dieser Nacht nicht zu Bett ging, sondern in der Stube in diesem Bauernhaus blieb. Mit der Gendarmerie war noch ein weiterer Arzt gekommen, aber in diesem Zeitpunkt waren bereits die 4 Knaben tot. Lediglich um den Knaben Witham, der nachher in die Klinik noch gebracht wurde, konnte sich der Arzt noch bemühen; der Knabe Roberts, der dann auch gerettet wurde, schlief bereits und wurde schlafend mit dem Knaben Witham in die Klinik gebracht.
Nach meiner Erinnerung ist der Gendarmeriebeamte etwa um 1 Uhr in den Hof zu Lorenz gekommen. Der Schneesturm hatte noch nicht nachgelassen; es wurde mir dann auch gesagt, dass die Fernsprechleitung infolge des Schneesturms abgerissen sei. Auch als die Leute von Hofsgrund benachrichtigt worden waren, war es für sie außerordentlich schwierig, uns zu helfen, weil eben der Schneesturm immer noch anhielt und vollkommene Dunkelheit herrschte.
Mit der Möglichkeit, dass wir in dieser Jahreszeit im Schwarzwald in einen derartigen Schneesturm kommen könnten, konnte ich natürlich nicht rechnen. Es ist mir auch gesagt worden, dass seit 40 Jahren in dieser Jahreszeit kein so Schneetreiben geherrscht habe wie jetzt an diesem 17. April 1936. Für ein solches Schneewetter waren die Knaben eben auch in ihrer Kleidung nicht ausgerüstet, wenn sie auch Mäntel bei sich hatten. Teilweise hatten sie nur Halbschuhe und nackte Knie; sogar die meisten hatten nur Halbschuhe an.«

Tatsächlich sind die ersten der englischen Schüler etwa um 20 Uhr 30 Minuten durchnässt und erschöpft im Hause des Dobelbauern Lorenz, welcher auch einen Kaufladen betreibt, angekommen. Sie konnten den Bewohnern auch verständlich machen, dass einige ihrer Kameraden noch oben auf der Höhe im Schnee in Lebensgefahr waren. Die angekommenen wurden zunächst im Hause des Dobelbauern Lorenz mit heißem Kaffee usw. gestärkt und sodann in das eine Viertelstunde aufwärts gelegene Wirtshaus geleitet, wo sie gespeist und für die Nacht untergebracht werden konnten, während sich die Ortsbewohner von Hofsgrund, soweit sie benachrichtigt werden konnten, auf Schneeschuhen aufmachten, um nach den noch oben gebliebenen zu suchen und sie herunter ins Dorf zu bringen. Angesichts der Schneeverhältnisse des immer noch anhaltenden Schneesturms und der Dunkelheit ist es durchaus verständlich, dass es ungefähr 21, 30 Uhr wurde, bis die ersten Hofsgrunder oben bei Lehrer Keast ankamen. Inzwischen war aber von Hofsgrund aus, als die Ortseinwohner erkannten, dass ärztliche Hilfe notwendig sei, der zufällig als Gast im Gasthof zur Halde weilende Arzt, Dr. Kopp, (hauptamtlicher Vertrauensarzt der Allgemeinen Ortskrankenkasse Frankfurt a. M.) fernmündlich gebeten worden, zu versuchen nach Hofsgrund hinunter zu kommen. Auch die Gendarmerie Freiburg, Station Kirchzarten, wurde etwa um 22 Uhr von dem Kaufmann Lorenz fernmündlich von dem Vorkommnis und insbesondere davon in Kenntnis gesetzt, dass vermutlich mehrere der englischen Schüler den Tod gefunden hätten.
Als der Arzt Dr. Kopp, welcher kriegsbeschädigt ist deshalb keine Schneeschuhe benützen kann, nach etwa 1 ½ Stunden anstrengenden Marsches unter Hilfe von 2 kräftigen Skiläufern durch 1,80 m hohen Neuschnee von der Halde herunter gegen 11 ½ Uhr zu dem Haus des Dobelbauers Lorenz kam, lagen die 6 am meisten mitgenommenen Knaben schon der durchnässten Kleider entledigt auf Stroh und in warme

Decken gehüllt in der gut durchwärmten Stube und sachkundige Ortseinwohner von Hofsgrund machten mit ihnen Versuche für künstliche Atmung. Für den Arzt war indessen alsbald erkennbar, dass 3 schon sicher tot waren und beim vierten der Zustand hoffnungslos; gleichwohl gab er noch allen Coffeineinspritzungen und die Wiederbelebungsversuche wurden unter seiner Anleitung fortgesetzt, mit besonderem Eifer bei den beiden, die nachträglich in die Klinik nach Freiburg gebracht und von denen ja auch einer, Artur William Roberts, gerettet wurde.
Auf Veranlassung des etwa um 22 ¼ Uhr ebenfalls fernmündlich verständigten Gendarmeriekommissärs Malsch in Freiburg, welcher sich seinerseits sofort fernmündlich mit Herrn Landrat Groß in Verbindung setzte und mit seinem Einverständnis handelte, waren von Freiburg aus 2 Sanitätskraftwagen mit je 2 Sanitätern, ausgerüstet mit warmen Decken und Sauerstoffapparaten, Scheinwerfern usw. nach Hofsgrund abgegangen, welche in Kirchzarten (von wo die Fahrtstrasse durch das Oberrieder Tal hinaufführt) den dort stationierten Gendarmerieoberwachtmeister Malter mitnahm und den von dem letztgenannten herbeigerufenen Arzt Dr. Krieg, welcher sich mit den voraussichtlich notwendigen Arzneimitteln (Spritzen) versehen hatte. Die fürsorglich ebenfalls aufgerufene Rettungsmannschaft der Sanitätskolonne Freiburg, welche auf Anruf in 15 Minuten abgangsbereit gewesen war, wurde nicht mehr nach Hofsgrund in Marsch gesetzt, weil inzwischen von Hofsgrund fernmündlich mitgeteilt worden war, dass alle Knaben gefunden seien und für ihre Verbringung nach Hofsgrund von dort durch die Ortsbewohner selbst gesorgt werden könne.
Nur unter großen Schwierigkeiten infolge des hohen Schnees und des noch anhaltenden Schneesturms kamen die 2 Sanitätskraftwagen auf der Fahrstraße aufwärts bis nach Steinwasen; eine Weiterfahrt von da an für die Kraftwagen war nicht mehr möglich. In Voraussicht dieser Unmöglichkeit

waren deshalb von Hofsgrund aus auf Veranlassung der Gendarmerie Kirchzarten Schlitten heruntergebracht worden, auf welche dann die Decken, Sauerstoffapparate usw. verladen wurden, während die begleitenden Sanitäter, der Arzt Dr. Krieg und Gendarmerieoberwachtmeister Malter zu Fuß den Weg nach dem 2,75 km entfernten Hofsgrund fortsetzten. Unter großen körperlichen Anstrengungen – die Schneehöhe betrug selbst hier auf der Straße über 1 m – sodass die Pferde, die die Schlitten zogen, fielen, und dabei tobte der Sturm, sodass auch die Fernsprechleitung unterbrochen wurde – kam Dr. Krieg mit den Sanitätern schließlich etwa um 1 ¼ Uhr im Haus des Lorenz an, wo die Toten bzw. Schwerkranken lagen. Dr. Krieg verabreichte den beiden mit dem Tode ringenden Knaben noch Corominein-spritzungen; bei den 4 übrigen musste erkannt werden, dass alle Wiederbelebungsversuche erfolglos gewesen und sie tot waren. (…)

Nach Verbringen in die medizinische Klinik in Freiburg ist der am 15.11.1921 geborene Schüler Roy Martin Witham am 18. April vormittags 7 ½ Uhr gestorben. Die Todesursache muss bei allen 5 Knaben Herztod infolge völliger Erschöpfung, wobei auch bei Witham Lungenstauung und bei allen 5 Toten geringfügige Erfrierungserscheinungen festgestellt werden konnten, sowie zu großer Wärmeverlust angenommen werden.

Mit Genugtuung kann gesagt werden, dass von den zunächst zu Hilfe gerufenen Ortseinwohnern von Hofsgrund, von den beiden Ärzten Dr. Kopp aus Frankfurt und Dr. Krieg in Kirchzarten sowie von den dienstlich mit der Hilfeleistung befassten Gendarmeriebeamten und den Freiburgern Sanitätern alles nur menschenmögliche zur Rettung der englischen Schüler getan worden ist, und es ist erfreulich, dass diese selbstlose und aufopfernde Hilfsbereitschaft auch von den Engländern, wie sich aus den verschiedenen Dankschreiben ergibt, rückhaltlos anerkannt wurde.

Zusammenfassend kann gesagt werden, dass als die Ursache des Erschöpfungstodes der 5 englischen Schüler angesehen werden muss:

1. Nicht, dass Lehrer Keast mit den ihm anvertrauten 27 Schülern unerwartet und unvoraussehbar in einen für diese Jahreszeit außergewöhnlichen und auch an sich übergewöhnlich starken Schneesturm geriet, sondern dass er nicht zur rechten Zeit die vorgesehene Wanderung abbrach und umkehrte, obwohl er allerspätestens nachmittags etwa 15 Uhr hätte erkennen können und müssen, dass die durch 6 stündiges Stehen, Wandern und Steigen erschöpften und vom Schnee durchnässten Kinder hier nicht mehr durchhalten könnten.

2. Dass Lehrer Keast nicht die erforderliche Ortskunde besaß, zumal er nach eigener Angabe noch nie vorher weder im Sommer noch im Winter eine Fußwanderung im Schwarzwald gemacht hatte, sondern nur im Kraftwagen auf den in gutem Zustand gehaltenen Höhenstrassen durchgefahren war.

3. Dass Lehrer Keast sich gegenüber der ihm zweimal erteilten ernstlichen Warnungen verschloß, insbesondere auch der ihm seitens des Postschaffners Steiert noch nachmittags 15 1/4 Uhr erteilten eindringlichen Warnung keine Folge leistete, obwohl er spätestens in diesem Zeitpunkt unbedingt hätte umkehren können und müssen, oder dann im Bergwerkszechenheim Unterkommen hätte suchen können.

4. Dass Lehrer Keast versucht hat, noch nachmittags 15 1/2 Uhr die bereits erschöpften Knaben ohne Weg durch den verschneiten Wald auf nochmals 300 m hinaufzuführen, um lediglich nach Orientierung nach dem Kompass Hofsgrund zu erreichen.

5. Dass die Schüler für diese Jahreszeit, in welcher immer mit einem gelegentlichen Wettersturz, Kälteeinbruch und Schnee gerechnet werden muss, gänzlich ungenügend gekleidet waren. Fast alle trugen nur Halbschuhe, teilweise

hatten sie nur kurze Hosen mit nackten Knien und einer der Toten hatte, wie Dr. Kopp feststellte, unter seinen kniefreien Hosen nicht einmal Unterwäsche an.
Das Unglück wäre zweifellos vermieden worden, wenn der Führer, Lehrer Keast, nach seiner Ankunft in Freiburg, wozu er am Donnerstag, den 16. April Gelegenheit gehabt hätte, sich mit dem Leiter des Städt. Verkehrsamts oder dem Geschäftsführer des Schwarzwaldvereins oder mit dem Bannführer der Hitlerjugend in Verbindung gesetzt hätte. Es wären ihm in diesem Fall bereitwilligst ortsbekannte und wegekundige Führer gestellt worden, welche zweifellos bereits in Günterstal auf Abbruch der für diesen Tag in Aussicht genommenen Wanderung gedrungen hätten. Richtig ist sicher, dass angesichts des guten Zustands der Wanderwege im Gebiet des Schauinslands und des Feldbergs keine eigentlichen Führer in der Art von Bergführern notwendig sind. Aber in dieser Jahreszeit und angesichts der besonderen Witterungsverhältnisse wäre eine Fühlungnahme mit Orts- und Wegekundigen vor Antritt der Wanderung vorteilhaft gewesen.
Ich habe jetzt aus Anlass dieses Unglücksfalles im Einverständnis mit dem Herrn Landrat von Freiburg, mit dem Vorsteher Denzlinger des städtischen Verkehrsvereins Freiburg, dem Geschäftsführer Berne des Schwarzwaldvereins, dem Major a. D. Thaler, welchem die Aufsicht über die Wegmarkierung und Wegunterhaltung im Schauinslandgebiet obliegt, und insbesondere mit dem Bannführer der Hitlerjugend, Helmut Schneider in Freiburg, persönlich Rücksprache gehalten und kann bestätigen, dass alle diese Genannten der in dem vorliegenden Bericht niedergelegten Auffassung über die Ursache des Unglücks vollkommen beipflichten. Auch der ortskundige Dr. Kopp hat dem Lehrer Keast, wie Dr. Kopp mir persönlich versicherte, alsbald gesagt, dass bei diesem Wetter die einzige Rettung rechtzeitiges Umkehren gewesen wäre. Der Bannführer der Hit-

lerjugend hat mir bei dieser Aussprache auch gesagt, dass bereits an die Jugendherbergen des Gaues Baden die Weisung ergangen sei, bei Ankunft ausländischer Wandergruppen den zuständigen Bannführer der Hitlerjugend in Kenntnis zu setzen, damit für die notwendige örtliche Führung Vorsorge getroffen werden kann. Bannführer Schneider hat auch weiter auf meinen dahingehenden Vorschlag seine Absicht kundgetan, von dem Anerbieten des Leiters des städtischen Verkehrsamts Freiburg und des Geschäftsführers des Schwarzwaldvereins Gebrauch zu machen, gegebenenfalls bei Eintreffen größerer ausländischer Wandergruppen diese Stellen zu benachrichtigen, um zu erreichen, dass nötigenfalls auch ältere ortskundige Führer, und zwar insbesondere hierzu sprachkundige Lehrer, ehemalige Offiziere usw. freiwillig und kostenlos zur Verfügung gestellt werden.

Dr. Weiss
Oberstaatsanwalt

Anhang 3: Jack Eaton: »Die Wahrheit – Tragödie im Schwarzwald April 1936«[231]

Die Wahrheit.
Ein altes Sprichwort weiß: »Die Wahrheit will ans Licht« – und als Ergebnis zeitraubender und aufwändiger Nachforschungen an Ort und Stelle steht die Wahrheit über diese schreckliche Tragödie nunmehr Ihnen (der Öffentlichkeit) zur Verfügung. Wie Ihnen bekannt ist, reiste am Morgen des 15. April eine Gruppe von 27 Jungen der Strand School im Alter von 11½ bis 18½ Jahren unter der Obhut eines gewissen Kenneth Keast, geboren am 1. Mai 1908 in Mitcham, Surrey, der in der Strand School, Elm Park, als Junglehrer tätig war, aus London ab auf eine Reise nach Freiburg, Deutschland, und dessen Umgebung. Abfahrtszeit war 10 Uhr vormittags in Victoria[232], die Ankunft in Freiburg, Deutschland, fand um 7: 08 Uhr am nächsten Morgen statt, dem 16. April 1936. Während der Anreise konnten die Jungen machen, was sie wollten, oder sich ausruhen, wenn sie es brauchten. Für nennenswerte Erfrischungen[233] unterwegs war nicht gesorgt worden, abgesehen von dem, was den Jungen vor der Abreise von ihren Eltern mitgegeben wurde. Am Vormittag des 16. wurde den Jungen freigestellt, ob sie sich ausschlafen oder etwas unternehmen wollten, und es lässt sich nachweisen, dass von wenigen Ausnahmen abgesehen die Jungen durch die Stadt spazierten. Gesichert ist, dass einige, darunter mit einer Ausnahme auch die Ver-

---

[231] Broschüre, die Vater Eaton in London ab Juni 1936 verbreitete. Übersetzt von Volker Gringmuth, Oktober 2016, aus Scans des maschinengeschriebenen englischen Originals. Fußnoten sind ausnahmslos Anmerkungen des Übersetzers und im Original nicht vorhanden. Das Kürzel »o:« in den Fußnoten bezeichnet wörtliche Zitate aus dem Originaltext. Klammerzusätze im Text sowie Hervorhebungen durch Unterstreichung entsprechen dem Original. Die Kopie der Broschüre befindet sich in StAF, 4/10 Nr. 398.

[232] Victoria Station ist einer der größten Bahnhöfe Londons.

[233] Getränke und Knabbereien.

storbenen, den ganzen Vormittag und auch so gut wie den gesamten Nachmittag hindurch mit deutschen Jungen Fußball spielten. Am späteren Nachmittag wurden einige Jungen für eine Stadtrundfahrt ausgewählt, während die übrigen die ihnen fremde ausländische Stadt auf eigene Faust erkunden durften. Um 10 Uhr abends waren alle Jungen wieder in der Freiburger Jugendherberge, allerdings fanden, wie sich mittlerweile herausgestellt hat, die meisten von ihnen erst nach Mitternacht Schlaf – bis dahin gab es noch sehr viel Tumult[234], was vom verantwortlichen Lehrer nicht unterbunden wurde, der aber ohnehin erst spät kam, da er noch auswärts gegessen hatte. Um 7 Uhr am Morgen des 17. wurden die Jungen geweckt und erhielten gegen 8 Uhr ein deutsches Frühstück, das nur[235] aus Kaffee, Brötchen und Butter bestand. Einige Minuten vor 9 Uhr stellten sie sich in Reih und Glied auf und erhielten jeder zwei Brötchen und eine Orange. Damit ging es auf eine Strecke, die auf der Hauptstraße einer Entfernung von 12½ Meilen (rund 21 km – d. V.)[236] entspricht. Als es losging, waren die Freiburger Straßen mit Schneematsch bedeckt, die Dächer mit Schnee. In der ganzen Gegend begann es heftig zu schneien, auf allen Bergen lag der Schnee bereits zwischen 1 und 3 Fuß[237] hoch. In einem Gespräch direkt vor dem Aufbruch wurde Keast vom Leiter der Jugendherberge, Hermann Reichert, und dem Materialwart[238] Carl Rockweiler, den Jungen als »Charlie« bekannt, davon in Kenntnis gesetzt, dass der Weg nach Todtnauberg angesichts der Schneeverhältnisse gefährlich war und Keast sich auf jeden Fall an die auf seiner

[234] o: skylarking; ein ausgelassenes, fröhliches Durcheinander, das in übermüdetem Zustand besonders viel Spaß macht. Wer einmal mit einer Schülergruppe unterwegs war, kennt das.

[235] »Nur« im Vergleich mit dem traditionellen englischen Frühstück, das mit Toastbrot, Würstchen, Speck und Spiegelei deutlich gehaltvoller ist.

[236] 1 engl. Landmeile = 1609,344 m.

[237] 1 Fuß = 30,48 cm.

[238] o: storekeeper; dafür verantwortlich, dass von allem genug da ist.

Landkarte gekennzeichnete Strecke halten solle. Diese Karte hat der Verfasser persönlich gesehen, sie befindet sich derzeit im Besitz des Freiburger Staatsanwalts Dr. Weiss. Dort ist die Fahrstraße[239] als Wanderstrecke eindeutig markiert. Vom Abmarsch an wurde zu Fuß auf der Hauptstraße gewandert, bis zur Bus-Endhaltestelle[240]. Hier sprach Keast mit zwei Mitarbeitern der Freiburger Busgesellschaft, die mit Schneeschaufeln beschäftigt waren (die Überlebenden erinnern sich bestimmt daran), sie räumten die Busfahrstreifen und Fahrgastbereiche frei. An dieser Stelle nahm Keast eine Abzweigung nach links – womit er die Anweisungen missachtete, die er vor dem Abmarsch erhalten hatte. Er verließ also die markierte Strecke und geriet innerhalb einer halben Stunde in Schwierigkeiten. Da befand er sich in der Nähe eines kleinen Gasthofs namens St. Valentin, wo die Gruppe etwa um diese Zeit vom Sohn des Inhabers und Ehemannes von Frau Susanna Trenkel, 28 Jahre alt, gesehen wurde. Der Mann[241] war nach Freiburg gefahren. Zwei Stunden später – Keast war mit den Jungen in der falschen Richtung durch den Wald gelaufen und an einer Stelle fast wieder in Freiburg gelandet – ging Keast allein in den Gasthof St. Valentin und erkundigte sich bei Frau Susanna Trenkle nach dem Weg auf den Schauinsland, der, nebenbei bemerkt, der höchste Berg der ganzen Gegend ist. Sie wies ihm den Weg, warnte ihn aber vor dem tiefen Schnee, der ständig tiefer wurde und es ihm unmöglich machen könnte, sich zurecht zu finden. Keast wendete ein, er sehe ja immer noch die Wegweiser, worauf sie erwiderte, die könnten von Schnee zugeweht sein. Keast antwortete: »Dann wische ich sie halt ab«.

---

[239] o: the road; eindeutig eine befestigte, öffentliche Straße, kein kleiner Pfad (»path«) oder Forstweg (»track«).

[240] o: terminus; eine Endhaltestelle mit Wendeschleife.

[241] Nämlich der Ehemann von Frau Trenkle, Inhaber des Hofs, als Erklärung dafür, dass er nicht anwesend war.

Zu diesem Zeitpunkt hatte die Dame keine Kenntnis davon, dass Keast von einer Schülergruppe begleitet wurde, denn er hatte es so aussehen lassen, als sei er allein unterwegs. Einige Minuten später sah sie zu ihrem Erstaunen Keast mit den Jungen an der Stelle im Wald verschwinden, wo der Aufstieg begann. Der Schnee war 30 cm tief, in anderen Worten: ein Fuß. Dann[242] befanden sie sich auf einer Höhe von 691 Meter oder 2.266 Fuß, waren also die ganze Zeit seit der Bushaltestelle aufwärts gelaufen. Nachdem Keast und die Jungen schon etwa sechs Stunden lang unterwegs waren, hatte er sich bereits einmal verlaufen, was einen Zeitverlust von zwei Stunden bedeutete. Wegen des anhaltenden Schneetreibens verließ er jetzt nochmals den Fahrweg und ging bergab, um dort zu fragen, wie es weiterging. Das brachte ihn ins obere Kappler Tal, unterhalb des Bergwerksgebäudes. Dort wurde er gegen 15:30 Uhr von einem 50-jährigen Postmann namens Steiert aus Littenweiler, der von der Bergwerks-Herberge[243] kam, eindringlich davor gewarnt, die Wanderung auf den Berg fortzusetzen. Er wies Keast darauf hin, dass der Schnee, der im oberen Kappler Tal, das dem Wind weniger ausgesetzt war, bereits 19 Zoll[244] hoch lag, einen Aufstieg unmöglich machte. Anstatt jetzt umzukehren und unter der Führung des Postmanns Steiert (der die Gegend kannte und seine Hilfe anbot) nach Kappel zurückzugehen und von da zu Fuß oder mit der Bahn wieder nach Freiburg zu kommen, oder auch nur zur Bergwerks-Herberge zu gehen, wo sich Keast und alle Schüler hätten ausruhen, etwas essen oder sogar übernachten können, führte Keast die Jungen nun querfeldein ohne Weg durch den verschneiten Wald,

[242] Hier muss »einige Zeit später« gemeint sein, St. Valentin liegt nur etwa 430 Meter hoch.

[243] Bergwerkszechenheim, ein Wohnheim für Bergleute, die im nahen Leopoldstollen arbeiteten.

[244] 1 Zoll = 2,54 cm, also rund 50 cm.

weitere 300 Meter[245] (984 Fuß) den steilen Hang hinauf, auf das Dorf Hofsgrund zu, das 200 Meter (656 Fuß) unterhalb der anderen Seite des (etwa) 1.200 Meter (3936 Fuß) hohen Kammes östlich des Schauinsland-Gipfels (283 Meter[246] = 4.208 Fuß) liegt.

Nach seiner eigenen eidesstattlichen Aussage sah Keast 20 Minuten später ein, dass der tiefe Schnee und der anhaltende Sturm es unmöglich machten, am dem Tag noch die Jugendherberge in Todtnauberg zu erreichen, die eigentlich das Ziel des ersten Wandertages hätte sein sollen.

Aber auch ohne die gezielte Warnung, die er spätestens um 15:30 bekommen hatte, vor dem letzten, weglosen Anstieg durch den Wald, hätte er einsehen müssen, dass sein Vorhaben nicht mehr durchführbar war, vor allem deshalb, weil er sich doch sagen musste, dass auf dem ausgesetzten Berggipfel der Schnee noch tiefer und der Sturm noch stärker sein würden. (Jeder Städter hätte das gewusst.) Die Schüler waren nass bis auf die Haut, und um 15:30 Uhr bereits erschöpft von mehr als sechs Stunden Anstieg mit einigen Umwegen. Zu dem Zeitpunkt konnten bereits vier nicht mehr laufen. Außerdem waren sie nicht angemessen ausgestattet, fast alle trugen nur normale Schuhe, die meisten kurze Hosen mit nackten Beinen, einige hatten nicht einmal Unterwäsche an.

Hätte die Gruppe nicht zwischen 18:00 und 18:30 Uhr die Kirchenglocken von Hofsgrund gehört und die Lichter eines Gehöfts etwa 1 km (3/4 Meile) von der Kirche entfernt erblickt, dann wären möglicherweise alle zugrunde gegangen, denn zu dem Zeitpunkt hatte sich die Gruppe vollkommen verlaufen, der Führer Keast hatte keine Ahnung, wo sie sich befanden, und sie hielten auf eine Gegend zu, in der der Schnee 12 – 18 Fuß hoch lag (3,66 m – 5,49 m – d. V.).

---

[245] Gemeint sind Höhenmeter, keine Streckenmeter.

[246] Hier ist dem Verfasser eine 1 entfallen: 1283 m ist korrekt (offizielle heutige Bergeshöhe 1284 m).

Das Unglück wäre sicher nicht geschehen, wenn Keast die Gegend gekannt und nicht offensichtlich eine vollkommen falsche Vorstellung davon gehabt hätte, wo das Dorf Hofsgrund, der Gasthof »Halde« und so weiter lagen, und wenn er zu diesem Zweck sein Vorhaben vor dem Aufbruch in Freiburg mit Ortskundigen besprochen hätte. Er hätte den ganzen 16. April dafür Zeit gehabt. Oder wenn er die zwei Warnungen beachtet hätte, wenn er spätestens um 15:30 Uhr im oberen Kappler Tal unterhalb der Bergwerks-Herberge umgekehrt wäre und die Odyssee[247] für den Tag beendet hätte – denn auch ihm muss doch klar gewesen sein, in welchem Zustand sich die jüngsten der Schüler befanden –, alles wäre gut gegangen. Bis zu diesem Punkt hätte ihn jeder bergab führende Weg in einer oder höchstens zwei Stunden aus der Gefahrenzone in eine bewohnte Gegend gebracht, wo Hilfe jeder Art (Unterkunft, warmes Essen, Autobusse, ärztliche Hilfe usw.) verfügbar gewesen wäre.

Angesichts der vorzüglichen Ausschilderung des Schwarzwaldes, insbesondere des vielbesuchten Gebiets um Schauinsland und Feldberg vor den Toren der Stadt Freiburg, werden normalerweise keine ortskundigen Führer gebraucht. An den meisten Kreuzungen stehen Wegweiser, auf denen genaue Positionen, Höhen und Entfernungen in Kilometer angegeben sind, dazu gibt es noch die üblichen Wanderzeichen, das sind Farbstreifen an Baumstämmen, (angenommen) Blau für den Weg zum Schauinsland über den Kybfelsen, oder (ebenfalls angenommen) Rot für dasselbe über Gerstenholm, und so weiter. Nachdem Sie diese Fakten zur Kenntnis genommen haben, sind Sie nicht auch davon überzeugt, dass Keast ungeachtet seiner Fähigkeiten als Lehrer bestimmt nicht einmal der Richtige dafür gewesen wäre, 27 Jungen von der Schule auf die Stadtwiese[248] zu bringen, geschweige denn für so eine Reise in ein fremdes Land? Keast gesteht offen ein, dass er eine Abneigung gegen die Deutschen empfindet – da liegt doch der Schluss nahe, dass er es vor allem in Gegenwart der Jungen als Demütigung empfände, Rat von Deutschen anzunehmen.

---

247 o: wandering; das kann zwar auch neutral »Wanderung« heißen, aber hier wurde bewusst ein Wort gewählt, das meist ein Umherirren bezeichnet.

248 o: Clapham Common; »Common« bezeichnet u.a. eine der Allgemeinheit zur Verfügung stehende Grünfläche, Clapham ist ein Stadtteil von London.

Diese Darstellung beruht nicht auf Mutmaßungen, sondern auf nachprüfbaren Tatsachen, verbürgt durch die Sachkenntnis des Unterzeichners und die Informationen, die er selbst und zahlreiche deutsche wie englische Freunde gewonnen haben, als sie die Angelegenheit direkt vor Ort untersuchten. Und wenn diese Fakten nicht zuträfen, wie käme es dann, dass der Staatsanwalt in Freiburg sich schon dazu anschickt, Keast unter dem Vorwurf sträflicher Nachlässigkeit[249] verhaften zu lassen?
Wenn Keast jetzt als Held dargestellt wird, so ist das von den Tatsachen weit entfernt. Was hätte er denn sonst machen sollen als bei den Jungen zu bleiben, nachdem er sie in eine solche Lage gebracht hatte? Der eine oder andere könnte der Ansicht zuneigen, dass ein wahrer Mann, nachdem er fünf Jungen in den Tod hat wandern lassen, sich selbst als sechster anschließen sollte. Dieser Ansicht ist der Verfasser nach wie vor. Ich behaupte, dass allein aufgrund dieser Tatsachen Keast vor jedem Strafgericht, dem es in erster Linie um Gerechtigkeit geht, verurteilt werden würde.
Ich fordere eine öffentliche Untersuchung des gesamten Sachverhalts, und sollten Keast oder Schulleiter Dawe[250] oder der L.C.C.[251] sich zu meinen Feststellungen äußern wollen, so steht ihnen der Rechtsweg dazu offen. Was Dawe betrifft, den Schulleiter, so bin ich anhand der Faktenlage sowie der Antworten, die er in der verschleiernden Befragung auf die ihm vorgelegten Fragen gegeben hat, der Ansicht, unabhängig von seinen akademischen Titeln, dass weder er noch Keast weiter in einer Position tätig sein sollten, wo es darum geht, Jungen zur Männlichkeit zu prägen, wobei ich bezweifle, dass auch nur einer von ihnen die eigentliche Be-

---

[249] o: criminal negligence.

[250] Leonard Dawe (1889–1963) war von 1926–1956 Rektor der »Strand School«.

[251] »London County Council«, das höchste gewählte Gremium der zuständigen Grafschaft (hier London).

deutung dieses Wortes kennt. Bezüglich der vom L.C.C. herausgegebenen Stellungnahme kann ich nur feststellen, dass sie in direktem Widerspruch zu den bekannten Tatsachen steht, und ich behaupte ein weiteres Mal, dass man dort eine öffentliche Untersuchung scheut, weil man die Erkenntnisse fürchtet, die dabei ans Licht kämen. Ich persönlich schlage vor, jeden der 22 Überlebenden einem öffentlichen Kreuzverhör zu unterziehen; das ist die einzige Möglichkeit, der Wahrheit auf den Grund zu kommen.

Was ich gern wüsste:

1. Warum ist Keast unter den gegebenen Umständen überhaupt auf eine solche Wanderung aufgebrochen?
2. Warum ist er nach dem Irrweg innerhalb der ersten zwei Stunden der Wanderung nicht nach Freiburg zurückgekehrt, wo doch der Schnee schon ein Fuß hoch lag und sich die Bedingungen immer weiter verschlechterten? Und die bis auf die Haut durchnässten Jungen bereits Zeichen von Ermüdung zeigten?
3. Warum hat er die Warnungen von Frau Susanna Trenkle und dem Postmann Steiert um Mittag bzw. gegen 15 Uhr nicht befolgt?
4. Welche Jungen der Gruppe erwiesen sich als würdige Engländer und beteiligten sich an der Spurarbeit[252], als die Gruppe hoffnungslos verloren war?
5. Warum widmeten die Deutschen in Freiburg allein meinem Jungen die Inschrift[253] »Dem Tapferen Jack Eaton«?[254]
6. Warum verweigert Keast den Jungen die ihnen zustehende Ehre und umgekehrt?

[252] o: making a track. Spurarbeit bedeutet, als Vorderster eine Schneise in den Tiefschnee zu treten, durch die sich die übrige Gruppe im Gänsemarsch bewegt.

[253] Auf der Kranzschleife.

[254] Eaton zitiert in seinem Text erst die deutsche Inschrift und ergänzt danach eine englische Übersetzung.

7. Warum hat Keast es selbst auf sich genommen, einige der Zusammengebrochenen zu tragen, wenn er doch Jungen von 6 Fuß Körpergröße im Alter von 16, 17 und 18 Jahren unter seinem Kommando hatte? Warum übernahm er nicht die Führung, sondern ließ sich stattdessen von den Jungen Weisungen erteilen?
8. Was für Stärkungsmittel hatte Keast für den Fall dabei, dass einer der Jungen erkrankte? Er wird zur Antwort geben, dass er dem einen eine Orange, dem anderen ein Stück Kuchen und dem dritten einen Schluck Limonade gegeben hat. Und dann machen Sie sich klar, dass die Jungen vor Kälte und Erschöpfung dem Tod nahe waren.
9. Warum betrug die Wanderstrecke von der Freiburger Herberge bis zu der Stelle, an der mein Junge tot aufgefunden wurde, 15½ Meilen, während die gesamte Strecke von der Herberge in Freiburg zu der in Todtnauberg (wo Keast zu übernachten geplant hatte) mit nur 12½ Meilen angegeben wird?
10.Warum haben die an der Behausung in Hofsgrund eingetroffenen größeren Jungen nicht die Helfer[255] zu den Stellen geführt, wo die Entkräfteten zu finden waren, sondern ihnen die Suche selbst überlassen, was drei Stunden lang dauerte, mit solch fatalen Konsequenzen?
11. Warum hat Dawe es zugelassen, dass eine Gruppe von 27 Jungen auf so einer Fahrt von einem Junglehrer begleitet wurde?
12. Warum hat Dawe sich nicht mit dem Reisevorhaben, den Wetteraussichten und dem Betreuungspersonal der Gruppe vertraut gemacht?
13. Wie viele der Jungen wussten vor der Abreise, dass sie auf einen Gebirgsmarsch[256] gehen würden, und wie vielen

---

[255] o: guides; wörtlich »Führer«, wohl im Sinne von »Bergführer«.
[256] o: climbing expedition; »climbing« bedeutet nicht unbedingt speziell Klettern, aber jedenfalls einen Bergmarsch mit kräftigen Anstiegen.

ihrer Eltern waren die Gefahren bewusst, denen ihre Jungen dabei ausgesetzt waren?
14. Trifft es zu, dass einer der verstorbenen Jungen an der Fahrt teilgenommen hat, um nach einer kürzlich überstandenen Erkrankung wieder zu Kräften zu kommen?
15. Trifft es ebenfalls zu, dass ich der einzige Vater bin, der den Schauplatz der Tragödie aufgesucht und ohne Rücksicht auf Zeit- oder Kostenaufwand Untersuchungen angestellt hat?
16. Wie ist es möglich, dass der Umstand, dass mein Junge in den Urlaub gefahren ist und tot zurückgebracht wurde, mich bis zu diesem Zeitpunkt schon 400 Pfund[257] aus privaten Mitteln gekostet hat?
17. Warum liegt es an mir, den L.C.C. dazu zu drängen, die Todesumstände meines Sohnes genau zu untersuchen?
18. Warum wurde der Schriftverkehr zwischen Deutschland und dem Außenministerium bislang nicht veröffentlicht?
19. Warum übt der L.C.C. Druck auf erwiesene Tatsachen aus?
20. Warum unterscheidet sich die Aussage Keasts vor dem L.C.C. von derjenigen, die er vor der Freiburger Staatsanwaltschaft abgegeben hat?
21. Welchen Grund haben die von Dawe und Keast mit den Überlebenden abgehaltenen Geheimtreffen?
Wenn von L.C.C.-Schülern die Rede ist, scheinen viele Leute entweder an vernachlässigte Kinder aus Elendsvierteln zu denken, oder bestenfalls aus ärmlichen Verhältnissen[258]. Das trifft auf meinen Fall nicht zu.
Mein Junge hat mir alles bedeutet, das kann von der Schulleitung und allen an der Schule beteiligten Lehrern bestätigt werden. Diese Leute waren über unsere Verhältnisse informiert und können die Größe meines Verlustes ermessen.

---

257 In den 30er Jahren hatte ein britisches Pfund etwa die Kaufkraft von heute 40 Euro.
258 Wohlhabende Eltern schickten ihre Kinder auf Privatschulen.

Nochmals rufe ich die Leute, die im Rahmen dieser kurzen Zusammenfassung der Tatsachen angeklagt werden, dazu auf, sich dazu zu äußern, wenn etwas davon nicht zutreffen sollte. Sie sind nun am Zug, und ich versichere Ihnen: Ich bin dazu entschlossen, das bis zum bitteren Ende durchzukämpfen. Auf dem Kricketfeld hat mein Junge Keast ganz bestimmt bewundert. Ich kann mir aber auch – freilich ohne dafür Beweise zu haben – gut vorstellen, was er andererseits in der letzten Stunde dieser furchtbaren Wanderung für ihn empfunden hat, allein auf dem Berg sterbend zurückgelassen, nachdem er seine Kräfte dafür geopfert hatte, anderen zu helfen.

Ich will überhaupt nicht wissen, was Keast getan hat, nachdem er die Jungen in die tödliche Falle gebracht hatte. Ich will nur wissen, warum er trotz allem nicht davon abließ, weiterzugehen, immer nur weiter – weiter – bis fünf Jungen umfielen und zu Tode kamen[259].

Nachdem Ihnen nun einige der Tatsachen bekannt sind: Würden Sie jetzt dem Schulleiter schriftlich mitteilen, dass Sie ihm und Keast immer noch Ihr Vertrauen schenken? Wenn ja, dann kann mir die Liebe, die Sie für ihren oder ihre Jungen empfinden oder empfanden, nur leidtun. Ich richte mich mehr an die Mütter als an die Männer: Ich bin mir sicher, dass Sie meine Forderung nach einer öffentlichen Untersuchung unterstützen. Wer mit seinem Auto einen Mann, eine Frau oder ein Kind tötet, gilt als schuldig, bis das Gegenteil erwiesen ist. Warum sollten da nicht aus den oben aufgeführten Gründen Keast vor Gericht gestellt und Dawe seines Amtes enthoben werden?

[259] o: dropped in Death; eine deutlich stärkere Formulierung als »tot umfielen« (»dropped dead«).

Anhang 4: Tagebuch von Kenneth Osborne – ein überlebender Schüler berichtet.

Kenneth Osborne war mit zwölf Jahren einer der jüngsten Teilnehmer der Gruppe. Durch den Kontakt mit seiner Tochter Angela Warner war es möglich, eine Abschrift seines Tagebuchs über die Reise zu erhalten.[260]

Tagebuch der Deutschland – Reise vom 15. April 1936 bis 24. April 1936 von Kenneth Osborne

Mittwoch, 15. April.
Start von Victoria Station (Bahnhof in London) um 10 Uhr.
Einschiffung auf der Fähre »Princess Josephine Charlotte« um 11 Uhr 15.
Ankunft Ostende um 3 Uhr 25.
Abfahrt mit Zug von Ostende um 4 Uhr 55.
An einigen Bahnhöfen hielt der Zug, um die Lokomotive zu wechseln.
Der Zug hält an der Grenze in Aachen.
Wir erreichen Köln um 10 Uhr 45.
Umsteigen. Der Zug verlässt Köln um 11 Uhr 39.
Wir haben im Zug nicht viel geschlafen.
Kamen in Freiburg um 7 Uhr 10 morgens an.

Donnerstag, 16. April.
Man zeigte uns den Schlafraum und wir bekamen dann Frühstück. Ging am Morgen in die Stadt.
Hatten später Mittagessen, das aus einer Suppe bestand (könnte Sellerie gewesen sein) und Reis mit irgendwas anderem.
Gingen am Nachmittag in der Stadt spazieren.
Hatten Tee.
Hatte kalte Dusche.

[260] Privatarchiv Angela Warner.

Freitag, 17. April.
Hatten Frühstück.
Verließen Freiburg um ca. 9 Uhr.
Es schneite und wir verirrten uns. Wir kletterten mehrere sehr steile Berge hinauf. Am Abend gegen 6 oder 7 Uhr kletterten wir einen sehr steilen Hügel hinauf und ein Junge kollabierte. Wir erreichten den Gipfel und beschlossen, den Weg nicht weiterzugehen, als Mortifee kam und uns aufforderte, so schnell wie möglich vorwärtszugehen und Lebensmittel und Hilfe zu holen, wenn wir zu einer Ortschaft kommen, weil noch einige Jungs mehr kollabiert waren.
Mr. Keast und einige der älteren Jungen blieben bei ihnen.
Wir gingen so schnell wie möglich vorwärts und später hörten wir Kirchenglocken. Wir gingen in ihre Richtung und sahen einige Lichter. Wir kamen zu einem Haus, wo man uns etwas zu trinken gab, während die Männer sich bereitmachten, auf Skiern Hilfe zu leisten. Dann brachte man uns in ein Gasthaus, wo wir unsere Kleider wechseln mussten und hatten ein Abendessen, und, als wir wussten, dass alle zurückgebracht waren, versuchten wir, auf den Bänken zu schlafen.
Am nächsten Tag waren wir (unleserlich).

Samstag, 18. April.
Man sagte uns, wir könnten heute tun, was wir wollten, denn wir würden morgen nicht zurück nach Freiburg gehen, aber am Nachmittag sagte man uns, dass wir doch gingen, und so machten wir uns fertig und zogen auf Schlitten hinunter, wo der Bus wartete und gingen dann ins Krankenhaus, wo wir eine große Mahlzeit hatten und einige von uns ein Bad. Man brachte uns in die Jugendherberge und wir gingen zu Bett.

Sonntag, 19. April.
An diesem Morgen erzählte man uns die tragische Nachricht vom Tod unserer Kameraden und wir besuchten eine Messe für sie morgens um 11 Uhr.
Am Nachmittag wurden wir in einem Omnibus zu einem Ausflug gefahren und nachdem wir nur 5 Minuten gefahren waren, prallte ein Motorrad gegen uns, aber niemand wurde verletzt. Nachdem wir herumgefahren waren und dann Tee hatten, besuchten wir Roberts im Krankenhaus und gingen dann in die Jugendherberge zurück.

Montag, 20. April.
Die Särge wurden heute verladen und wir sollten hinter ihnen gehen, aber das wurde abgesagt.
Ich sah einige Soldaten bei einer Parade, denn es war Hitlers Geburtstag. Ich brachte Roberts Kleider heute Nachmittag ins Krankenhaus und als wir zurückkamen, mussten wir auf eine Feier gehen mit einigen Studenten, so dass ich nicht viel Zeit hatte, irgendetwas zu kaufen. Wir verließen Freiburg gegen 18 Uhr und auf einem Bahnhof warf eine Dame Süßigkeiten in unser Zugfenster.
Umsteigen in Frankfurt um 12 Uhr nachts.
Ankunft in Ostende um 10 Uhr 20 morgens.
Verließen Ostende auf der Fähre Prince Baudoin um 11 Uhr.
Kamen in Dover um 3 Uhr 15 nachmittags an.
Im Zug sprachen wir mit einem Reporter des Daily Sketch.
Kamen gegen 4 Uhr 50 nachmittags in Victoria an.
Eine große Menschenmenge begrüßte uns.
Fuhren im Auto mit Mr. Keast und Mrs. Keast (den Eltern des Lehrers – d. V.) nach Hause.

17. April 1936

Schritt für Schritt … dur de Schnee stapfe steil berguf
hört der Weg denn gar nimmi uf?
Schritt für Schritt … de Kampf ufneh
sich nit gschlage ge
Schritt für Schritt … bis uf d Hutt durchgfrore
ziellos, verlore
Schritt für Schritt … Händ un Fieß spürt mer nimmer
s wird allewiil schlimmer
Schritt für Schritt … d Schnee wird all meh
mer ka kuum ebbis seh.
Schritt für Schritt … Flocke steche wie Nodle in s Gsicht
immer schwerer wird s eige Gwicht
Schritt für Schritt … in der wiiße Höll versuufe
Schritt für Schritt … immer weniger Schnuufe
e letzte Schritt … hihocke
Kircheglocke
ohni Hoffe
schlofe, schlofe, schlofe
einerlei
vorbei

Mariele Loy, Hofsgrund

Quellen

Der Alemanne, Kampfblatt der Nationalsozialisten Oberbadens, Jahrgang 1936, Freiburg.

Inner London Education Authority (ILEA): Strand School, Elm Park Road, Brixton, Lambeth LB. File 1. Contains Teaching staff sub-committee minutes, reports, statements and correspondence. ILEA/S/SB/58/001, 1936, 1971.

Inner London Education Authority (ILEA): Strand School, Elm Park Road, Brixton, Lambeth LB. File 2. Contains Teaching staff sub-committee minutes, reports, statements and correspondence. ILEA/S/SB/58/002, 1936, 1971.

Inner London Education Authority (ILEA): Strand School, Elm Park Road, Brixton, Lambeth LB. File 3. Contains Teaching staff sub-committee minutes, reports, statements and correspondence ILEA/S/SB/58/003, 1936, 1971.

National Archives, Kew: Death of five british school boys in Black Forest Apr. 1936. ED 121/206.

Staatsarchiv Freiburg: Tod von fünf englischen Schülern in einem Schneesturm im Schauinslandgebiet, 1936. A 40/1 Nr. 398.

Stadtarchiv Freiburg: Naturereignisse, Unglücksfälle, Witterung. Unglücksfall englischer Schüler auf dem Schauinsland am 18. April 1936, Heft-Nr. 1 C 4/XII/04/10.

Stadtarchiv Freiburg: Hitlerjugend. CA/XIII.

University of London: Institute of Education, Kenneth Keast: Application for full time exchange post France, S.I.R. 37A/1937.

University of London: Institute of Education, Ref. No. ME/A/8/4 Title Ken Keast – Correspondence Date 24 Apr. 1936–1998.

Ortsarchiv Gemeinde Hofsgrund.

Privatarchiv Ursula Lorenz, Hofsgrund.

Privatarchiv Angela Warner, England.

Privatarchiv Nancy Wheelan, England.
Privatarchiv Bruce und Debra Cadee, Perth, Australien.
Archiv King's College, Cambridge.
Privatarchiv Sabine Herrle, Freiburg.
Privatarchiv Bernd Hainmüller, Freiburg.

Literatur

Assmann, Aleida (2013): Das neue Unbehagen an der Erinnerungskultur. Eine Intervention. München, 2. Aufl. 2016, S. 32-33.

Baumgärtner, Hajo (2014): Schulausflug in den Tod – Das Heilbronner Dachsteinunglück 1954, Frankfurt.

Bouverie, Tim (2021): Mit Hitler reden. Der Weg vom Appeasement zum Zweiten Weltkrieg, Hamburg.

Conolly, Kate (2016): The fatal hike that became a Nazi propaganda coup. »The Guardian«: 6. Juli 2016.

Döbele, Hubert (1984): Sie verkannten die Gefahren des Berges. in: Badische Zeitung vom 22. Juni 1984.

Elchlepp, Dorothy (2000): Let's face it, Freiburg.

Few, Stanley C. (1997) Bericht eines Überlebenden, C 4/ XII/04/10. Stadtarchiv Freiburg.

Gavron, Jeremy (2015): A woman on the edge of time – a son's search for his mother, Melbourne/London.

Grieben Reiseführer (1938) Band 188: Freiburg/Br. Höllental, Feldberg, Belchen, Kaiserstuhl, Berlin, 5. Auflage.

Hainmüller, Bernd (1998): Erst die Fehde – dann der Krieg. Jugend unterm Hakenkreuz, Freiburg.

Hassall, Rachel (2021): A visit by the Hitler youth to Sherborne School on July 17th 1935, https://oldshirburnian.org.uk/a-visit-by-the-hitler-youth-to-sherborne-school-on-17-july-1935/

Haumann, Heiko, Schadek, Hans (Hg.) (1992): Geschichte der Stadt Freiburg im Breisgau. Bd. 3. Von der badischen Herrschaft bis zur Gegenwart. Stuttgart.

Haumann, Heiko (2009): Heinrich Bieg – ein deutscher Nazi in der Schweiz; in: Schweizerische Zeitschrift für Geschichte, Volume 59, Nr. 3.

Kalchthaler, Peter; Neisen, Robert, von Stockhausen, Tilmann (Hg.) (2016): Nationalsozialismus in Freiburg, Begleitbuch zur Ausstellung des Augustinermuseums in Kooperation mit dem Stadtarchiv, Petersberg.

Kuntz, Andreas (2001): Politischer Totenkult auf dem Schauinsland, Manuskript.

Leonardo da Vinci (2003): Die Aphorismen, Rätsel und Prophezeiungen, München.

Members of the Lundy Field Society (Hg.) (2014): Diana Keaton – The Harman Family's Lundy 1925–1969, London.

Middendorf, Wolf (1978): Das Engländerunglück auf dem Schauinsland, in: Freiburger Almanach, Illustriertes Jahrbuch, Freiburg, S. 93–99.

Nussbaum, Martha (1997): Cultivating Humanity: A Classical Defense of Reform in Liberal Education. Harvard University Press, Cambridge, Mass.

Roche, Helen (2021): The Third Reich's Elite Schools – a History of the Napolas, Oxford.

Priesner, Paul (1982): Geschichte der Gemeinde Hofsgrund (Schauinsland), Freiburg.

Scherb, Ute (1996): Ein misslungener Propagandacoup – das Engländerdenkmal und seine ursprüngliche Funktion. In: Badische Zeitung, 7. Mai 1996.

Scherb, Ute (2008): Freiburg im Nationalsozialismus. Eine Stadt gibt sich ein braunes Gesicht in: Schau-ins-Land: Jahresheft des Breisgau-Geschichtsvereins Schauinsland Band 127/2008, S. 113–145.

Scherb, Ute (2011): Wir bekommen die Denkmäler, die wir verdienen. Freiburger Monumente im 19. und 20. Jahrhundert, Herausgeber: Stadtarchiv Freiburg.

Schrenk, Christhard (Hg.) (2004): Das Heilbronner Dachsteinunglück 1954, Stadtarchiv Heilbronn.

Schweizer, Eugen (1996): Außen vom Schneesturm, innen vom Schweiß durchnässt – ein Augenzeuge schildert die Tragödie. In: Badische Zeitung vom 16. April 1996

Schweizer, Eugen (2001): Sendung: Radio Breisgau Hörinsland. Interview mit Eugen Schweizer über die Schneekatastrophe am Schauinsland am 17. April 1936. Länge: 9 Min 53 Sek.

Storey, Neil R. (2021): Beating the Nazi invader – Hitlers spies, saboteurs and secrets in Britain 1940, Barnsley, South Yorkshire.

Berichterstattung über das »Engländerunglück«:

Connolly, Kate 6. Juli 2016, »The Guardian«: The fatal hike that became a Nazi propaganda coup.
Seit November 2020 auch als Hörtext: https://www.theguardian.com/news/audio/2020/nov/02/the-fatal-hike-that-became-a-nazi-propaganda-coup-podcast?CMP=Share_iOSApp_Other.

Die Badische Zeitung Freiburg hat in mehreren Berichten über die Geschehnisse berichtet, u. a.:

- Den Schneesturm gab's so nicht beim Engländerunglück auf dem Schauinsland (18. April 2002).
- Warum die Korrespondentin des Guardian am Schauinsland arbeitet (13.April 2016).
- Wie der Guardian über das Schauinsland-Unglück von 1936 berichtet (09. Juli 2016).

– Großes Interesse an der Hofsgrunder Gedenkveranstaltung zum Engländerunglück auf dem Schauinsland (19. April 2016).
– Engländerunglück am Schauinsland: Lehrer leitete Schüler fahrlässig in den Tod (12. April 2016).
– Auf den Spuren der englischen Schüler (6. Oktober 2017).

Wikipedia hat einen eigenen Artikel zum Engländerunglück ins Netz gestellt: https://de.wikipedia.org/wiki/Diskussion:Engländerunglück. Auch auf Englisch.

Landesschau Baden-Württemberg (April 2016): Drama auf dem Schauinsland: Engländerdenkmal – Was geschah 1936?

SWR-Film (28.08.2019): »Unsere Tausender im Südwesten« (darin eine ca. 10minütige Dokumentation).

Schaum, Franziska (2020): »Das Engländerunglück« – Graphic Novel, Berlin.

Carter, Pamela (2020): Schauinsland – The misfortune of the English. Theaterstück, Uraufführung am Theater Freiburg 2021.

Badische Zeitung, Freiburg: Ereignissen im Dritten Reich nachgespürt – Preise für Heimatforschung nach Gundelfingen und Freiburg, Freiburg, 20. 11. 2021

Video: ›Funeral Procession of Diplomat Leopold von Hoesch‹ on the British Pathé website – https://www.britishpathe.com/video/VLVAA2OH36S2EXROIX1LKXPNKAE0E-FUNERAL-PROCESSION-OF-DIPLOMAT-LEOPOLD-VON-HOESCH/query/Leopold+von+Hoesch

Video of arrival of the group back home in Dover 1936. https://www.britishpathe.com/video/news-in-a-nutshell-78/query/black+forest

Carter, Pamela (2020): Schauinsland – The Misfortune of the English. Theaterstück, Uraufführung am Theater Freiburg Mai 2021 und Orange Tree Theatre London – Richmond, April 2022.

Englische Dokumentation: The hike, that killed five schoolboys 38 Minuten bei:

You Tube https://www.youtube.com/watch?v=ZjjgpiDmVCw
Auf der homepage Hainmueller.de sind verschiedene Unterlagen als Download verfügbar.

Bildnachweise

Abbildung 1: Rudloff Karte, Privatarchiv Hainmüller
Abbildung 2: Eugen Schweizer, Privatarchiv Hainmüller
Abbildung 3: Bernhard Rees, Privatarchiv Ursula Lorenz
Abbildung 4: Bernhard Lorenz, Privatarchiv Ursula Lorenz
Abbildung 5: Reinhold Gutmann, Privatarchiv Birgit Buhl
Abbildung 6: Fritz Sonner, Privatarchiv Eugen Sonner
Abbildung 7: Hubert Wißler, Privatarchiv Ursula Lorenz
Abbildung 8: Bruno Lorenz, Privatarchiv Kurt Lorenz
Abbildung 9: Hedwig und Josefine Rees, Privatarchiv Ursula Lorenz
Abbildung 10: Hermann Lorenz, Privatarchiv Ursula Lorenz
Abbildung 11: Postkarte Osborne, Privatarchiv Angela Warner
Abbildung 12: Postkarte Osborne, Privatarchiv Angela Warner
Abbildung 13: Portrait Keast, Archiv King's College, Cambridge
Abbildung 14: Peterhof, Privatarchiv Sabine Herrle
Abbildung 15: Postkarte Keast, Privatarchiv Angela Warner
Abbildung 16: Jack Alexander Eaton, Privatarchiv Nancy Wheelan
Abbildung 17: Ken Osborne, Privatarchiv Angela Warner
Abbildung 18: Paasche Karte, Staatsarchiv Freiburg
Abbildung 19: Schwarzwald Karte, Privatarchiv Markus Wolter
Abbildung 20: Tagebucheintrag Osborne, Privatarchiv Angela Warner

Abbildung 21: The People, Privatarchiv Angela Warner
Abbildung 22: Skilüge, Privatarchiv Angela Warner
Abbildung 23: Zechensiedlung, Stadtarchiv Freiburg
Abbildung 24: Karte 1, Wendelin Rees
Abbildung 25: Karte 2, Wendelin Rees
Abbildung 26: Dobelbauernhof, Privatarchiv Ursula Lorenz
Abbildung 27: Gasthaus Hof, Privatarchiv Ursula Lorenz
Abbildung 28: Kirche Hofsgrund, Privatarchiv Ursula Lorenz
Abbildung 29: Mall Parade, Privatarchiv Angela Warner
Abbildung 30: Schirach, Privatarchiv Hainmüller
Abbildung 31: Illustrated London News, Privatarchiv Angela Warner
Abbildung 32: Keast im Auto, Privatarchiv Angela Warner
Abbildung 33: Totenwache, Stadtarchiv Freiburg
Abbildung 34: Mourned by two nations, Privatarchiv Angela Warner
Abbildung 35: Daily Sketch, Privatarchiv Angela Warner
Abbildung 36: Einige überlebende Schüler, Stadtarchiv Freiburg
Abbildung 37: Parade Hauptfriedhof, Stadtarchiv Freiburg
Abbildung 38: Trauerzug, Stadtarchiv Freiburg
Abbildung 39: Verladung der Särge, Stadtarchiv Freiburg
Abbildung 40: Begegnung mit Freiburger HJ, Privatarchiv Hainmüller
Abbildung 41: Betroffenheit, Stadtarchiv Freiburg
Abbildung 42: Osborne Ankunft, Privatarchiv Angela Warner
Abbildung 43: Untersuchung, Privatarchiv Angela Warner
Abbildung 44: Sterbeurkunde, Privatarchiv Nancy Wheelan
Abbildung 45: Boxer, Privatarchiv Nancy Wheelan
Abbildung 46: Eaton Vater, Privatarchiv Nancy Wheelan
Abbildung 47: Eaton Mutter, Privatarchiv Nancy Wheelan
Abbildung 48: Plakat, Privatarchiv Nancy Wheelan
Abbildung 49: Keast in Marlborough, Privatarchiv Hainmüller
Abbildung 50: Hannah, Archiv Jeremy Gavron

Abbildung 51: Fahrradgruppe der HJ, Privatarchiv Hainmüller, m. G. von Storey (2021)
Abbildung 52: Privatarchiv Hainmüller
Abbildung 53: Elternplakette, Wendelin Rees
Abbildung 54: Skizze Messerschmidt, Stadtarchiv Freiburg
Abbildung 55: Eaton Stein, Privatarchiv Hainmüller
Abbildung 56: Schirach, Privatarchiv Hainmüller
Abbildung 57: Bieg, Privatarchiv Hainmüller
Abbildung 58: Engländerdenkmal 1938, Stadtarchiv Freiburg
Abbildung 59: Tigerfish, Stadtarchiv Freiburg
Abbildung 60: Stadtarchiv Heilbronn, Jörg Steck
Abbildung 61: Stadtarchiv Heilbronn, Jörg Steck
Abbildung 62: Autor, Christian Jungeblodt

Zum Autor

Abbildung 62: Autor, Dr. Bernd Hainmüller

Dr. Bernd Hainmüller (Jahrgang 1948) ist Soziologe, Erziehungswissenschaftler und Grund- und Hauptschullehrer und war bis Oktober 2013 Lehrerausbilder am Staatlichen Seminar für Didaktik und Lehrerbildung Offenburg. Seine Modellklassen für benachteiligte Schüler – Kooperationsklassen Hauptschule-Berufsschule – sind inzwischen gesetzlich geregelter Teil der baden-württembergischen Schullandschaft geworden. Von Dezember 2015 – August 2018 arbeitete er als nebenamtlicher Lehrer gemeinsam mit seiner Frau als Klassenlehrer einer VABO-Klasse (Vorqualifizierungsjahr Arbeit/Beruf mit dem Schwerpunkt Erwerb von Deutschkenntnissen) an der Freiburger Walther-Rathenau-Gewerbeschule mit jugendlichen Flüchtlingen aus dem Nordirak, Iran, Syrien, Afghanistan und Eritrea. Er forscht seit vielen Jahren zur Geschichte des Nationalsozialismus in Freiburg, v. a. zur Freiburger Hitlerjugend, dem Freiburger Oberbürgermeister Franz Kerber und als Mitarbeiter des Blauen Hauses Breisach über die Deportation badischer Juden nach Gurs. Er ist darüber hinaus Vorstandsmitglied der Eric Gustav Adler Stiftung München, die u. a. Projekte in der Arbeit mit Flüchtlingen unterstützt.